엄마의
작은 실천이
아이의
인생을
결정한다

엄마의 작은 실천이
아이의 인생을 결정한다

1판1쇄인쇄 | 2008년9월27일
1판1쇄발행 | 2008년10월6일

지은이 | 한용주
펴낸이 | 장석윤
펴낸곳 | 도서출판 베이비북스
주소 | 경기도 파주시 교하읍 문발리 출판문화정보단지535-7
출판등록 | 2000년2월16일
전화 | 031.955.0356~7
팩스 | 031.955.0358
이메일 | babybooks1@yahoo.co.kr

엄마의 작은 실천이 아이의 인생을 결정한다

부모가 반드시 기억해야 할 30가지 육아 원칙

한용주(아빠맘 한의원 원장) 지음

베이비북스
BABYBOOKS

아이에게 희생을 강요 말고,
부모가 먼저 희생하라!

여기서 말하는 희생이란 특히 '엄마들의 컴백홈'을 말한다. 돈벌이다 사회생활이다 해서 밖으로 나돌지 말고 집으로 돌아와 가정을 지켜라! 다소 도발적인 발언으로 들릴지 모르겠으나, 아이의 장래를 위해선 반드시 필요한 일이다.

필자는 한의원에서 소아환자들과 함께 오는 부모들과 이야기를 나누면서 놀라운 점을 하나 발견했다. 한국 부모들의 자식 사랑은 세계 최고라는 점이다. 그런데 이보다 더 놀라운 사실은 '넘치는 사랑과 거리가 먼 잘못된 방식으로 아이들을 키우는 부모들이 의외로 많다'는 것이다.

이런 잘못된 방식은 어디서 비롯된 것일까. 바로 내 아이의 입장에서 생각해 보지 않았기 때문이다.

대부분의 부모들은 지금도 충분히 자신을 희생해 가면서 아이들을 키우고 있다고 믿고 있지만 꼼꼼히 짚어보면 그렇지 않은 경우가 태반이다. 정작 필요한 부분에서는 아이 생각을 고려하지 않고 부모 입장을 강요하는 반면에 불필요한 부분에서는 아이 의견을 반영하는 것도 모자라 끌려 다닌 사례는 무궁무진하다.

이 같은 경험은 이 책이 탄생하게 된 시발점이 됐다. 필자가 다년간 한의원에서 보고 느끼고 깨달은 점을 책에 고스란히 녹였다.

한의학에서는 자연스럽게 아이를 키우는 것을 가장 중요하게 생각한다. 그렇다고 아이가 하고 싶은 대로 내버려두라는 것은 절대 아니다. 아이에게 자연을 접할 수 있는 공간과 친구를 만들어주는 것, 가공식품이 아닌 자연식품을 먹이는 것, 아이가 받아들일 준비가 될 때 교육을 시키는 것 등이 모두 '자연스러움' 의 범주에 포함된다.

만약 조급한 마음에 아이를 자연스럽게 키우지 못하면 그만큼 아이는 행복하지 못할 것이고 성장과 학습에 부정적인 영향을 미칠 것이다.

'자연스러운 양육' 의 가장 중요한 전제는 엄마가 가정을 지켜야 한다는 것이다. 그러면서 아이와 눈높이를 맞추고 아이의 입장을 제대로 반영하는 육아 방식을 몸에 익혀야 한다.

물론 경제적으로 맞벌이를 하지 않으면 안 되는 부모에게 이런 필자의 주장이 비현실적으로 들릴 법하다. 그러나 이 책에서 이야기하는 내용 중에는 선진국 등지에서 이미 실천되고 있는 것들도 많다. 아이가 진정으로 행복한 삶을 살게 하기 위해 조금만 희생하면 그리 불가능한 일도 아니라고 생각한다.

또한 이러한 노력 자체가 내 가정, 더 나아가 한국사회에 의미 있는 변화를 주는 것이라고 믿는다. 부모들 중에 한 명만 경제생활을 해도 되는 사회구조를 만들고, 아이들은 그러한 여건 속에서 '세계 초일류 인재' 로 성장해 나가고! 이것이야말로 선진국으로 가는 최고의 지름길이 아닐까.

사서 중에 하나인 『孟子(맹자)』에는 '書不盡言(서부진언) 言不盡意(언부진의)' 라는 문구가 나온다. 글은 말을 모두 표현할 수 없고, 말은 뜻을 모두 표현할 수 없다는 뜻이다. 이처럼 글이라는 것은 말과 뜻을 표현하는데 한계가 있다.

지금 필자의 마음이 딱 이렇다. 그래도 이 땅의 부모들에게 크나큰 도움이 되는 양육서 중 하나라고 감히 말하고 싶다.

마지막으로 이 책이 나오기까지 힘을 써준 모든 이들에게 감사의 뜻을 전한다.

::차례::

01

우리 아이가 **천재가 되길 바란**다면 '첫 단추'부터 잘 꿰라

아이가 똑똑하기를 바라는 건 모든 부모의 공통된 소망일 것이다. 그래서인지 요새는 심지어 배 속에서부터 아이를 똑똑하게 만들기 위해 국어를 잘하는 태교 음악, 영어를 잘하는 태교 음악, IQ와 EQ가 좋아지는 태교 음악까지 등장하고 있다. 그런데 이보다 훨씬 더 중요한 것을 간과하고 있는데, 그것은 바로 정자와 난자가 수정되는 순간이다.

아이의 선천적인 면은 부부 관계를 통해 정자와 난자가 수정되는 그 순간에 대부분 결정된다. 그리고 아이가 건강하고 똑똑하게 태어나느냐, 그렇지 못하느냐는 부부의 건강 상태와 난자 · 정자의 건강 상태에 달렸다. 물론 임신 후의 태교도 아이에게 중요하다.

하지만 임신 전 건강관리에 소홀하면 정자와 난자도 건강하지 못하고 아이가 생길 때 선천적인 면에 나쁜 영향을 주므로 임신 후 아무리 열심히 태교를 하더라도 돌이킬 수 없게 된다.

그래서 한의학에서는 사람이 태어날 때 부모로부터 선천지정(先天之精)을 받는다고 한다. 부모가 각기 지닌 정(精), 즉 정자와 난자도 여기에 해당되는데 이것을 합해 아이에게 주는 것을 선천지정이라고 한다. 선천지정은 태아의 성장 발육뿐만 아니라 출생 후 성장과 건강을 위해, 또 나중에 자손을 보기 위해 꼭 필요한 원천이다.

선천지정은 후손을 볼 목적으로 가장 중요하게 사용되지만 영양실조나 질병으로 인해 몸이 위급한 상황에 처할 때는 이를 이겨내고 생명을 유지할 수 있도록 도와준다. 아무리 후손이 중요하다고 하더라도 결국에는 본인의 생명 유지가 가장 중요하기 때문이다. 그래서 평상시 선천지정은 후손을 낳기 위해 간직해 두고 출생 후 스스로 만들어 내는 후천지정(後天之精)을 사용하여 생명을 유지한다.

양의학적 관점에서 후천지정은 음식에서 얻은 영양분과 공기에서 얻은 산소가 결합하면서 생기는 에너지로, ATP라고도 한다. 그러나 한의학적 개념은 조금 다르다.

지구의 대기 속에는 산소만 있는 것이 아니다. 모든 만물이 살아 있고 에너지가 있는 것처럼, 대기 속에는 모든 만물의 에너지가 모여 있다. 따라서 호흡을 통해 산소뿐 아니라 대기 속에 들어 있는 만물의 에너지를 섭취하게 된다. 이처럼 음식에서 얻는 영양분과 대기에서 얻는 에너지는 몸 안에 들어와 인체가 필요로 하는 에너지로 쓰인다. 이 에너지는 우선 신체 각 기관의 대사를 돕고 나름의 역할을 충실히 수행한 후, 각 기관에서 만들어진 가장 중요한 물질을 모두 신장으로 보내 선천지정을 보충한다. 이것이 바로 한의학적 관점에서의 후천지정이다. 즉 선천지정은 후손을 위해 써야 하는 가장 중요한 물질이므로 평소에는 사용하지 않고 대신 후천지정을 통해 생명 에너지를 보충하는 것이다.

그러나 건강 상태가 악화되면 후천지정이 제대로 만들어지지 못한다. 당뇨와 같은 만성소모성 질환에 걸리거나 나이가 들면 성욕이 떨어지는 것도 이 때문이다. 만약 그러한 상황에서 성생활을 계속하여 선천지정을 소모한다면 어떻게 되겠는가? 결국 수명이 단축될 것이다.

이러한 원리를 예비 아빠 엄마에게 대입시켜 보자. 부부의 몸이 건강하지 못하면 부부가 지닌 선천지정은 허약해질 것이고, 이런 상황에서 아이를 가지면 그 아이 역시 약한 선천지정을 타고날 것이다.

조선시대 때 안채와 사랑방에 부부가 따로 기거했던 것은 단순히 유교적인 풍습 때문만은 아니다. 이는 부부 관계의 횟수와 수위를 조절하여 몸 상태가 최상일 때 아이를 가지기 위한 선조들의 지혜인 것이다. 그래서 한의학에서는 "임신 전에 반드시 부부의 몸에 질병이 있는지 확인하고, 이상이 있으면 치료해 부부가 모두 건강한 상태에서 아이를 가져라.", "부모가 건강하면 아이도 건강하고, 부모가 허약하면 아이도 허약하다."는 점을 강조해 왔다. 이는 부모의 체질이 태아의 체질을 형성하는 기초임을 뜻하며, 고대 의

가들이 유전학에 대하여 일찍부터 인식하고 있었음을 보여 준다.

그리고 한의학에서는 이러한 선천지정에 의해서 남자는 16세에 아이를 임신할 수 있고 여자는 14세에 생리를 하면서 임신을 할 수 있다고 하였다. 다시 말해서 부모의 건강 상태는 자신의 아이들뿐만 아니라 자손 대대로 영향을 줄 수 있다는 것을 인식하였던 것이다. 좀 더 비약적으로 말하자면 부모가 어떻게 자신의 몸 관리를 하느냐에 가문의 흥망성쇠가 달려 있는 것이다.

부모의 건강은 아이에게 물려줄 가장 큰 재산

똑똑하고 건강한 아이를 낳고 싶다면 무엇보다 부부의 몸 상태부터 건강하게 만들어야 한다. 그런데 요즘 부모들은 어떠한가? 아버지는 각종 스트레스와 술, 담배, 운동 부족 등으로 한창 활동할 나이인 30대에 성인병에 걸리고, 어머니 또한 생활고와 교육 문제, 비만, 우울증, 화병 등에 시달리며 건강을 해치고 있다.

부모의 건강은 아이에게 물려줄 가장 큰 재산이니 지금 이 순간부터 자기 몸부터 잘 다스리자. 부모가 자기 몸을 다스리는 것은 사치가 아니라 똑똑한 아이를 낳기 위한 가장 중요한 일이다.

그럼 어떻게 해야 몸이 건강할까? 해답은 아주 간단하고 누구나 알고 있다. 잘 먹고, 잘 자고, 운동을 잘하고, 잔병치레를 안 하면 된다. 하지만 이는 너무 막연하다. 과연 잘 먹고, 잘 자고, 운동을 잘하고, 잔병치레를 안 하려면 어떻게 해야 할까?

첫째, 제철 음식을 먹어야 한다. 방송이나 신문에서 어떤 식품이 좋다고 하면 다음 날 그 식품이 동이 나는 경우가 종종 있다. 또 체질을 가려 특정 음식만 먹는 이들도 있다. 물론 체질에 따라 이로운 음식과 해로운 음식이 있기는 하다. 그러나 체질에 따른 음식을 권장하는 건 이로운 음식만 먹게 하기 위함이 아니다. 몸에 해로운 음식은 덜 먹고, 몸에 이로운 음식은 더 많이 먹으라는 의미다. 이를 위한 가장 좋은 방법은 제철 음식을 먹는 것이다. 우리 몸은 소우주이므로 천지자연의 이치를 따라가게 되어 있다. 제철 음식은 그 시기에 맞는 에너지를 품고 있다. 따라서 제철에 나는 음식을 먹으면 충분한 에너지를 섭취할 수 있다. 제철 음식은 될 수 있으면 조리 과정을 최소화해 신선하게 먹어야 한다. 인공 조미료나 식품첨가물은 절대 넣지 말기 바란다. 제철 음식은 가격도 저렴하고 영양도 풍부하니 일석이조가 아닌가.

둘째, 적절한 수면이 필요하다. 생명의 1년 주기를 계절별로 살펴보면 봄, 여름에 만물이 자라고 가을에 열매를 맺은 후 겨울에는 씨앗 속에 에너지를 저장해 추위를 견뎌 내며 새봄을 기다리는 것을 알 수 있다. 이러한 이치는 1일 주기에도 적용된다. 아침과 점심에는 에너지를 사용하여 활동적으로 일하고, 저녁과 밤에는 에너지를 저장한 후 그날 몸에 쌓인 노폐물을 제거하면서 다음 날을 기약한다.

그런데 전기가 발달하고 사회가 복잡해지면서 야간 활동이 늘고 있다. 어떤 사람은 밤에 일하는 것을 시간 활용을 잘하는 것으로 여기기도 한다. 그러나 이는 자연의 섭리를 거스르는 일이다.

사람은 누구나 자정을 전후로 잠을 자고 에너지를 저장해야 한다. 그래야 몸에 축적된 에너지를 허투루 쓰지 않게 된다. 수면 부족은 다음 날 활동에 지장을 주므로 당장의 이익을 위해 밤늦게까지 일하는 것은 장기적으로 보면 오히려 손해임을 명심하자.

셋째, 충분한 수면만큼 중요한 것이 운동이다. 그러나 현대인들은 바쁘다는 핑계로 운동에 소홀할 뿐 아니라 몸을 많이 움직이려고도 하지 않는다. 원래 스트레스 호르몬은 몸을 움직인다는 가정하에 작용하는 것이다. 스트레스를 받는 상황에서 몸을 움직이지 않으면 섭취한 영양이 충분히 소모되지 않고 몸에 쌓여 비만해진다. 비만이 되면 각종 성인병에 걸릴 위험뿐 아니라 불임 확률도 높아진다. 따라서 몸을 부지런히 움직이고 운동을 꾸준히 해야 한다.

하지만 일주일에 한 번, 한 달에 서너 차례 몰아서 하는 운동은 효과가 없다. 음식물 섭취와 잠자는 일을 일주일에 한 번, 한 달에 서너 번씩 몰아서 할 수 없는 것과 같은 이치다. 운동은 적어도 일주일에 세 번 이상, 하루에 30분 이상씩 해야 효과를 볼 수 있다. 또 일상생활을 할 때도 엘리베이터보다 계단을 이용하고, 가까운 거리는 걸어 다니고, TV를 켤 때도 리모컨 대신 직접 TV까지 가서 켜는 것이 좋다.

사실 꾸준히 운동하고, 좋은 음식 먹고, 잘 쉬라는 말은 한의원이나 병원에 가면 자주 듣는다. 너무 당연해서 대부분 귀담아듣지 않고 흘려버리지만, 모든 의사들이 그렇게 말하는 이유는 가장 기본적이면서도 가장 쉽고 또한 가장 효과적인 방법이기 때문이다.

만일 암과 같은 질병을 낫게 하는 특효약을 일러 주면 아마도 모든 환자들이 그 약을 먹으러 달려갈 것이다. 이와 마찬가지로 적절한 운동, 영양 섭취, 수면은 모든 의사가 인정하는 건강을 위한 특효약이니 그냥 지나치지 말고 열심히 이행해야 한다.

부모들이여! 지금부터라도 운동을 하라. 운동을 하면 오랫동안 건강하게 살 수 있을 뿐 아니라 아이에게도 좋은 영향을 미친다. 하지만 선천지정은 단기간에 쌓이거나 변하는 것이 아니므로 결혼 전부터 꾸준히 몸 관리를 해야 한다.

그래서 한의학에서는 아이를 가지기 전에 반드시 부모의 몸을 살펴보고 고질병 등이 있으면 치료한 후에 아이를 가져야 좋은 자식을 낳는다고 하였다. 지금 서양의학에서는 아이를 가진 후의 태교를 중요시하거나 임신 후에 염색체 검사 등을 통하여 아이의 유전적인 결함이나 질병을 살펴보고 그것을 치료하고 안 되면 낙태를 시키기도 한다.

그러나 한의학에서는 서양의학처럼 아이에게 유전적인 질병이나 다른 증상이 나타날까 봐 부모의 건강을 살피는 것이 아니라 겉으로 보기에는 건강해 보이는 아이도 부모의 건강 상태에 따라서는 지능이나 성장, 면역 등 각종 건강 상태가 달라질 수 있기 때문에 예방 차원에서, 그리고 좀 더 건강한 아이를 낳기 위해서 부모의 건강을 중요시하는 것이다.

따라서 주위에서 술을 먹고 아이를 갖거나 몸이 굉장히 약한 상황에서 아이를 갖는 경우는 한의학적으로 좋지 않은 것이다. 이런 경우는 후천적으로 더 많은 정성을 들여서 아이를 키워야 하고 그렇게 하더라도 이미 건강한 부모에게서 태어난 아이들보다는 문제가 발생할 소지가 큰 것이다.

그래서 한의학에서는 "자식을 얻고자 한다면 반드시 먼저 부부에게 몸이 약해서 생기는 병이나 고질병이 있는지 없는지를 살펴보고, 처방에 따라 치료하여 몸의 안과 밖이 조화로우면 자식을 낳는다."고 하였다.

문란한 성생활은 2세에 나쁜 영향을 끼친다

여기서 꼭 짚고 넘어가야 할 것이 성생활이다. 우리 조상들은 남자 나이 24~32세, 여자 나이 21~26세를 결혼 적령기로 보았다. 그 이전에도 아이를 가질 수는 있지만 몸이 완전히 성숙하지 못한 상태에서 임신하면 유산이 되거나, 자식을 낳더라도 심신이 허약한 경우가 많기 때문이다.

물론 지금은 시대가 좋아져 영양 상태도 개선되고 사춘기도 점점 빨라지고 있다. 그래서 아이를 가질 수 있는 나이도 전보다 더 어려지고 아이를 일찍 낳더라도 병에 걸리거나 죽는 일은 별로 없다. 하지만 신체적으로나 정신적으로 준비가 됐을 때 결혼해서 성 관계를 갖는 일은 여전히 중요하다. 그렇지 못한 상황에서 아무 대책 없이 성 관계를 갖다가 아이를 가진 청소년들은 미혼모가 되거나 인공유산을 하게 된다. 또 나이트클럽이나 바캉스 장소에서 처음 만나 아무 거리낌 없이 섹스를 즐기는 이들도 결과는 마찬가지다.

문제는 이렇게 문란한 성생활을 하면 그렇지 않은 경우보다 건강한 아이를 낳기가 어렵다는 점이다. 성생활은 단순히 인간의 쾌락을 충족하기 위한 수단이 아니다. 사랑하는 이들이 2세를 얻기 위해 꼭 거쳐야 하는 과정이다. 그런데 이를 무시하고 단지 쾌락을 위해 문란한 성생활을 즐기면 결국 그 후유증이 아이에게 미칠 수밖에 없다.

아이를 낳을 준비가 되기 전에 하는 자위행위 역시 바람직하지 않다. 어린 나이에 하는 자위행위는 불필요하게 선천지정을 소모하므로 신체적, 정신적 성장에 해가 될 뿐 아니라 2세를 위해서도 좋지 않다.

〈주역〉에 보면 '보합대화(保合大和)'라는 말이 나온다. 만물은 가을이 되면 결실을 맺고 겨울에는 그 씨앗을 저장하는데, 이때 씨앗의 가장 중요한 부분을 다른 물질들이 빈틈없이 에워싸고 있다는 뜻이다. 동물이건 식물이건 가장 중요한 부분에 이물질이 들어가면 부실한 후손이 생기기 때문에 이곳을 물 샐 틈 없이 보호하는 것이 자연의 이치다. 그런데 어린 나이에 성 관계를 자주 갖다 보면 중요한 부분을 지키는 보합대화의 힘이 약해져 아무리 몸 관리를 잘하더라도 2세에게 좋지 않은 영향을 끼칠 수 있다. 물론 인간만이 유일하게 쾌락을 위해 성행위를 할 수 있다. 그러나 진정으로 2세의 건강과 행복을 바란다면 과도한 성 관계는 자제해야 한다.

그래서 한의학에서는 "남녀의 결혼에는 그 적당한 나이가 있다. 남자가 비록 16세가 되어 정(精)이 충만하더라도 반드시 30세에 장가를 가야 하며, 여자가 비록 14세가 되어 월경이 시작되더라도

20세에 시집을 가야 한다. ……이렇게 해야 임신하여 자식을 낳으면 튼튼하고 장수한다. ……성년이 되지 않은 여자가 월경이 시작되었다고 남자를 너무 가까이하면…… 임신하더라도 발육하지 못하고, 발육하더라도 체질이 허약하여 장수하지 못한다.”고 하였다. 이것은 일찍 결혼해서 아이를 키우는 것이 불임이나 유산을 초래하거나 혹은 자식을 낳더라도 신체가 허약하고 질병이 많을 뿐만 아니라, 심한 경우에는 아이가 죽을 수도 있음을 지적한 것이다. 요즘처럼 원조 교제를 하거나 문란한 성생활을 하는 것은 자신을 망칠 뿐만 아니라 자신의 2세도 망치게 되는 것임을 명심해야 할 것이다.

그리고 아기를 갖기 전에 먼저 부모가 되기 위한 마음의 준비를 해야 한다. 부모가 될 준비가 전혀 안 돼 있으면 임신 중에 자주 다투게 되고 아이를 키우면서도 많은 어려움을 겪는다. 무엇보다 가장 큰 문제는 아이를 기쁘고 소중한 마음으로 임신하지 않으면 태아에게 악영향을 미치게 된다는 점이다. 성인에게도 스트레스는 만병의 근원이라 할 만큼 위험하다. 하물며 태아에게는 어떻겠는가? 건강한 아이를 낳아 잘 키우고 싶다면 먼저 아이를 사랑하는 마음을 가지고 행복한 가정을 만들기 위해 부부가 함께 노력해야 한다.

한의학에서는 스트레스를 칠정(七情)이라고 하며 칠정에 따라 인체의 기운이 변한다고 말한다. 울화는 기를 끌어올리고, 즐거움은 기를 흩뜨리고, 복잡한 생각은 기를 맺히게 하고, 슬픔은 기를 가라앉히며, 두려움은 기를 꺾는다는 것이다. 따라서 스트레스를 받은 부모는 몸의 기운이 변하므로 결국 아이에게 나쁜 영향을 주게 된다.

하지만 이 세상 어느 누구도 스트레스에서 자유로울 수는 없다. 스트레스는 살아 있는 사람이라면 누구나 받을 수밖에 없는 삶의 부산물이기 때문이다. 어차피 받을 수밖에 없는 스트레스라면 피하지 말고 즐겨라. 그리고 나만의 스트레스 해소법을 찾아 남겨 두지 말고 풀어라. 스트레스에 어떻게 대처하느냐에 따라 내 아이에게 독이 될 수도 있고, 약이 될 수도 있다.

이렇게 결혼 전부터 몸 관리를 잘했다 하더라도 결혼해서 아무 때나 아이를 가지면 안 된다. 아기를 가지려고 할 때는 반드시 부부 각자의 몸 상태를 고려해야 한다. 한의학에서는 건강하고 총명하며 어진 아이를 낳고 싶으면 "날씨가 맑고 시원한 바람이 불며 기후가 상쾌하고, 정서가 안정되며 정신적으로 여유가 있을 때 아이를 가지라."고 말한다. 그리고 이와 함께 지켜야 할 금기 사항을 다음과 같이 규정하고 있다.

첫째, 부부 관계를 가질 때 가장 좋은 외부 환경에서 부부 관계를 가져야 한다. 예를 들어서 우리는 임신 초기에는 될 수 있으면 약을 복용하지 않는다. 왜냐하면 아무리 소량의 약물이라 하더라도 태아에게 악영향을 미칠 수 있기 때문이다. 더구나 태아보다 더 발생 초기인 정자와 난자, 그리고 수정란은 더욱 연약한 존재이다. 따라서 정자와 난자, 수정란은 약물뿐만 아니라 부부 관계를 가지는 외부 환경에 의해서도 영향을 받을 수 있는 것이다. 성인의 경우에도 바람이 많이 불거나, 날씨가 너무 쌀쌀하거나 흐리면 인체가 민감하게 반응하며 여러 가지 증상을 유발한다. 비가 오기 전에 여기저기 관절이 쑤시는 증상이 그 좋은 예다. 이처럼 외부의 환경 변화가 성인에게도 영향을 미치는데 하물며 저항력이 미약한 태아는 어떻겠는가. 그러니 태아의 형태를 갖추기도 전인 임신 초기 단계에서의 난자나 정자, 또는 수정란은 외부 환경의 미약한 변화에도 많은 영향을 받을 것이다. 따라서 정자와 난자가 수정할 때 외부 환경은 그 어떤 것보다 중요하다.

둘째, 욕정에 사로잡혀 아무 때나 관계를 갖지 말고 평소 절제된 부부 생활을 해야 한다. 성행위를 과도하게 하면 선천지정을 많이 소모하게 되므로 최상의 컨디션에서 2세를 갖기가 힘들다.

셋째, 정신적으로 피곤하고 우울하고 두렵고 슬프고 화가 날 때 아기를 가져서는 안 된다. 술에 취했거나 배가 부를 때, 병이 막 치유되었을 때도 마찬가지다. 이럴 때 부부 관계를 가지면 원기가 손상될 뿐 아니라 유산, 사산, 태아의 발육 불량 등을 유발할 수 있다. 심지어 엄마와 아기의 생명까지 위태로워질 수 있다. 일례로 중국의 위대한 시인인 이태백, 두보, 도연명은 뛰어난 인재였지만 모두 지나친 음주로 인해 평범하기 그지없는 후손을 보는 데 그쳤다. 그래서 도연명은 말년에 "자손의 우둔함은 아마도 술잔 속의 물건이 준 해로움에서 연유한 것 같구나!"라고 한탄했다.

넷째, 바람이 심하게 불 때나 비가 많이 내릴 때, 안개가 많이 끼었을 때, 너무 춥거나 더울 때는 임신을 피해야 한다. 또 번개와 천둥이 치고, 해와 달이 보이지 않아 어두울 때도 마찬가지다. 이때 아이를 잉태하면 부모의 몸도 많이 손상되고 태어나는 자식도 병약하다.

이처럼 우리 조상들은 한 명의 자손을 얻는 데도 많은 정성과 노력을 들였다. 다시 말해 건강하고 총명한 자손을 얻기 위해 부부가 욕정을 절제하고 음식을 가려 먹었으며, 마음을 평온하게 다스리고 항상 좋은 생각을 하려고 애썼다. 또한 아기를 가질 때는 시기와 환경까지 고려해 임신할 때 수정란에 나쁜 영향을 주지 않도록 조심했다.

그런데 요즘은 자신의 몸 상태나 외부 환경을 고려하기는커녕 만취해서 또는 불을 켜고 부부 관계를 하는 경우가 많다. 이로 인해 생각지도 않던 아이가 생길 수도 있는데 말이다. 조금이라도 아이를 생각한다면 부부 관계는 가장 고요할 때 어두운 곳에서 성스러운 마음으로 해야 한다.

요즘 모 대출 광고를 보면 시어머니가 자식과 며느리가 든 방 밖에서 부부 관계를 가질 때의 자세를 지도하는 장면이 있다. 그리고 '서동요'라는 드라마에서는 서동요가 무왕이 된 후 선화공주와 첫날밤을 보낼 때 부부 관계를 갖는 순서를 옆에서 누군가 이야기해 주는 장면이 나온다. 또 강수연이 주연한 '씨받이'라는 영화에서는 강수연이 아들을 낳기 위해 달의 정기를 들이마시는 장면이 나온다. 이처럼 영화나 드라마에 종종 등장하는 이러한 장면들은 바로 가장 몸 상태가 좋을 때 가장 좋은 환경에서 아기를 가지려 했던 우리 조상들의 의지를 반영하고 있다.

아이의 선천적인 기질과 인성은 임신할 때 이미 대부분 결정된다. 뜻하지 않은 상황에서 아무런 준비 없이 아기를 갖는 우를 범하지 말고, 자식의 운명을 결정할 첫 단추를 잘 꿰기 위해 열성을 다해 준비했던 조상의 지혜를 가슴에 새기기 바란다.

이런 이유 때문에 예전부터 한의학에서는 부부 관계에 대해 많이 언급하고 있다.

예를 들어 "씨를 뿌릴 날짜를 택하고자 할 때는 반드시 먼저 삼가는 바가 있어야 한다."고 제시하면서 "오직 날이 맑아 시원한 바람이 불고, 기후가 상쾌하고 정서가 안정되며, 정신적으로 여유가 있는 상황에서…… 자식을 얻었을 때 질병이 적을 뿐만 아니라 총명하고 어질게 되니 태아의 선천적인 원천은 여기에 있다."고 하였다. 이것은 아이가 뛰어난 것과 열등한 것이 기후·환경·정서 등과 밀접한 관계가 있음을 명확히 지적한 기록이다. 이렇게 부부 관계는 반드시 절제가 있어야 한다. 함부로 욕망에만 사로잡혀서 아무 때나 관계를 가지지 않는 것이 중요하다는 것이다.

그리고 성교 시 외부의 환경은 태아의 성장 발육 및 부부의 건강에 매우 중요한 영향을 준다고 생각하였다. 그래서 "무릇 자손을 얻고자 한다면 항상 다음의 것들을 피해야 한다. …… 바람이 심하게 부는 것, 비가 많이 내리는 것, 안개가 많이 끼는 것, 매우 추운 것, 매우 더운 것, 번개, 천둥, 천기가 어두운 때, 해와 달이 없을 때…… 이때에 잉태하면 부모를 백배로 손상시키고 자식을 낳으면 벙어리나 귀머거리나 아둔하거나…… 병이 많고 수명이 짧다."고 지적하였다. 예전에는 자손을 하나 가지기 위해서 이렇게 많은 신경을 썼던 것이다.

02
클래식 음악이
태교의 전부가 아니다

일반적으로 태교를 할 때는 클래식 음악을 들어야 한다고 생각한다. 심지어 시중에는 과목별로 똑똑하게 만든다는 태교 음악까지 나오고 있다. 물론 이런 음악이 태교에 도움을 주기는 한다. 시끄럽고 불순한 가사로 된 음악보다는 훨씬 좋다. 그러나 클래식을 들려주고 좋은 책을 읽어 준다고 해서 좋은 태교가 되는 것은 아니다.

아이가 가장 좋아하는 소리가 무엇이겠는가? 그것은 엄마 아빠의 목소리다. 따라서 가장 좋은 태교는 사랑이 담긴 엄마 아빠의 목소리를 들려주는 것이다. 아이를 생각하며 행복해하는 엄마 아빠의 목소리, 아이를 기다리며 가족이 나누는 화목한 대화 소리보다 더 좋은 태교는 없다.

따라서 태교를 잘하고 싶으면 가족이 서로 아끼고 사랑하면 된다. 서로 믿고 배려하는 마음을 보여 주면 된다. 그런데 아이를 가진 후 크고 작은 다툼이 생기는 것을 주변에서 쉽게 볼 수 있다. 남편은 따뜻한 관심을 바라는 아내의 요구를 잔소리처럼 여기며 언짢아하고, 아내는 임신으로 평소보다 예민한 상태여서 남편이 조금만 소홀해도 서운함을 갖게 되기 때문이다. 하지만 이는 문제 상황이 아니라 자연스러운 현상이다. 동양철학의 관점에서 보면 남자는 양기가 강해 진취적이고 활동적이라 자꾸 바깥으로 나가려고 한다. 반면 여자는 음기가 강해 정적이고 자신의 주변을 보호하려는 성향을 띤다. 그래서 남자는 아이가 생겨도 사회적인 일이나 다른 사람과의 관계를 중시하고, 여자는 아이를 위해 자신의 모든 희생을 감수한다.

서양과학의 이론 중에도 비슷한 해석이 있다. 유전적인 측면에서 인간은 로봇이고 유전자가 주인이라는 이론이다. 이 이론에 따르면 유전자는 자신의 유전자를 후대에 많이 퍼뜨리는 것이 가장 큰 목적이고 인간은 여기에 이용되는 수단이다. 그런데 남자는 수많은 정자를 생산하는 반면 여자는 한 달에 한 개의 난자를 배출하다 보니 남자는 자신의 정자를 자꾸 퍼뜨리려고 하고 여자는 자신의 난자를 지키려고 한다. 남자 입장에서는 여자가 임신을 하더라도 자신의 정자를 퍼뜨리는 것이 이익이고, 여자 입장에서는 남자가 다른 여자에게 정자를 퍼뜨리지 않고 자신만을 위해 사용하는 것이 이익이기 때문이다.

남자와 여자는 이처럼 다른 면이 있는데 서로 이해하지 못하고 자신의 입장에서만 상대방을 바라보면 오해와 불신이 쌓이고 아이에게도 나쁜 영향을 미치게 된다. 뿐만 아니라 친지, 친구, 동료와의 불협화음이나 일상생활에서 알게 모르게 받는 스트레스도 아이에게 해롭기는 마찬가지다. 따라서 부부가 서로 사랑하고, 주위 사람과 잘 지내고, 매사를 긍정적으로 받아들이는 것이야말로 가장 좋은 태교일 것이다.

엄마의 정신 건강이 태아에게 미치는 영향을 한의학에서는 다음과 같이 설명하고 있다. "태아가 엄마 배 속에 있을 때 그 어미가 크게 놀라면 기가 급작스럽게 상승하여 자식에게 간질이 발생할 수 있다."고 말이다. 물론 엄마가 크게 놀란다고 꼭 이런 질병에 걸리는 건 아니지만 임신 중 엄마는 마음을 잘 다스려 태아에게 나쁜 영향을 끼치지 않도록 주의해야 한다.

임산부가 지켜야 할 '태교의 도'

- 설 때는 비스듬히 서지 마라.
- 앉을 때도 아무 자리에나 함부로 앉지 마라.
- 혼자 있어도 교만한 생각을 하지 마라.
- 화가 나는 일이 있어도 욕하지 마라.
- 좋은 소리만 듣고, 좋은 말만 하라.
- 임신 1개월 때는 음식을 잘 가려 먹되, 발효 식품과 수프는 반드시 잘 익혀 먹고 맵고 비린 음식은 먹지 마라.

- 임신 2개월 때는 반드시 조용한 곳에서 지내라.
- 임신 3개월 때는 태아가 형성되는 시기이므로, 좋은 것을 보고 천하고 상스러운 것은 보지 마라.
- 임신 4개월 때는 피가 형성되는 시기이므로 생선을 즐겨 먹어라.
- 임신 5개월 때는 기가 형성되는 시기이므로, 고깃국을 끓여 먹고 충분히 자고 일어나 따사로운 아침 햇볕을 쬐어라.

아기의 몸과 마음이 건강해지는 전통 태교

우리 조상들은 태교를 매우 중요하게 여겼다. 임산부의 몸가짐과 마음가짐이 태아에게 많은 영향을 끼치므로 먹고, 듣고, 보고, 느끼고, 행동하고, 생각하는 모든 부분에서 할 것과 하지 말 것을 구분해 철칙처럼 지켰다.

1. 심신을 바르게, 성정을 온화하게 한다

임신하면 엄마와 아이가 한 몸이므로 엄마가 느낀 감정을 태아도 그대로 느끼게 된다. 그러므로 임산부는 항상 몸과 마음을 바르게 가다듬고, 어진 성정을 유지해야 한다. 특히 태아가 자리를 잡는 임신 초반기와 출산을 앞두고 예민해지기 쉬운 임신 후반기에는 더욱 조심해야 한다.

─임신 1개월 때는 잠잘 때 반드시 안정을 취하고 두려움을 없애야 한다.

─임신 2개월 때는 태아가 놀라지 않도록 조심해야 한다.

─임신 3개월 때는 단정하게 앉아 마음을 비워야 한다.

─임신 4개월 때는 몸을 고요히, 마음을 평온하게 한다.

─임신 7개월 때는 큰 소리로 말하거나 울지 말아야 한다.

─임신 8개월 때는 마음을 고요하게 유지해 기가 극에 달하지 않도록 해야 한다.

〈부인대전양방-태교문〉에서는 "자식이 배 속에 있으면 모친이 듣는 것을 따르게 되므로 임신한 후에는 걸을 때나 앉아 있을 때나 반드시 몸을 단정히 하고 성정을 곱게 써야 하며, 항상 조용한 방에서 지내고 아름다운 말과 소리를 많이 듣는다. 아울러 다른 사람에게 시를 강독하게 하고, 예와 음악을 말하게 하여 듣는다. 대신 말 같지 않은 말은 듣지 말고 나쁜 일은 보지 않는다. 이렇게 해서 낳은 자식은 장수하고 충효하며 현명하다. 이를 어기면 자식을 낳아도 대개 장수하지 못하며 우둔하다."고 하였다. 그러므로 임산부는 항상 심신을 가지런히, 성정을 온화하게 가져야 하고, 정신적 충격이나 자극을 피하는 대신 내면을 살찌우는 시와 선율이 아름다운 음악을 들어 정서를 안정시켜야 한다.

2. 좋은 음식을 먹고, 술과 담배를 삼가라

임신 중에는 음식을 충분히 다양하게 섭취해야 한다. 이렇게 하면 각종 영양분을 골고루 섭취할 수 있어 산모의 건강과 태아의 발육에 좋다. 〈의학정전-소아총론〉에서는 "무릇 아기가 배 속에 있을 때는 어머니가 배고프면 아기도 배가 고프고, 어머니가 배부르면 아기도 배가 부르다."고 하여 산모의 영양 섭취가 중요함을 강조했다. 또한 〈달생편〉에서는 "산모가 섭취하는 음식은 담백해야지 기름져서는 안 되며, 맑아야지 탁해서는 안 되며, 담담해야지 너무 매워서는 안 된다."고 지적했다.

이처럼 우리 조상들은 임산부의 음식 섭취에 각별한 주의를 기울였다. 나이 든 어르신 중에는 지금도 "양의 간을 먹으면 태아가 위험하고, 잉어회나 달걀을 먹으면 태아에게 부스럼증이 생기고, 개고기를 먹으면 태아가 소리를 내지 못하고, 토끼 고기를 먹으면 아이가 언청이가 된다."며 이 음식들을 먹지 못하게 하는데 그럴 필요까지는 없다. 이 음식들을 먹는다고 꼭 아이에게 해가 되는 것은 아니다. 여기서 우리가 배울 점은 아이에게 이로운 것은 취하고 해로운 것은 삼가려고 했던 우리 조상들의 마음 자세다.

사실 임신 중 어떤 음식보다 해로운 것은 술과 담배다. 술과 담배는 끊더라도 완전히 해독될 때까지 오랜 시간이 걸리므로 임신해서는 물론이고, 평소에도 자제해야 한다. 특히 담배는 절대 피워서는 안 된다. 남자도 삼가야 하지만 여자는 더더욱 피해야 한다. 여자는 신체 특성상 술과 담배의 독성이 배출되는 시간이 남자보다 더디기 때문이다. 더욱이 여자는 태아를 잉태하는 몸이므로 태아가 자랄 보금자리를 튼튼하고 쾌적하게 만들어 줄 의무가 있다. 따라서 여자는 금주, 특히 금연을 반드시 실천해야 한다.

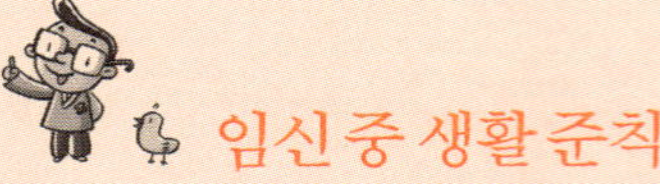

- 함부로 부부 관계를 하지 마라.
- 지나친 과식을 삼가라.
- 함부로 약을 쓰지 마라.
- 술과 담배를 삼가라.
- 함부로 침을 맞거나 뜸을 뜨지 마라. 몸이 아프면 한의사와 상담한 뒤 적절한 치료를 받아라.
- 사는 곳을 지나치게 따뜻하게 하지 마라.
- 불결한 곳에서 대소변을 보지 마라.
- 무거운 것을 들고 멀리 걷거나 위험한 곳에 높이 올라가지 마라.
- 지나치게 오래 자거나 누워 있지 마라.
- 이사를 가거나 여행, 특히 해외여행을 하지 마라. 그 지역의 풍토병과 같은 새로운 질병이 태아에게 영향을 끼칠 수 있다.
- 칼과 같은 위험한 것을 만지지 마라.
- 넘어지거나 부딪치지 않도록 조심하라.

3. 거처를 신중히 선택하고, 너무 춥거나 따뜻하게 하지 마라

임신 중에는 태아를 기르는 데 많은 에너지를 소모하므로 면역 기능이 떨어지게 된다. 더구나 몸이 아파도 약을 복용할 수 없으니 질병에 걸리지 않도록 더욱 주의해야 한다. 〈축월양태방〉에 의하면 특히 임신 5개월을 기점으로 이전에는 몸을 편안하게 돌보고, 이후에는 적당한 활동을 해 주어야 한다.

—임신 5개월까지는 반드시 편안히 자고, 조용한 곳에서 지내야 하며, 몸을 고요히 하고, 잠을 충분히 잔 후 아침 햇볕을 쬐어 한기로 인한 피해를 막고, 목욕을 자주 하고, 옷을 깨끗이 빨아 두텁게 입고, 몸이 피곤해지지 않도록 주의해야 한다.

—임신 5개월 이후부터 조금씩 활동량을 늘려 임신 6개월에는 가벼운 운동을 하고 조용한 곳보다는 들로 나가는 것이 좋다.

—임신 7, 8개월에는 몸을 움직이고 흔드는 운동과 허리를 굽혔다 펴는 운동을 자주 함으로써 기혈의 소통을 원활하게 하고, 옷을 얇게 입어서는 안 되며, 목욕을 자제하고 찬 음식을 먹지 말아야 한다.

—임신 9개월에는 습랭한 곳에 있어서는 안 되고, 허리띠를 느슨하게 풀어 때를 기다려야 한다.

4. 성생활을 하지 말고 태아를 보호해야 한다

우리 조상들은 임신하면 성생활을 자제했다. 이를 경계하지 않으면 설령 아기가 떨어지지 않더라도 우둔하고 허약한 아이가 태어난다고 여겼다. 한의학에서는 임신 중 성생활을 자제하지 않으면 신장의 기운이 손상되어 산모와 태아 모두에게 좋지 않은 영향을 미치는 것으로 본다. 특히 임신 초기와 말기에는 성욕을 더욱 절제하도록 한다. 서양의학에서도 마찬가지다. 이는 단순히 유산을 막기 위함이 아니라 태아의 건강에 나쁜 영향을 주지 않도록 미리 삼가라는 것이다.

요즘 엄마들은 태교의 일환으로 태교 음악을 듣고, 태교 동화를 읽고, 요가를 한다. 하지만 이에 앞서 태교의 기본은 엄마의 말과 행동을 바르게 하는 것임을 잊지 말아야 한다. 이를 바탕으로 태교를 해야 효과를 제대로 볼 수 있다. 아이가 엄마 배 속에 있거나 출산을 할 때 가장 발달하는 감각이 청각이다. 그래서 다른 무엇보다도 아이에게 좋은 소리를 들려주는 것이 중요하다. 그리고 그 소리는 엄마가 좋아하거나 아이에게 들려주고 싶은 소리가 아니라 아이가 편안해하고 행복해하는 소리여야 한다. 요즘은 많은 태교 동화와 음악이 나오고 있는데 어떤 것은 아이에게 스트레스를 주는 것일 수도 있고, 이런 것은 아이에게 좋은 태교가 될 수 없다.

임신 중 엄마가 스트레스를 잘 받고 예민하면 아이도 예민해지기 쉽고, 엄마가 음주와 흡연을 하면 아이의 신체적, 정신적 건강에 나쁜 영향을 끼치게 된다. 또 엄마가 인스턴트식품이나 패스트푸드를 즐겨 먹으면 아이에게 알레르기 질환이 나타나는 경우가 많다. 이처럼 엄마가 임신 중 어떻게 하느냐는 2세를 위해 매우 중요하다. 진심으로 아이의 건강과 체질을 걱정한다면 임산부는 신선한 제철 음식을 즐겨 먹고, 적당한 운동을 하고, 충분한 휴식을 취하면서 평온하고 안정된 생활을 해야 한다.

03

자연분만과 **모유 수유,**
선택 아닌 **필수**다

인간은 누구나 태어날 때 견디기 힘든 통과의
례를 치러야 한다. 열 달 동안 머물던 안전한 보금자리를 벗어나
단단한 골반 뼈를 비집고 나와야만 비로소 새 생명으로 거듭날 수
있기 때문이다. 그러나 요즘 이러한 자연분만 대신 제왕절개수술
로 아이를 낳는 경우가 허다하다. 그 이유는 생명이 위험하거나 불
가피한 사정이 있어서가 아니라 산고를 느끼지 않고 편하게 아이
를 낳으려는 산모가 많기 때문이다.

그러나 이는 당장 눈앞에 닥친 현실만을 생각하는 어리석은 처
사다. 물론 제왕절개를 하면 당장은 편할 수 있을지 모른다. 그러
나 한 번 제왕절개 수술을 하면 둘째를 낳을 때도 제왕절개수술을

해야 하고, 아이를 계속 낳기도 어렵다. 뿐만 아니라 제왕절개수술을 하면 산모에게 다량의 항생제를 투여하므로 아이에게 심각한 영향을 끼칠 수 있다.

요즘 농어촌에서는 잘못된 농수산 정책에 따라 농산물, 축산물, 수산물에 질병이 생기는 것을 막기 위해 각종 항생제를 쓰고 있다. 이처럼 무분별한 항생제의 사용으로 어떤 항생제를 써도 죽지 않는 강력한 내성의 슈퍼 박테리아가 나오고 있다. 항생제를 해당 농수산물에 직접 투여하지 않아도 이러한 현상이 나타나는데, 하물며 제왕절개수술로 제 몸에 항생제를 맞은 산모가 아기에게 모유를 먹인다면 과연 아무런 영향을 끼치지 않을 수 있겠는가?

과도한 제왕절개 수술은 과도한 항생제 투입을 유발하고, 아이에게마저 좋지 않은 영향을 미치게 된다. 혹자는 항생제 투입으로 우리 인체의 면역 기능이 교란되어서 요즘 알레르기 질환이 더욱 늘어난다는 이론까지 제기하고 있다. 만약에 이 점이 두려워 처음부터 모유 수유를 하지 않으면 나중에는 모유를 먹이기가 더 힘들어져 결국 분유를 먹일 수밖에 없게 된다.

제왕절개수술을 하면 자연분만을 한 경우보다 산모의 회복도 더디고 임신 중 늘어났던 몸무게도 덜 빠지는 경향이 있다. 따라서 불가피한 경우가 아니라면 제왕절개수술보다는 자연분만을 택하는 것이 좋다. 산모들이 자연분만을 두려워하는 가장 큰 이유는 여기저기서 들은 끔찍한 출산의 고통 때문이다. 이로 인해 지레 겁부터 먹는 경우가 많은데 조금만 노력하면 비교적 수월하게 자연분만을 할 수 있다.

임신 중 과식을 자제하라

자연분만을 수월하게 하려면 먼저 과도한 영양 섭취를 자제해야 한다. 우리 몸은 선사시대 프로그램으로 되어 있다. 선사시대에는 먹을 것이 부족했을 뿐만 아니라 매일 먹을 수도 없었기 때문에 몸에 영양분을 저장해 두어야 했다. 지금의 우리 몸도 필요 이상의 영양분은 몸속에 비축해 둔다. 그러나 지금은 선사시대와 달리 먹을 것이 넘쳐 나므로 그날그날 필요한 양만큼만 먹는 것이 바람직하다.

필요 이상으로 과식하면 잉여 영양분이 몸속에 쌓여 비만은 물론 여러 성인병을 유발하게 된다. 하지만 식욕은 인간의 기본적인 욕구이므로 먹어야 할 양만 먹고 숟가락을 놓기란 결코 쉽지 않다. 특히 아이를 가진 임산부는 몸에서 평소보다 많은 영양분을 요구하므로 식욕이 당기는 대로 먹는 경향이 있다.

물론 임신 초기 입덧을 할 때는 입맛이 떨어지고 먹는 대로 토하기 때문에 잘 먹지 못한다. 혹자는 입덧을 아이를 지키기 위한 생리적인 작용이라고 한다. 임신 초기에는 외부의 사소한 자극에도 영향을 받으므로 태아에게 해로울 수 있는 물질이 들어오지 못하도록 몸에서 보이는 자발적인 반응이 입덧이라는 것이다.

문제는 입덧이 끝나면 필요 이상으로 많이 먹는다는 점이다. 임산부가 많이 먹는 것은 흉이 아니므로 대부분의 임산부는 아무런 절제 없이 많은 음식을 섭취한다. 과거 우리 조상들은 경제적으로 풍요롭지 못했기 때문에 임신하면 무조건 많이 먹고 태아도 통통하게 낳는 것을 제일로 여겼으리라 짐작하는 사람이 많은데 실은 그렇지 않다.

한의학에서는 "산모가 너무 기름진 음식을 많이 먹으면 태아가 살이 쪄서 난산이 되기 쉬우니 조심하라."고 하였고, 우리 조상은 이를 철저히 따랐다. 그래서 임산부는 담백한 음식을 먹게 하고, 맛이 너무 진하거나 자극적인 음식과 국물이 너무 뜨겁거나 찬 음식은 먹지 못하게 했다.

더욱이 예전에는 요즘처럼 고열량의 음식이 없었기에 섭취량이 좀 늘어나더라도 문제가 되지 않았지만 지금은 고열량의 음식이 많아 과식하면 비만으로 이어져 임신중독증, 부종 같은 문제가 발생한다. 그리고 엄마가 비만이 되면 아이도 비대해져서 자연분만을 하기가 힘들다. 엄마의 골반으로 빠져나가기에는 아이가 너무 큰 탓이다. 이럴 땐 결국 제왕절개수술을 할 수밖에 없다.

한의학적으로 비만은 몸에 습(濕)이라는 노폐물이 끼는 증상이다. 입으로 들어온 영양분이 순환, 대사가 되지 않아 몸에 축적된 것이 습인데, 이런 습이 끼게 되면 몸이 더욱 무거워져 움직이기가 싫어지고 몸이 붓게 된다. 이러한 악순환이 반복되어 체중이 급격하게 늘어나면 자연분만을 할 수 없게 된다.

따라서 자연분만을 순조롭게 하기 위해서는 적당한 영양 섭취와 함께 적절한 운동을 병행해야 한다. 엄마와 아이 모두의 건강을 위해 반드시 운동을 해야 한다. 운동을 하면 자연분만이 수월해질 뿐 아니라 산모의 정신적, 육체적 스트레스도 해소되는 효과를 볼 수 있다.

동양의학에서는 "예로부터 전해 오는 가벼운 전통 체조가 순산에 도움을 준다."고 하여 임산부에게 이를 권장해 왔다. 우리나라의 태극권, 인도의 요가 등이 임산부에게 좋은 전통 체조로 꼽힌다. 예전에는 영양 섭취가 미비해 산모가 많이 움직여 에너지를 소모하는 것이 태아에게 좋지 않았을 수도 있다. 그러나 지금은 영양 섭취가 지나친 것이 문제이니 몸에 무리를 주지 않는 운동이나 전통 체조로 자연분만을 준비하자.

순산을 위한 준비는 이렇게 하라

한의학에서는 임산부의 노동과 휴식에 지나침이 없어야 한다고 강조한다. 〈만씨부인과─태전장〉에서는 "임신 후 적절한 운동으로 기혈과 경맥이 잘 통하게 하면 저절로 난산의 위험이 없어진다. 만약 편한 것만 좋아하고 일하기 싫어하며, 가만히 있는 것만 좋아하고 움직이는 것을 싫어하며, 눕는 것만 좋아하고 몸을 일으켜 세우는 것을 싫어하면 기혈이 뭉쳐서 출산할 때 힘들다."라고 하였다. 또한 "임신 중에 너무 편하게 지내면 기가 정체되고, 너무 피로하면 기가 약해지므로 적당히 쉬고 적당히 움직여야 한다. 임신 5개월까지는 편안하게 지내고, 이후에는 적당히 일하는 것이 좋다."고 권한다.

임신 후 고열량 음식을 즐기는 임산부는 그만큼 많은 운동을 해야 비만을 막고 아이를 순산할 수 있다. 한의학에서는 분만을 쉽게 하기 위해 분만 전 축태음이나 만불산 같은 약을 사용하고, 분만할 때는 불수산 같은 약을 사용한다. 그러나 엄마의 정성과 노력으로 자연분만을 할 수 있는 여건을 갖춘 다음 한약의 도움을 받으면 더 좋은 효과를 볼 수 있다.

모유는 출생 후 24시간 안에 먹여야

출산 후 엄마는 아기에게 반드시 모유를 먹여야 한다. 요즘에는 여러 가지 이유로 아기를 낳자마자 분유를 먹이는 사람이 많은데 분유에 아무리 좋은 영양분이 들었다고 해도 엄마 젖보다 좋을 수는 없다.

모든 동물은 자신의 새끼에게 가장 알맞은 형태의 모유를 생산한다. 물론 분유가 다른 동물의 젖보다 사람의 젖과 가장 비슷할 수는 있다. 그러나 어떤 성분을 첨가하더라도 분유는 우유일 뿐이다. 만일 우유가 그렇게 좋다면 송아지도 계속 우유만 먹어야 할 텐데 송아지는 우유를 오래 먹지 않는다. 그런데 사람은 우유로 만든 분유를 1년 이상 먹는다.

우유는 모유에 비해 농도가 진하고 지방, 단백질 같은 영양분이 더 많이 들어 있다. 왜냐하면 우유는 태어나서 바로 걸을 수 있는 송아지에게 맞게 만들어진 음식이기 때문이다. 그런데 인간은 생후 몇 개월간은 혼자 앉거나 기지도 못하므로 필요 이상의 영양 성분이 든 우유를 오랫동안 먹이면 아이의 건강에 무리를 줄 수도 있다. 모유보다 영양분이 훨씬 농축된 우유를 소화하려면 각종 신진대사에 부담을 주게 될 것이기 때문이다. 또 과잉 영양분이 들어오면 혈액도 맑은 상태를 유지할 수 없고, 혈액순환에도 장애를 주게 될 것이다.

요즘 분유 회사들을 보면 모유와 가장 비슷하게 만들었다고 하면서 비싼 가격으로 분유를 팔고 있다. 왜냐하면 엄마들이 그런 분유를 선호하기 때문이다. 그럼 왜 모유는 안 먹이고 모유와 가장 비슷하다는 분유는 비싸게 사 먹이는가? 아이러니가 아닐 수 없다.

송아지와 인간의 아이는 활동력에서 현저한 차이가 있다. 송아지는 태어나자마자 걷고 움직일 수 있어야 생존할 수 있다. 그러나 인간은 최소 1년이 지나야 송아지와 같은 움직임을 보일 수 있다. 따라서 소젖에는 활동을 위한 좀 더 많은 영양분이 들어 있다. 이런 소젖으로 만든 분유를 오래 먹게 되면 아이에게 영양 과잉이 올 수 있다.

요즘 현대인들이 비만해지는 가장 큰 이유는 활동량이 적은 반면 지나친 고열량 식사를 하기 때문이다. 아기에게 분유를 오랫동안 먹이는 것 또한 이와 다르지 않다. 아기의 움직임이 거의 없는 시기에 분유를 먹여 필요 이상의 영양분을 공급하는 것이니 말이다.

아기는 인간에게 가장 유익하고 적당한 영양분이 들어 있는 모유를 먹고 자라야 한다. 인간의 가장 큰 행복 중의 하나가 자손을 번창시키는 것이다. 하지만 인간은 임신 기간이 길어 여느 동물에 비해 자식을 많이 낳지 못한다. 그래서 아기의 식량인 모유는 엄마의 영양분 중에서도 가장 좋은 것들만 엄선해 만들어진다. 고대 한의서를 보면 왕이 병들어 음식을 전혀 먹지 못할 때 모유로 죽을 끓여 바치니 기력이 좋아졌다는 기록이 있다. 이처럼 모유는 사람에게 좋은 영양분이 많이 든 최고의 음식이라고 해도 과언이 아닐 것이다.

더욱이 아기는 생후 6개월이 되기 전까지 모유를 먹으며 면역력을 키운다. 모유에는 질병과 싸울 때 필요한 면역 성분이 들어 있기 때문이다. 분유에 아무리 좋은 성분을 넣는다고 해도 엄마가 아기를 위해 직접 만든 모유의 효과와 비길 수는 없다. 따라서 아기가 태어나면 무조건 모유를 먹이되, 출생 후 24시간 안에 먹여야 한다.

아이에게는 이때 먹는 것이 태어나서 처음 먹는 음식이다. 어른도 새로운 음식을 처음 먹을 때의 맛을 잊지 못하는 것처럼 아이도 태어나 처음 먹은 음식의 맛을 기억하므로 계속 먹으려고 한다. 따라서 아이가 태어난 직후 모유 수유를 못하면 나중에는 아이가 거부해 모유 수유에 실패하는 경우가 많다. 다행히 요즘에는 모유 수유를 권장하는 추세여서 병원에서도 아이에게 모유를 먹일 수 있도록 많은 배려를 하고 있다. 따라서 분만 전에 반드시 병원 측에 출산 후 바로 모유 수유를 하겠다는 의사를 밝혀 둘 필요가 있다. 그래야 아이에게 계속 모유를 먹일 수 있다.

아이에게 처음부터 분유를 먹인 엄마들 중에는 모유가 잘 나오지 않아서 어쩔 수 없었다고 말하는 이들이 있다. 그런데 조물주는 위대해서 아이에게 필요한 만큼의 모유는 나오게 한다. 엄마가 좋은 음식을 섭취하면서 적절한 운동과 마사지를 해 주면 충분한 모유가 나올 수 있다.

그러나 체질 특성상 모유가 충분히 나오지 않는 경우가 있다. 한방에서는 이럴 때 통규탕 등을 사용해 모유가 좀 더 잘 나오게 한다. 모유 수유 중에는 명심할 것이 있다. 엄마가 먹는 음식이 아이에게 영향을 미칠 수 있다는 사실이다. 물론 음식물을 섭취하면 엄마의 신체에서 대부분 알아서 걸러 내지만 그래도 아이에게 전혀 영향을 주지 않을 순 없다. 특히 아이가 태열이 심하거나 아토피가 있는 경우에는 엄마가 더욱 음식을 가려 먹어야 한다. 음식 중에서도 인스턴트식품과 패스트푸드는 물론 탄산음료, 초콜릿, 사탕, 아이스크림 같은 가공식품은 아무리 먹고 싶어도 자제하는 것이 좋다.

그리고 한의학에서는 인간은 누구나 서로 기를 주고받는다고 한다. 그래서 사람을 만날 때 어떤 사람은 처음부터 친숙하고 좋은 경우가 있고 어떤 경우는 왠지 싫은 경우가 있다. 보통 우리는 이럴 때 서로 기가 통한다고 한다.

엄마가 아이에게 모유를 먹이는 것은 단순히 모유를 줄 뿐만 아니라 수유를 하는 형태에 따라 엄마와 아이가 서로 기를 주고받으면서 특별한 관계를 만들어 가는 것이다. 더군다나 아이와 엄마가 서로 몸을 맞대면서 서로의 기를 주고받기 때문에 더욱 특별한 관계가 생기는 것이다. 엄마의 따뜻한 젖과 고무젖꼭지는 달라도 너무 다를 것이다.

외국에서 원숭이를 대상으로 한 실험이 있다. 어미 원숭이의 형태를 만들어 놓았는데 한쪽은 철사 등을 이용하여 포근하지 않게 만들었고 다른 쪽은 천 등을 이용하여 포근하게 만들어 놓았다. 그랬더니 새끼 원숭이들이 포근한 어미 원숭이한테만 가서 젖을 먹었다. 이처럼 아이는 엄마와 계속 접촉하는 것이 좋다.

따라서 모유 수유는 아이에게 좋은 모유를 먹이는 것에 그치는 것이 아니라 한의학적으로 엄마와 아이가 서로의 기를 교류함으로써 더욱 특별한 관계를 만들도록 해 준다.

칭찬은 돌부처 같은 남편을 춤추게 한다

임신 중에는 아내만 힘든 것이 아니라 남편도 힘들다. 임신한 아내와 배 속의 아기를 위해 사회생활의 상당 부분을 포기해야 지아비로서, 아비로서 임무를 다할 수 있기 때문이다. 그러나 한국 사회는 그런 상황을 오래 용인하지 않는다. 그런 상황이 오래 지속되면 사회생활과 인간관계의 맥이 끊어지게 된다.

그래서 아내가 출산하면 남편은 그동안 미뤄 왔던 많은 일을 하느라 가정에 소홀해진다. 그러나 안타깝게도 남편의 이런 처지를 이해해 주는 아내도 많지 않고, 그 때문에 서운해하는 아내의 심정을 헤아려 주는 남편도 많지 않다. 그러다 보니 대부분의 산모는 출산 후 우울증을 겪게 된다. 물론 그 원인이 전적으로 남편에게만 있는 건 아니지만 아내의 우울증을 치료할 가장 좋은 방법은 남편이 쥐고 있다. 남편이 아내를 조금만 너그러운 마음으로 감싸 주고 배려해 준다면 산후 우울증에서 빨리 벗어날 수 있기 때문이다.

또한 아내도 남편의 입장을 이해하려는 노력이 필요하다. 남편에게도 가장 소중한 것은 가족이지만 가장으로서 역할을 다하려면 사회생활을 무시할 수 없는 것이다. 따라서 부부가 서로 자신의 처지만 강조하지 말고 허심탄회한 대화를 통해 상대방의 입장을 헤아려 줘야 한다.

동양철학에서는 남자를 양, 여자를 음으로 본다. 남자는 양기가 강해 새로운 인간관계를 맺기를 좋아하고, 남에게 퍼 주기를 좋아한다. 반면 여자는 음기가 강해 남보다는 가족을 먼저 생각하고, 남에게 퍼 주기보다는 재물을 모으고 저축하는 것을 좋아하며, 새로운 인간관계를 만들어 가기보다는 친숙한 사람들과 어울리기를 좋아한다. 이렇다 보니 남자는 자꾸 앞으로 나아가려고만 하다가 문제가 발생하는 것이고 여자는 너무 한곳에 머물거나 움츠러들어서 질병이 발생하는 것이다. 그래서 한의학적으로 여자는 스트레스를 풀지 못하고 움츠러들어서 화병이 잘 발생한다고 본다. 혹자는 남자들이 스트레스를 받지 않거나 많이 해소를 하기 때문에 화병이 생기지 않는다고 하지만 요즘 남성들은 사회생활을 통하여 여자 못지않은 스트레스를 받고 있다. 따라서 남성에게 화병이 없는 것은 사회적인 환경보다는 남성들이 원래 움츠러들지 않고 기운을 발산하기 때문에 질병이 발생하지 않는 것으로 보는 게 맞을 것이다. 이러한 남성들이 임신 기간 동안에 부인과 아이를 위해서 계속 가정에 머물면서 발산하지 못하고 움츠러들기 때문에 남성들에게도 화병이 발생할 수 있는 것이다. 그래서 출산 후에는 남성들이 바깥으로 나가 기운을 발산하는 것이고, 반면에 여성들은 이것에 대해서 많이 서운해하고 힘들어하는 것이다.

　게다가 남녀는 자식에 대한 사랑을 표현하는 방식도 서로 다르다. 엄마는 열 달 동안 아이를 배 속에서 키운 데다 출산 후에도 직접 젖을 먹이고 기저귀를 갈아 주면서 하루 종일 같이 지낸다. 그런 생활이 7, 8개월 이상 지속되면 아이는 엄마를 최고의 아군으로 굳건히 믿게 되고 둘 사이에는 끈끈한 유대감이 형성된다. 아이가 생후 7, 8개월이 지나면 낯가림을 하기 시작하는 것도 그 때문이다. 이처럼 모성애는 아이가 아주 어릴 때 형성되기 때문에 엄마들은 아이를 위해 자신의 모든 희생을 감내한다. 이런 엄마들의 가장 큰 불만이 남편이 아이를 잘 돌보지 않는다는 것이다.

물론 아내의 눈에는 남편이 자식에게 소홀한 것처럼 보일지도 모르나 남편 역시 자식을 사랑하기는 마찬가지다. 다만 남편은 사회생활을 하느라 아이와 많은 시간을 보낼 수 없고 또 시간이 나더라도 아이를 어떻게 대해야 할지, 어떻게 놀아 줘야 할지 모르는 경우가 많다. 그러다 보니 남편은 아이가 기분이 좋을 때는 잘 지내지만 아이가 똥을 싸거나 울면 바로 아내에게 넘기는 것이다. 또 아이를 낳으면서 바로 모성애가 싹트는 엄마와 달리 아빠의 부성애는 아이를 키우며 차츰차츰 형성된다.

엄마들은 대개 갓난아이가 옹알이를 하거나 손끝만 움직여도 매우 기뻐하며 주위 사람에게 자랑을 늘어놓는다. 반면 아빠들은 아이의 이런 행동에 크게 동요하거나 기뻐하지 않는다. 그러다 아이가 초등학교에 들어가게 되면 그때부터 아빠의 자랑이 시작된다. 특히 아이가 학교에서 좋은 성적을 거두거나 상이라도 타 오면 '아빠를 닮은 덕분'이라고 너스레를 떨며 기쁨을 감추지 못한다. 바로 이것이 아빠의 부성애다. 아빠의 부성애는 시간이 지날수록 더욱 커진다. 그래서 아이가 결혼할 때가 되면 엄마보다 아빠가 더욱 힘들어한다. 특히 딸아이를 시집보낼 때는 더더욱 그렇다. 결혼식장에 가 보면 쉽게 알 수 있다. 부모님께 인사를 드리는 차례에서 딸과 사위가 인사를 올리면 엄마는 가만히 쳐다보고 있지만 아빠는 눈길을 피하는 경우가 많다. 딸아이와 눈을 마주치면 가슴에서 뭔가가 울컥 쏟아질 것 같기 때문이다.

한의학적으로 여자는 천성적으로 음기가 강하지만 이를 자꾸 사용하다 보니 나이 들어서는 상대적으로 양기가 강해진다. 또 남자는 천성적으로 양기가 강하지만 나이 들어서는 음기가 강해진다. 아이가 처음 태어났을 때는 무덤덤하던 아빠가 점점 감성적으로 변하고, 아이에게 한없이 살갑고 애틋하던 엄마가 날이 갈수록 씩씩하게 변하는 건 그 때문이다. 나이 들면 이처럼 남자는 여성화되고, 여자는 남성화되는데 이것이 바로 음양의 조화다. 그래서 한창 혈기 왕성할 때는 매사에 큰소리치던 남자들이 말년에는 부인밖에 모르는 것이다.

이제 부성애와 모성애의 차이를 이해했다면 아빠의 자리를 절대로 빼앗지 마라. 많은 엄마들이 아이 앞에서 아빠에 대한 불평을 늘어놓거나 흉보는 일을 아무렇지 않게 생각한다. 그러나 이런 식으로 자꾸만 아빠를 소외시키면 결국 아빠는 집안에서 설 자리를 잃고, 가정에 더욱 정을 붙이지 못하게 된다.

세상의 모든 것이 음양의 조화 속에 살아간다. 아이와 지내는 시간이 아무리 적더라도 아빠가 아이들에게 미치는 영향력은 대단히 크다. 그러므로 아이를 올곧게 잘 키우기 위해서는 음양의 기운, 즉 엄마와 아빠의 기운이 서로 조화를 이루어야 한다.

엄마들이여, 아빠의 자리를 마련해 주어라. 아빠가 집안에서 신나게 해 주어라. 아빠가 아이에게 작은 관심이라도 보일 때는 빈정대지 말고 아낌없이 칭찬해 주어라. 아이와 잘 놀아 주는 아빠, 아이에게 사랑 표현을 많이 하는 아빠로 만드는 힘은 바로 엄마에게서 나온다.

04
이유식,
반드시 **만들어 먹여라**

요즘은 모유 수유가 엄마와 아이 모두에게 좋다는 인식이 확산되면서 모유를 먹이는 엄마가 꽤 많아졌다. 그런데 모유를 먹이는 것까지는 잘해 놓고서 이유식은 사다 먹이거나 선식으로 대신하는 것이 문제다.

일반적으로 태열이나 알레르기 질환이 있는 아이는 생후 6개월부터, 증세가 심한 경우는 돌이 지나면서부터 이유식을 먹여야 한다. 그 전에 이유식을 시작하게 되면 알레르기 질환이 더 심해질 수 있다. 이런 아이에게 선식을 이유식으로 먹이는 경우가 있는데 이것은 바람직한 방법이 아니다.

한의학에서는 모든 만물이 오행으로 이루어져 있다고 표현한다. 오행은 만물의 각 성질을 대표하는 목(나무), 화(불), 토(흙), 금(쇠), 수(물)를 말한다. 이런 오행이 섞여 만물을 이루는데 각각의 비율이 정확히 20%씩 섞인 경우는 거의 없다. 어떤 것은 더 많을 수도 있고, 어떤 것은 거의 없을 수도 있다. 예를 들어 화의 기운을 많이 가지고 있는 태양은 따뜻하고, 토의 기운을 많이 가지고 있는 황토는 포근하며, 금의 기운을 많이 가지고 있는 칼은 무섭고 섬뜩하다. 이처럼 모든 만물은 저마다 기질을 가지고 태어나는데 이중 질(質)에 해당하는 것이 바로 오행의 치우치는 기운이다. 목의 기운이 치우치는 경우 목의 성질을 나타내고, 화의 기운이 치우치는 경우 화의 성질을 나타내는 것처럼 만물이 태어날 때 치우치게 타고난 기운이 고유의 성질을 결정하게 된다.

식물 중에서 그나마 어느 한쪽에 치우치지 않고 오행이 골고루 어우러진 것이 우리가 먹는 곡식이다. 그래서 쌀은 아무리 오래 먹어도 인체에 큰 이상이 생기지 않는 것이다. 우리 조상들이 이유식을 쌀죽으로 시작한 것도 그런 이유에서다. 그런데 다른 식물들은 오행이 치우쳐 있기 때문에 아이에게 함부로 먹이게 되면 알레르기나 소화기 장애 같은 부작용이 나타날 수 있다.

알레르기는 어떤 음식이나 성분에 면역 과잉 반응을 보이는 증상을 말한다. 다른 사람에게는 아무런 문제가 되지 않는 음식이나 성분이 어떤 사람에게는 치명적인 문제를 일으키는 경우, 스스로를 지키기 위한 면역 과잉 반응으로 알레르기 증상이 나타난다. 다시 말해 알레르기 증상은 인체가 더 이상 그 음식이나 성분을 받아들이지 못하게 하기 위한 자기 보호 수단이라고 할 수 있다.

이런 과민성 증상은 나이가 어릴수록 더 심하게 나타나고 더 빨리 회복된다. 그래서 아이가 음식을 조금만 잘못 먹으면 두드러기가 났다가도 금방 치유되는 것이다. 하지만 이유식을 먹을 때가 된 어린 아기는 일단 과민성 증상이 나타나면 금세 사라지지 않기 때문에 성질이 가장 평이한 쌀로 이유식을 시작하는 것이 좋다. 어떤 부모들은 선식으로 이유식을 먹이는 경우가 있는데 그것은 옳지 않다.

한의학에서 사용하는 한약을 보면 다음과 같이 세 가지로 나누어진다.

첫 번째는 장기간 복용해도 큰 문제가 없고 몸을 좋게 하는 약들이다. 우리가 보통 인삼, 감초와 같이 보약이라고 생각하는 것이 여기에 해당한다.

두 번째는 장기간 복용해서는 안 되지만 일정 기간 사용하게 되면 질병에 대한 치료 효과가 있는 약들이다. 일반적으로 한의원에서 어떤 질병을 치료하기 위해서 사용하는 약들이 여기에 해당된다.

세 번째는 독성이 있는 약들로 질병을 속히 치유하지만 독성이 있으므로 그때만 복용해야 하는 약들이다. 이러한 약들은 한의원에서도 단기간에만 사용하는 것이다. 한의학적인 관점에서 보면 양약은 대부분 여기에 해당한다.

일반적으로 우리가 주위에서 쉽게 구할 수 있고 자주 먹는 것을 한약으로 쓰는 경우가 있다. 그래서 음식과 한약이 서로 명확한 구분이 생기지 않는 것이다. 앞에서 이야기한 오행이 골고루 섞여 있을수록 첫 번째와 같이 장기간 먹거나 어린아이가 먹어도 큰 문제가 없고 오행이 한쪽으로 치우쳐질수록 세 번째에 해당한다. 물론 양약과 비교하면 독성이 거의 없다고 볼 수 있지만 한약 중에서 굳이 구분을 한다면 이렇게 구분할 수 있는 것이다. 성인들의 경우에는 웬만한 한약이나 곡식, 채소 등을 먹어도 큰 문제가 발생하지 않지만 아이들은 다르다. 특히 이유식을 하는 신생아들은 더욱 이런 것에 취약하다. 그래서 성질이 가장 평이한 쌀 등으로 이유식을 시작해야 되는데 선식으로 시작하게 되면 여러 곡식들이 섞여 있으므로 여러 가지 문제를 일으킬 수 있는 것이다.

그리고 진심으로 아기를 생각한다면 시판하는 이유식이 아니라 집에서 만든 이유식을 먹여야 한다. 엄마가 직접 만든 이유식이 집에서 해 먹는 밥이라면 시판하는 이유식은 가공식품일 수밖에 없다. 성분상으로는 엄마가 직접 만든 이유식이나 시판하는 이유식이나 큰 차이가 없겠지만 엄마가 만든 이유식에는 시판하는 이유식에는 없는 아주 중요한 것이 들어 있다. 그것은 바로 아이가 건강하게 잘 자라기를 바라는 엄마의 지극한 사랑과 정성이다.

이 세상 모든 만물에는 고유한 에너지, 즉 생기가 있다. 그래서 음식을 먹을 때는 단순히 영양분만 섭취하는 것이 아니라 그 음식에 녹아 있는 생기까지 섭취하게 된다. 아무리 성분이 같은 음식이라 하더라도 신선한 음식과 가공한 음식의 생기가 같을 수는 없다. 같은 생선인데도 양식보다 자연산을 선호하는 것은 양질의 생기를 섭취하기 위해서가 아니겠는가?

아이가 먹을 음식은 오염되지 않은 환경에서 햇볕을 받으며 자란 신선한 제철 식품으로 엄마가 정성껏 만드는 것이 가장 좋다.

앞에서 언급했듯, 제철에 나는 식품은 그 시기에 인간이 필요로 하는 모든 영양분을 가지고 있다. 가공식품을 멀리하고 제철에 나는 자연식품을 충분히 섭취한다면 따로 영양제를 챙겨 먹을 필요도 없다.

이유식은 자녀 교육의 시발점

이유식은 본격적으로 밥을 먹기 전에 씹는 연습을 하기 위한 음식이기도 하다. 음식물을 씹어 먹는 일이 아이들에게는 굉장히 힘든 고역이다. 어른도 평소에 안 씹던 딱딱한 음식을 먹으려고 하면 먹기가 불편하고 힘들듯이, 물처럼 술술 넘어가는 모유만 먹던 아이가 알갱이가 든 이유식을 먹으려면 껄끄럽고 불편할 수밖에 없다. 그러나 나중에 아이에게 밥과 같은 고형식을 먹이기 위해서는 반드시 거쳐야 하는 과정이기도 하다.

아이들은 씹는 것을 힘들어하기 때문에 식사를 모유나 분유에서 이유식으로 바꿀 때나, 이유식에서 밥으로 바꿀 때 일시적으로 식욕 감퇴 현상을 보이며 잘 먹지 않으려고 한다. 이런 모습이 안타까워 아이에게 계속 부드러운 음식만 먹이면 영양 불균형에 빠지게 된다. 아이 입장에서 보면, 자신이 씹기 싫어 안 먹고 버텼더니 부드러운 음식이 나오는데 왜 굳이 씹어 먹으려 하겠는가?

설령 아이의 식욕이 일시적으로 떨어지는 한이 있더라도 반드시 이유식을 통해 씹는 연습을 시켜야 한다. 그런데 요즘 이유식은 알갱이가 전혀 없는 죽처럼 만들어 씹는 연습을 할 수 없는 것이 문제다. 음식물을 씹어야 아이의 두뇌가 발달한다. 더욱이 이유식을 먹으면서 아이는 자연스럽게 숟가락질을 배우게 된다. 한국인이 다른 민족보다 똑똑한 이유 중의 하나가 젓가락질을 하기 때문이라는 건 익히 알려진 사실이다. 아이가 총명하고 똘똘해지기를 바란다면 평소 손을 자주 쓰게 해야 한다.

아이들은 돌이 되기 전에 벌써 자신을 사랑하는 주변 사람과 부모의 눈치를 본다. 그리고 어떤 행동이 옳은지 그른지를 주위 사람들의 반응을 보고 판단한다. 예를 들어 아이가 이유식을 먹지 않으려고 할 때 한쪽 부모는 어떻게든 계속 먹이려고 하고, 다른 한쪽 부모는 아이가 심하게 짜증을 내자 성격이 나빠질까 봐 적당히 타협하고 물러섰다 치자. 이 일로 전자의 아이는 이유식을 주면 순순히 먹을 것이고, 후자의 아이는 계속 같은 상황을 연출할 것이다. 그리고 후자의 아이는 이유식을 먹는 일처럼 마음에 내키지 않는 일을 부모가 또 시키면 지난번처럼 심하게 짜증을 내면서 자신의 뜻을 관철하려 들 것이다.

아이가 반드시 해야 할 일을 시킬 때는 처음부터 아무런 타협 없이 밀어붙여야 한다. 그렇다고 해서 매사를 부모의 의지대로 강요해서도 안 된다. 아이가 부모의 뜻에 따르지 않고 고집을 부릴 때는 아이의 상태와 현재 상황에 맞게 대처하는 융통성이 필요하다. 이때 가장 중요한 것이 일관성이다. 부모가 같은 일을 놓고 그때그때 편의에 따라 말을 바꾸면 아이는 혼란에 빠지게 될 뿐 아니라 부모의 얘기도 신뢰하지 못하게 된다.

대부분의 부모가 아이를 키우며 처음으로 겪는 갈등 상황이 이유식을 먹일 때인데, 이때 먹기 싫어하는 아이의 뜻을 받아 주어서는 안 된다. 싫어도 참고 해야 할 일이 있다는 것을 깨닫는 것은 아이가 앞으로 인생을 살아가는 데 매우 중요한 교육이다.

아이에게 이유식을 먹이는 일은 단순히 씹는 연습을 시키기 위한 절차가 아니라 자녀 교육의 시발점임을 명심하라. 또 아이의 의사를 존중해 아이가 원하는 대로만 하게 두는 것은 아이를 위하는 게 아니라 망치는 지름길이라는 사실도 말이다.

얼마 전 젊은 부부가 아이를 데리고 찾아왔는데 그 아이는 이미 돌이 지났음에도 우유 외에는 아무것도 먹으려 하지 않았다. 사정을 들어 보니 아이가 이유식을 자꾸 거부해 어쩔 수 없이 지금껏 내버려 둔 것이었다. 그 아이의 발육 상태는 생후 8개월 된 아이와 비슷했다. 성장이 더딘 게 염려스러워 부모도 별의별 방법을 다 써 보았지만 소용이 없었다고 한다.

무엇이 문제인지 진단해 보니, 그 아이는 그동안 매일 우유만 1000ml 이상 마시다 보니 배가 불러서 이유식이나 밥을 먹지 못하고 있는 것이었다. 다시 말해서 밥 대신 우유를 먹고 있었던 것이다. 더욱이 부모가 자신의 어떤 행동에 약하다는 것을 알고 계속 그런 식으로 욕구를 충족하고 있었다.

이 아이는 우유를 주지 않으면 다른 음식을 모두 거부했다. 심할 때는 2, 3일 동안 물조차도 먹지 않은 적이 있다고 한다. 엄마가 아무것도 주지 않고 굶겨도 아이가 먹을 생각을 하지 않아 하는 수 없이 원하는 대로 해 주다 보니 심각한 상황에까지 이른 것이었다. 항상 이런 식으로 원하는 것을 얻어 낸 그 아이에게 필자는 한약 대신 생활 습관을 바꾸라고 처방해 주었다.

그 아이의 문제점을 개선하기 위해서는 먼저 엄마의 태도가 달라져야 한다. 엄마가 아이에게 꼭 해야 할 일을 지시할 때는 망설이지 말고 단호하게 말해야 아이도 의무감을 느낀다. 예를 들어 아이가 잘못을 저질렀을 경우 건성으로 야단치면 아이도 건성으로 받아들인다.

따라서 그 엄마에게는 집으로 돌아가 아기에게 "더 이상 우유를 줄 수 없으니 밥을 먹어야 한다."고 단호하게 말하라고 일러 주었다. 아이가 간절히 우유를 원하더라도 일정량 이상은 절대 주지 말고 밥이나 다른 음식을 주라고 했다.

며칠 후 내원한 그 아이에게는 그사이 놀라운 변화가 일어났다. 아이가 드디어 밥을 먹기 시작한 것이었다. 엄마 말에 따르면 하루 이틀 정도는 아이가 아무것도 먹지 않고 엄마에게 종일 매달려 우유만 찾았다고 한다. 그런데 엄마가 전처럼 물러서지 않고 단호한 태도를 보이자 아이도 예전과 달라졌다는 것을 느꼈는지 이틀째 되는 날부터 밥을 먹더라는 것이다. 그 일로 엄마가 무척 고마워해 필자도 흐뭇했던 기억이 난다.

혹자는 이런 경우 아이를 단호하게 대하면 스트레스를 받아 다른 문제가 생기지 않을까 걱정한다. 하지만 그런 식으로 생각하면 부모가 교육을 목적으로 행하는 모든 말이 아이에게 스트레스가 될 것이다. 아이가 원하는 대로 놔둔다면 스트레스를 받지 않겠지만 올바른 길로 인도하기 위해 교육한다는 자체가 아이에게는 스트레스다. 예를 들어 식탁에 앉아 밥을 먹는 것도 스트레스가 될 수 있다. 따라서 아이를 단호하게 대하면 아이 스스로 지킬 것과 절제할 것을 알아서 하게 되므로 교육 문제로 인한 스트레스가 줄어들 뿐 아니라 좋은 습관이 몸에 배게 된다.

이렇게 아이의 생활 습관을 바꾼 후 아이의 소화 기능과 식욕을 향상시키는 한약을 꾸준히 먹게 했더니 3개월 후 아이의 키와 체격은 또래 아이들과 비슷해졌다.

이처럼 이유식을 먹이는 일은 아이의 성장 발육에 중요한 영향을 끼친다. 그러므로 아이가 먹지 않으려고 할 때는 적절한 방법을 활용해 잘 먹을 수 있도록 유도해야 한다. 우유만 찾는 아이라면 이유식과 우유를 한 순가락씩 번갈아 먹이는 것도 좋은 방법이다.

밤중 수유를 끊어라

이유식을 할 때는 밤중 수유를 삼가야 한다. 한의학에서는 무엇이든 밤중에 먹는 것은 금한다. 다만 생후 3개월 이전까지는 위가 음식물을 저장할 만큼 크지 않기 때문에 밤에 먹지 않고서는 생명을 유지할 수 없다. 그러다 생후 3개월이 되면 위가 충분히 성장하므로 이론상으로는 그때부터 밤중 수유를 안 해도 된다. 그러나 현실적으로 어린 아기의 밤중 수유를 끊기가 쉽지 않은 일이므로 좀 더 여유를 두어 생후 3~8개월 정도에 끊을 수 있도록 노력해야 한다.

이때 역시 부모는 단호한 태도를 보여야 한다. 아이 입장에서는 먹을 기회가 박탈되므로 심하게 저항하겠지만 아이를 위해서는 과감히 끊어야 한다. 아이가 며칠 동안 밤마다 울어도 별 문제가 생기지 않으니, 안타까운 마음에 약해져서는 안 된다. 만일 이 고비를 넘기지 못하면 아이에게 나쁜 버릇이 생기게 된다.

어떤 가정에서는 낮에는 잘 먹지 않던 아이가 밤만 되면 잘 먹는다고 해서 낮에 먹지 못한 것까지 보충해서 먹이는데 이는 그릇된 방법이다. 성인도 한밤중에 일어나 식사를 하면 숙면을 취하기가 힘들고, 다음 날 일어났을 때 몸이 무겁고 속이 더부룩해 아침 식사를 못 먹는 것과 같은 이치다.

한의학에서는 해가 떴을 때 기운이 상승하는 경락과 해가 저물었을 때 기운이 상승하는 경락이 다르다. 이는 다시 말해 낮과 밤에 인체의 대사가 다르게 활동한다는 것을 의미한다. 인체는 흔히 소우주에 비유된다. 이 세상 모든 만물은 낮에 활동하고 밤에는 잠을 자면서 휴식을 취한다. 물론 야행성 동물은 밤에 활동하지만 대부분의 동물들은 그렇지 않다. 따라서 인체도 밤에는 잠을 자야 한다.

한의학에서는 간을 혈을 소통시키기도 하고 저장하기도 하는 장부라고 말한다. 그래서 낮에는 피를 잘 돌게 해 신진대사가 원활하지만 밤에는 피를 저장해 인체가 편안히 쉴 수 있도록 조절한다는 것이다. 이처럼 같은 장부라도 낮과 밤의 기능이 다르다.

양방에서도 낮에는 신진대사가 활발하지만 밤에는 비뇨기계, 소화기계, 순환기계, 호흡기계의 기능을 저하시켜 낮 동안 쌓인 각종 물질을 해독하고 다음 날 활동에 필요한 여러 가지 물질을 만든다고 한다. 그러므로 밤에는 휴식을 취하며 재충전을 해야 하는 것이 자연의 섭리인데, 이를 거스르고 밤중 수유를 하면 많은 문제가 발생하게 된다.

우선 인체가 휴식을 취할 수 없게 된다. 인체는 음식이 들어오면 그것을 처리할 수밖에 없다. 따라서 밤중 수유를 하면 인체의 각종 장기는 휴식을 취하지 못하고 밤새 바쁘게 움직이게 된다. 이는 마치 사람이 잠을 자지 않고 날밤을 새워 가며 활동하는 것과 같다.

밤중에 음식물이 들어가면 가장 많이 활동해야 하는 것이 소화기다. 그래서 야식을 계속 먹으면 소화기에 문제가 발생하게 된다. 장기적으로 야식을 했을 때만이 아니라 바로 다음 날 문제가 생긴다. 아침에 일어나면 소화기가 지쳐 있기 때문에 속이 더부룩할 수밖에 없다. 그러다 보면 아침을 거르고 점심과 저녁에는 과식을 하게 될 뿐 아니라 한밤중에 야식까지 먹는 악순환이 계속된다.

그리고 인체가 휴식을 취하지 못하면 뇌도 쉴 수가 없다. 뇌는 인체의 기능을 관장하는 중심축이다. 다른 장기들이 활동할 때는 뇌가 활성화되어 꿈을 많이 꾸고 깊은 잠을 자지 못한다. 특히 아이의 경우 깊은 잠을 자지 못하면 성장에 지장을 받게 된다.

옛말에 잘 자는 아이가 잘 큰다는 말이 있다. 어떤 일을 실행하기에 앞서 준비를 잘해야 성공하듯 인체도 잘 자라게 하려면 잘 자야 한다. 한의학에서는 성인도 철이 바뀔 때마다 자는 시간을 조절하라고 한다. 따라서 아이는 잠자는 시간을 더욱 섬세하게 조절해 주어야 한다. 아이는 일반적으로 밤 9시 정도에 재우는 것이 좋다고 알려져 있지만 잠자는 시간을 계절에 맞게 조절해 주면 더욱 건강해질 것이다.

계절별로 잠자는 시간을 조절하라

- 봄철 3개월은 저녁 늦게 잠자리에 들고 아침 일찍 일어나라.
- 여름철 3개월은 저녁 늦게 잠자리에 들고 아침 일찍 일어나라.
- 가을철 3개월은 일찍 잠자리에 들고 아침 일찍 일어나라.
- 겨울철 3개월은 함부로 성교를 하거나 망령되게 행동하여 양기를 어지럽히지 말고 이른 저녁 잠자리에 들어 아침에 태양이 뜰 때까지 기다렸다가 늦게 일어나라

현대의학에도 밤 10~1시에는 성장호르몬이 가장 많이 나오므로 숙면을 취해야 한다는 이론이 있다. 여기서 가장 중요한 것은 숙면이다. 그런데 밤중 수유를 하면 숙면을 취할 수 없기 때문에 성장에 방해가 된다.

한의학에서 아이가 낮에는 잘 자는데 밤에는 잠을 이루지 못하고 계속 우는 것을 야제증이라고 한다. 서양의학에서는 이것을 아이의 수면 습관이 잘못되었기 때문이라고 이야기하는데 한의학에

서는 그렇게 보지 않는다. 한의학에서는 야제증의 증상을 여러 가지로 보고 있는데 그중 하나는 심장에 열이 있는 경우고 또 하나는 소화기에 문제가 발생한 경우다.

만약 소화기에 문제가 있어서 밤중에 우는 아이에게 계속 수유를 하게 되면 아이의 소화 기능은 더욱 약해질 것이고, 아이는 밤에 더 울게 될 것이다. 따라서 아이가 3개월이 넘어서까지 야제증이 있는 경우에는 될 수 있으면 밤중 수유를 끊는 것이 좋다.

또 다른 문제는 치아가 상한다는 점이다. 밤중 수유를 하면 밤에 더욱 활발하게 활동하는 충치 균이 치아 사이에 긴 음식물을 갉아 먹으면서 치아를 썩게 만든다. 수유할 때 우유병을 사용하는 것도 문제다. 밤중 수유를 하면 아이들이 대부분 우유병을 문 채로 잠들기 때문에 충치가 더욱 심해지게 된다.

이렇게 많은 문제를 야기하므로 적당한 시기에 밤중 수유를 끊어야 하는데 한 번 끊은 뒤에는 다시 밤중 수유를 해서는 안 된다. 앞에서 설명했듯이 생후 8개월 이후의 밤중 수유는 득보다 실이 많다. 그런데도 아이가 아프다든지 밤중에 계속 울면 안쓰러운 마음에 아이가 요구하는 대로 밤중 수유를 하는 경우가 있는데 절대 안 된다. 이러한 상황이 한두 번 반복되면 아이는 그 상황을 학습해 계속 밤중에 먹으려고 꾀를 부릴 것이다. 이럴 때는 이유식이 도움이 된다. 이유식은 모유나 분유보다는 포만감이 오래 가고, 우유병에 대한 의존도를 줄이는 효과가 있다.

밤중 수유의 또 다른 문제는 누워서 먹는다는 점이다. 아이들은 태어나서 한동안 누워 있을 수밖에 없기 때문에 젖을 먹을 때도 누운 자세로 먹는다. 그런데 우리 인체 구조를 보면 누워서 먹기에 적합한 구조는 아니다. 계속 누워서 먹다 보면 사레가 들거나 기침을 하게 된다.

생후 8개월 정도가 되면 아이가 충분히 앉을 수 있는데 밤중 수유를 하면 젖을 누워서 먹게 되고, 이로 인해 다른 문제가 야기될 수도 있다.

엄마 입장에서도 힘들기는 마찬가지다. 아이가 밤중에 울면 엄마에게 모든 책임을 떠넘기는 경우가 많은데 엄마는 결코 슈퍼우먼이 아니기에 밤낮을 가리지 않고 아이를 돌볼 수는 없다. 그러한 사정을 이해해 주기보다는 "아이 좀 어떻게 해 보라."는 식으로 짜증 내는 아빠가 많다 보니 아이가 태어나면 부부 싸움을 더 하게 된다는 푸념을 자주 듣게 된다.

아이에게 가장 좋은 교육은 가족이 화목하게 사는 것이다. 이 말에 공감한다면 이제 이유식은 집에서 직접 만들어 먹이고, 밤중 수유는 적절한 시기에 과감히 끊어라. 그래야 아기의 두뇌 발달과 발육 증진이라는 두 마리 토끼를 한꺼번에 잡을 수 있다.

밤중 수유 끊으려면 아빠의 도움이 절실히 필요하다

그동안 밤중 수유를 하는 엄마들을 많이 만나 봤다. 대부분 피로에 지친 얼굴로 "아이가 밤에 잠은 안 자고 자꾸 보채 한약, 양약, 침 등 좋다는 방법은 다 써 봤는데도 도저히 개선되지 않는다."며

묘책을 구하러 온다.

얼마 전 내원한 아이도 그런 경우였다. 그 아이는 두 돌이 다 되어 가는데도 우유 이외에는 먹으려고 하지 않았고, 그나마 낮에는 거의 먹지 않았다. 조금만 딱딱하거나 질긴 음식을 주면 씹지 못하고 다 뱉어 버려 많이 먹지도 못하는 아이였다. 게다가 치아는 이미 거의 다 썩어 버리고, 성장 상태도 또래 아이들에 비해 불량했다. 문제의 원인은 밤중 수유에 있었는데 엄마는 이를 생각조차 못하고 아이가 밥을 잘 먹도록 보약을 지으러 온 거였다.

그래서 약을 처방하기 전에 먼저 3일 안에 밤중 수유를 끊고 다시 오라고 하고 돌려보냈다. 3일 후에 그 엄마는 밝은 표정으로 찾아왔다. 일러 준 대로 밤중 수유를 끊었더니 아이뿐 아니라 자신도 오랜만에 푹 잤다는 것이었다. 밤중 수유를 끊은 첫날에는 아이가 울고불고 보채 잠시 흔들리기도 했지만 눈 딱 감고 버티니까 다음 날부터 아이가 잘 자더라는 것이다. 더욱 놀라운 발전은 이제 아이가 낮에도 조금씩 음식을 먹고, 젖의 양을 줄이니 끔찍이 싫어하던 고기와 야채 같은 딱딱한 음식도 조금씩 씹어 먹게 된 점이었다.

약속한 대로 밤중 수유를 끊었기에 그동안 모자랐던 기운을 보충하고 식욕을 증진하는 약을 지어 주었다. 그 후 아이는 체력과 식욕이 차츰 좋아져 또래 아이들만큼 부쩍 자랐다. 또한 엄마도 더 이상 밤에 시달릴 일이 없어지자 아이 문제로 티격태격하던 남편과의 관계가 좋아졌다고 한다.

아이가 밤중에 젖을 찾는 습관을 고쳐 주기 위해서는 남편의 도움이 절실히 필요하다. 남편들은 대부분 아이가 밤에 우는 것을 무척 싫어한다. 남편 입장에서는 밖에서 종일 일하고 들어왔으니 조용히 쉬고 싶은데 아이가 울면 그럴 수가 없기 때문이다. 그래서 아이가 울면 남편은 부인에게 책임을 떠넘기며 짜증을 부리거나 화를 내는데, 이러면 부부 문제만 악화시킬 뿐이다. 따라서 밤중 수유를 끊으려고 할 때는 우선 가족 구성원, 특히 남편이 현재의 문제 상황을 공감할 수 있도록 충분히 설명한 후 서로 합심해서 노력해야 한다.

남편들이여! 아내는 신이 아니다. 아이를 키우면서 집안일에 남편 내조까지 해야 하는 아내의 역할은 남편보다 훨씬 고단하고 힘들 수도 있음을 마음 깊이 헤아리자. 그리고 내 가족에게 멋지고 존경스런 남편이자 아빠가 되고 싶다면, 아내와 아이를 아끼고 사랑하는 마음을 말과 행동으로 보여 주어라. 여자는 남자 하기 나름이다.

그리고 아내들도 조심해야 할 것이 있다. 한의학적으로 남자는 양에 속한다고 하였다. 봄에 나오는 새싹들이 굉장히 연약하듯 양의 기운을 가지고 있는 남자도 굉장히 연약하다. 그래서 잔소리를 하거나 핀잔을 주면 양기는 바로 꺾이게 되어 있다. 그래서 옛말에 집에서 기를 못 펴는 남자는 밖에서도 제대로 사회생활을 할 수 없다고 했다. 따라서 남자를 자꾸 옥박지르고 잔소리를 해서는 절대로 도움을 받을 수가 없다. 양기는 도움을 주면 줄수록 잘 자라난다. 그래서 웬만하면 엉덩이를 툭툭 쳐 주면서 남편들을 격려해 주면 안 해 줄 것도 해 주는 경우를 많이 볼 수 있다. 밤중 수유 문제에서도 짜증만 내서는 남편들의 도움을 받을 수가 없다. 남편들을

격려하고 칭찬해 주면 꼼짝도 안 하던 남편들이 많은 것을 해 줄 것
이다. 오죽하면 남편을 자식 하나 더 키우는 것 같다고 하겠는가?

05
돌이 되면 **젖병**을 **버려라**

요즘 부모들의 가장 큰 관심사 가운데 하나는
아이의 성장이다. 우리 아이가 건강하게 쑥쑥 자라 주었으면 하는
마음이 간절하다 보니 식사 준비를 할 때도 많은 정성을 기울인다.
하지만 부모가 바라는 것처럼 뭐든 가리지 않고 잘 먹는 아이는 많
지 않다. 잘 먹지 않아도 잘 크기만 한다면 문제 될 게 없겠지만 식
욕부진으로 식사를 꺼리거나 아주 적게 먹는 일이 계속되면 성장
에 지장을 줄 수밖에 없다. 그래서 아이 문제로 찾아오는 부모 중
상당수가 아이의 식욕부진을 호소한다.

그렇다면 왜 그토록 많은 아이들이 식욕부진 증세를 보이는 것
일까. 문제는 정말로 먹을 만한 음식이 없어서가 아니라 먹을 것이

넘쳐 나 식욕이 떨어지는 데 있다. 요즘은 부모 세대가 자랄 때와 달리 하루 세끼 식사를 모두 챙겨 먹지 않더라도 주식을 대신할 만한 먹을거리가 많기 때문에 식사 시간이 되어도 아이들이 허기를 잘 느끼지 못한다.

특히 편식이나 잘못된 식습관은 식욕을 떨어뜨리는 직접적인 원인이 되고 있다. 신체에 별다른 이상이 없지만 식습관이 좋지 않은 아이들은 아무리 좋은 한약을 먹이더라도 성장 발육의 효과가 빨리 나타나지 않는다. 이는 한약을 잘못 써서가 아니라 식습관이 잘못돼 있기 때문이다.

식습관이 잘못된 예 중 하나가 돌이 지나도 젖병을 버리지 못하는 경우이다. 이유기에 이유식을 제대로 먹지 않은 아이는 물론이거니와 이유식을 잘 먹은 아이라 할지라도 돌이 지나면 일시적인 식욕부진 증세를 보인다. 이유식보다 더 먹기 힘든 밥과 같은 고형식을 먹어야 하기 때문이다. 이때 아이가 밥 먹기를 완강히 거부하면 못 이기는 척 분유를 젖병에 타 먹이는 부모가 더러 있다. 또 개중에는 밥을 잘 먹는 아이에게 우유가 좋다는 이유로 돌이 지나서도 젖병으로 분유를 먹이는 경우도 있다. 그러나 이는 잘못된 방법이다. 우선 분유는 음식을 먹지 못하는 신생아들에게 먹이기 위해 만든 것이므로 돌이 지나면 굳이 먹일 필요가 없으며 젖병을 쓸 필요도 없다.

아이들은 우유든 분유든 젖병으로 먹기를 좋아한다. 태어난 후 줄곧 빨아 먹는 습관을 들인 데다 젖병을 물고 누워 자던 버릇이 몸에 배어 있기 때문이다. 또 동생이 생기면 아이는 부모의 사랑을 빼앗길까 두려워 퇴행 행동을 보이는데 그중의 하나가 젖병을 사용하는 것이다.

그러나 이 시기에 젖병을 사용하는 것은 득보다 실이 많다. 잠시 동안은 아이가 힘들어하고 음식을 잘 먹지 않는다 하더라도 젖병을 사용해서는 안 된다. 젖병에 자꾸 의존하면 무엇보다 영양 불균형을 초래하게 된다. 아이가 잘 먹지 않는 경우 영양분을 공급하기 위해 분유나 우유를 젖병으로 먹이는 부모가 있는데 이는 아이의 식습관을 망치는 지름길이다. 젖병을 계속 사용하면 아이는 점점 더 씹기 싫어하게 되고, 자연식품에 든 좋은 영양분을 골고루 섭취할 수 없게 된다.

또 젖병을 계속 사용하면 밤중 수유를 끊기가 힘들어질 뿐 아니라 우유 섭취량을 조절하지 못하게 된다. 아이들은 먹기 편하고 부드럽게 넘어가는 우유를 좋아하기 때문에 젖병으로 먹다 보면 자제하지 못하고 지나치게 많은 양을 섭취할 수 있다.

꼭 우유를 먹이고 싶으면 젖병 대신 컵을 사용하는 것이 바람직하다. 컵을 사용하면 아이들도 우유를 마시기가 쉽지 않기 때문에 섭취량이 저절로 줄어들고, 대신 그만큼 더 많은 음식물을 먹게 된다. 아이가 한 끼만 먹지 않아도 걱정하는 부모가 많은데 식욕, 성욕, 수면욕은 본능적인 욕구이므로 허기가 질 때까지 가만 놔두면 알아서 숟가락을 들 것이다.

컵을 쓰면 두뇌 발달에도 도움이 된다. 젖병을 사용할 때는 움직임이 단순하므로 많은 근육을 쓸 필요가 없지만 컵을 사용할 때는 컵과 입 사이의 거리를 계산해 손의 섬세한 근육들과 운동신경을 적절히 써야 우유를 쏟거나 컵을 놓치지 않고 마실 수 있다. 그렇다면 젖병과 컵 중에서 어느 것이 아이의 두뇌 발달에 더 유리하겠는가?

아이가 돌이 지나면 젖병을 내다 버려라. 집 안에 두면 아이가 미련을 가질 수 있으니 과감히 버려 젖병을 쓰지 못하게 하라. 아이의 치아는 기반이 약하고 충치가 생기기 쉬우므로 계속 젖병을 사용하면 몽땅 상할 수도 있다.

부모들 중에는 나중에 나올 영구치만 믿고 아이의 유치 관리에 소홀한 경우가 의외로 많은데 참으로 어리석은 처사다. 유치가 상하면 영구치도 손상된다.

치과 치료는 사채와 같다고들 말한다. 시간을 끌면 끌수록 비용이 많이 들기 때문이다. 이처럼 아이도 힘들어하고 경제적으로도 부담스러운 치과 치료를 적게 하기 위해서라도 젖병을 집에 둬서는 안 된다.

의학적으로 아이는 한꺼번에 발달하지 않는다. 일부분씩 조금씩 발달해 나가는 것이다. 그래서 어떤 시기에 어떤 발달 정도가 평균적으로 나타나야 한다는 것은 바로 이것을 고려한 것이다. 한의학에서 아이가 돌이 넘으면 소화기는 이미 고형식을 받아들일 준비가 돼 있는 상태로 본다. 따라서 우유를 계속 먹던 아이에게 고형식을 바로 먹이는 경우 부모 입장에서는 아이가 제대로 소화시키지 못할까 봐 걱정이 될 것이다. 그러나 아이가 이유식을 잘하였다면 크게 걱정할 필요는 없다. 만약 아이가 이유식을 제대로 먹지 않았다 하더라도 이유식을 잠깐 한 후에 고형식을 먹이면 큰 문제는 없을 것이다.

젖병 없앴더니 밥을 잘 먹어요

한번은 생후 15개월 된 아이를 데리고 부모가 찾아왔다. 그 아이는 젖병에 든 분유 외에는 아무것도 먹으려 하지 않았다. 심지어 물도 젖병에 담아 먹으려고 했다. 아이의 성장 상태는 다른 아이들보다 뒤처져 있었고, 피검사를 해보니 빈혈까지 있었다.

문제의 원인을 살펴보니 그 아이는 일찍 본 동생에게 부모의 관심을 빼앗기지 않으려고 젖병에 계속 의존하는 퇴행적인 행동을 하는 것이었다. 또 부모는 아이에게 전보다 많은 관심을 쏟지 못하는 것이 미안해 아이가 원하는 대로 해 주고 있었다. 생후 15개월 정도면 의사의 말을 웬만큼 알아들을 수 있기에 그 아이에게는 "젖병은 나이 어린 동생들이나 사용하는 물건이다."라고 설명해 주었다. 그리고 부모에게는 "집으로 돌아가자마자 그 아이가 쓰던 젖병을 모두 버리세요."라고 처방했다.

일주일 뒤 부모는 즐거운 얼굴로 다시 내원했다. 원래는 아이의 감기를 치료하러 왔는데 식습관까지 개선되었다며 흡족해했다. 부모는 필자가 지시한 대로 집으로 돌아가자마자 젖병을 잘라 버렸다고 한다. 좀 과격한 방법이긴 하지만 더 이상 젖병을 사용해서는 안 된다는 부모의 확고한 의지를 보여 주기 위함이었다.

젖병을 버린 첫날 아이는 하루 종일 울면서 물도 마시지 않으려고 했다. 심지어는 엄마 다리를 잡고 질질 끌려가면서까지 젖병을 달라고 울며 보챘지만 엄마는 끝까지 모른 체했다. 그런데 둘째 날 부터 변화가 생겼다고 한다. 아이 스스로 컵을 들고 와 우유를 따라 마시더니 양이 부족했는지 밥을 찾더라는 것이다. 그렇게 일주일이 지난 지금 아이는 더 이상 젖병을 찾지 않을뿐더러 밥도 점점 더 잘 먹는다고 한다. 또 동생이 젖병을 물고 있어도 예전처럼 보채지 않는다고 했다.

이 아이는 몸에 이상이 있어서가 아니라 습관이 잘못 들여져서 성장 발육에 문제가 생긴 경우다. 그래서 부모가 이를 개선하기 위해 단호한 태도를 보이자 결국 아이 스스로도 자신의 습관을 고치려고 노력했고 이로써 자연스럽게 치료 효과를 볼 수 있었다. 이처럼 잘못된 식습관 때문에 아이에게 생긴 문제는 부모가 직접 치료해야 고칠 수 있다. 이때 의사가 해 줄 수 있는 처방은 충분한 상담을 통해 개선책을 알려 주는 일뿐이다.

06

식욕부진의 원인,
제대로 **알아야 고칠** 수 있다

아이 문제로 한의원을 찾는 엄마들이 요즘 가장 많이 호소하는 증세는 식욕부진과 발육 저하다. 한데 발육 저하도 실은 식욕부진에서 비롯된 경우가 많으니 가장 큰 문제는 식욕부진이라고 하겠다. 물론 엄마 아빠가 자라던 시대에도 식욕이 부진한 아이들이 있었다. 그때 아이들은 소화기에 문제가 있거나 잔병치레를 많이 해 몸이 허약해진 경우, 또는 원기가 부족한 경우에 식욕부진 증세를 보였다. 그래서 평위산, 이공산, 보중익기탕 같은 약으로 소화기의 문제를 해결하거나 십전대보탕, 소건중탕, 육미지황탕, 팔미지황탕 같은 약으로 원기를 보충해 주었다. 또 일부 가정에서는 민간요법을 동원해 미꾸라지나 개구리를 먹이기도 했다. 당시에는 먹을거리가 부족했기 때문에 신체에 이상이 있지 않는 한 식욕이 떨어지는 경우는 거의 없었다.

그런데 지금은 그때와 상황이 전혀 다르다. 생활이 윤택해지고 문명이 발달하다 보니 풍부한 먹을거리, 과도한 스트레스, 운동 부족 등 예전에는 상상하지 못했던 문제들이 식욕부진을 일으키고 있다.

다음은 요즘 아이들에게 나타나고 있는 식욕부진의 유형들이다. 각각의 증세를 살펴보면서 그 원인과 가장 적절한 맞춤 처방전을 알아보자.

유형1. 밥을 소심하게 먹는 아이

하루 총 식사량은 정상인데, 한 번에 조금씩 먹거나 깨작거리면서 맛없게 먹는 경우다. 이 경우에는 먼저 아이의 성장 상태부터 살펴봐야 한다. 일반적으로 키는 큰데 몸무게가 적게 나가는 건 큰 문제가 아니다. 만일 신생아인데 몸무게가 지나치게 적을 때는 발달 장애나 질병을 의심할 만하지만 생후 12개월 이후부터는 몸무게가 적게 나간다고 해서 크게 걱정할 필요는 없다.

한의학에서는 아이들을 소양지기라고 한다. 소양지기는 음기보다 양기가 충만하다는 뜻이다. 아이들이 더위를 많이 타고, 찬 것만 먹으려고 하고, 땀을 많이 흘리고, 자면서 이불을 걷어차는 건 바로 그 때문이다. 또 호기심과 궁금증이 많고 말이 많은 것, 걸어가도 되는 거리를 뛰어가고 잠시도 가만히 있지 못하는 것 역시 모두 소양지기 때문이다.

그런데 이 정도로 그치지 않고 성인도 따라갈 수 없을 만큼 왕성한 활동력을 보이는 아이가 있다. 이런 아이는 살이 찌지 않더라도 잘 자고, 잘 놀고, 잔병치레 없이 잘 크고 있다면 굳이 식욕부진으로 볼 필요가 없다. 정 걱정이 되면 하루 식단을 점검해 보아라. 그러면 아이가 의외로 많은 음식을 먹거나 고열량의 음식을 섭취해 에너지가 충분하다는 것을 알게 될 것이다.

다만 아이의 체형이 지나치게 마른 경우 한방에서는 음기를 보충하는 약이나 음식을 쓴다. 우선 해조류와 생굴, 싱싱한 야채, 수박, 참외 등 수분이 많은 음식을 충분히 먹게 하고 대신 밀가루 음식이나 빵, 과자, 팝콘 같은 건조한 음식은 삼가게 한다. 이때 음기를 보충해 주는 육미지황탕이나 사육탕, 팔미지황탕 같은 한약을 복용하면 더욱 효과적이다.

유형 2 편식하는 아이

음식을 가려 먹는 행동을 편식이라고 말한다. 편식은 특정 음식만 고집하는 경우와 특정 음식을 절대 먹지 않는 경우, 두 가지로 나눠 생각해 볼 수 있다.

먼저 특정 음식만 고집하는 편식은 주로 모유나 분유에서 이유식으로 바꿀 때나 이유식에서 밥으로 주식을 바꿀 때 시작된다. 아이는 음식을 씹어 먹기가 힘들기 때문에 씹지 않아도 술술 넘어가는 액체로 된 음식이나 부드러운 음식만 먹으려고 하는 것이다. 그런데 아이의 이러한 행동을 그냥 두면 편식하는 습관이 개선되지 않고 계속 특정 음식만 고집하게 된다.

우유나 두유, 면류, 바나나 등 부드럽게 넘어가는 음식만 먹는 아이들이 여기에 속하는데, 이 유형의 아이들은 다른 음식을 피하는 대신 자신이 좋아하는 음식은 배가 부를 정도로 많이 먹는 특징이 있다. 이러한 식습관은 반드시 고쳐 주어야 한다. 그렇다고 아이가 좋아하는 음식을 대번에 먹지 못하게 하는 것은 스트레스가 되므로 좋은 방법이 아니다.

동양철학에서는 앞으로 나가야 할 때 나아가고, 물러서야 할 때 물러나는 것이 '중용의 도(道)'라고 했다. 아이의 식습관을 고칠 때도 '중용의 도'를 발휘해야 한다. 앞으로 나아가려고만 하지 말고 한발 물러나 아이가 좋아하는 음식을 조금씩 덜 먹게 하면서 서서히 끊어야 한다는 얘기다. 아울러 아이가 그동안 먹지 않으려고 했던 음식의 섭취량은 조금씩 늘려 영양 불균형을 막아야 한다. 이때 부모는 아이의 편식 습관을 반드시 고치겠다는 단호한 의지를 보여 주어야 한다. 아이들은 자신의 눈으로 세상을 판단하기보다 사랑하는 부모의 눈으로 판단하므로 부모가 어떤 일에 단호한 의지를 보이면 충분히 고칠 수 있다.

우선 우유나 두유를 많이 먹는 아이라면 하루 500ml 이상 먹이지 마라. 그 이상을 먹게 되면 그것으로 배를 채우게 된다. 또 면이나 과일은 간식 수준으로 조금만 주되, 아이가 밥을 잘 먹었을 때 상으로 주어라. 아이가 밥을 잘 먹지 않는데도 이러한 음식을 주면 아이는 '밥을 안 먹으면 원하는 음식이 나온다.'는 사실을 학습해 더 밥을 먹지 않으려 한다.

따라서 아이가 좋아하는 음식은 일정한 양의 밥을 다 먹으면 칭찬과 함께 주되 인스턴트식품과 패스트푸드는 간식으로도 주어서는 안 된다. 항상 같은 행동에 대해 보상해 주면 아이들이 보상에 무감각해지므로 밥 먹는 양을 조금씩 늘리면서 칭찬과 함께 간식을 줘야 한다.

한의학적으로 볼 때 스트레스를 받거나 고민이 많아지면 기가 막히고 소화기에 문제가 생기니 아이에게 밥을 먹일 때는 칭찬을 많이 해 주는 것이 좋다. 계속 그런 식으로 지도하다 보면 나중에는 부모가 바라던 대로 밥이 주식이 되고 아이가 좋아하던 음식이 간식이 될 것이다.

한편 특정 음식을 먹지 않는 편식은 사람의 기호와 밀접한 관련이 있기 때문에 쉽게 고쳐지지 않는다. 만일 편식하는 이유가 너무 맵거나 시어서, 또는 너무 질기거나 비려서라면 아이가 좀 더 클 때까지 기다릴 필요가 있다. 이런 아이들은 후각, 시각, 촉각이 유난히 예민하므로 부모가 이로 인해 스트레스를 받지 않도록 도와주어야 한다. 예를 들어 버섯 특유의 향과 물컹한 질감이 싫어 먹지 않는 아이에게는 버섯을 억지로 먹이지 말고, 향이 약해지도록 물에 충분히 불린 다음 잘게 썰어 조리하면 아이가 버섯인 줄 모르고 잘 먹는다. 만일 건강과 성장에 좋다는 이유로 아이가 싫어하는 음식을 억지로 먹이게 되면 식사 자체를 거부할 수도 있다.

그런데 감각기관이 유난히 예민하지도 않으면서 편식을 하는 경우가 많다. 이런 아이들은 집에서는 안 먹는 음식을 어린이집이나 친구 집에서는 잘 먹는다. 다시 말해 정말 거북해서 편식을 하는 것이 아니라 충분히 먹을 수 있는데도 편식을 하는 것이다. 만일 소화기에 문제가 있거나 그 음식에 알레르기가 있는 경우, 아니면 그 음식을 먹으면 구토를 일으키는 경우에는 다른 장소에서도 그 음식을 먹기가 힘들다. 결국 이런 아이는 먹을 수 있는 음식도 집에서 적당히 넘어가기 때문에 안 먹는 것이고, 어린이집에서는 선생님이 지켜보는 데다 친구들에게 지고 싶지 않아 잘 먹는 것이다.

한의학에서는 편식을 단순히 영양 불균형의 문제로만 보지 않고 조금 다른 각도에서 설명한다. 한의학에서는 "신맛의 음식물을 과식하면 간의 기운이 지나치게 왕성해지고 비장의 기운이 소모되어 끊어지며, 짠맛의 음식물을 과식하면 뼈가 손상되고 피부와 근육이 오그라들며 심장의 기운이 울체되고, 단맛의 음식물을 과식하면 숨이 차고 가슴이 답답하며 안색이 검어지고 신장의 기운 역시 균형을 잃으며, 쓴맛의 음식물을 과식하면 비장이 위장을 도와주지 못해 위장 역시 건조해져서 헛배가 부르며, 매운맛의 음식물을 과식하면 근육이 손상되어 늘어지고 정신에도 해를 끼친다. 그러므로 음식물의 다섯 가지 맛이 적당하게 조화를 이루어야 뼈가 튼튼해지고 근육이 부드러워지며 기혈이 순조롭게 통하고 피부가 조밀해진다. 이와 같이 신중하게 양생의 법도대로 섭생을 하면 능히 천수를 누릴 것이다."라고 하였다. 이처럼 편식은 단순히 영양 불균형뿐 아니라 신체의 건강, 나아가서는 수명에까지도 영향을 줄 수 있다.

그리고 음식을 골고루 먹어야 정서적으로 안정된 아이가 될 수 있다. 육식을 하는 동물은 성격이 포악하고 채식을 하는 동물은 성격이 순한 경우가 많다. 즉 한의학에서는 한쪽으로 치우친 음식을 많이 먹으면 정신적으로 성정이 치우치게 된다고 본다. 따라서 음식을 골고루 먹는 문제는 한의학적으로는 정신적인 문제에까지 연결되는 것이다.

식습관은 거의 대부분 어릴 때 형성되므로 어려서부터 잘 지도해 편식하는 습관을 고쳐 주어야 한다. 그러려면 우선 식판을 사용하라고 권하고 싶다. 식판을 사용하면 아이가 어떤 음식을 편식하는지 정확히 알 수 있다. 아이가 좋아하는 캐릭터 식판을 사용하면 먹는 동기를 부여할 수 있다. 특히 주황색은 식욕을 돋우므로 주황색 식품을 사용하는 것도 도움이 된다. 또한 식판을 사용할 때는 아이가 좋아하는 음식 위주로 주되 한두 가지는 영양적인 균형을 맞추기 위한 음식을 주어야 한다. 이 음식은 아이가 부담을 느끼지 않도록 한두 숟갈에 다 먹을 수 있는 양만 담아야 한다.

또 이렇게 해서 아이가 잘 먹을 경우에는 진심 어린 칭찬과 함께 적절한 보상을 해 주는 것이 좋다. 이 방법은 아이의 잘못된 습관을 바로잡거나 혼내기 위해서가 아니라 아이가 목표를 달성함으로써 칭찬을 받고 스스로 자신감을 키우게 하기 위해 사용해야 한다. 따라서 아이의 목표를 잘게 쪼개 아이가 금방 성취감을 느끼고 칭찬을 받을 수 있도록 도와주어야 한다.

아이들은 사랑을 먹고 산다고 해도 과언이 아닐 만큼 사랑에 목말라 한다. 그래서 무관심보다는 나쁜 관심이라도 받고 싶어 한다. 만일 아이가 안 먹던 음식을 잘 먹었을 때는 부모가 별다른 관심을 보이지 않다가 편식을 하거나 음식을 잘 먹지 않을 때만 혼을 낸다면 아이는 나쁜 관심이라도 얻기 위해 계속 편식을 하거나 음식을 잘 안 먹으려고 한다. 따라서 아이가 먹기 힘든 것을 먹으면 부모는 칭찬과 격려를 아끼지 말아야 한다. 그러나 칭찬도 남발하면 무감각해지므로 매번 단계를 조금씩 높여 가면서 그 목표를 달성했을 때 칭찬을 해 주어야 한다. 아울러 목표에 도달하지 못하더라도 혼내거나 무관심하게 굴지 말고 아이가 자신감을 얻을 수 있도록 목표치를 조절해 주면 된다.

한의학에서도 이 점을 중요시한다. 그래서 식사를 할 때는 음식의 맛을 음미하면서 즐겁고 감사한 마음으로 하라고 이르고 있다. 또한 식사 전후에는 슬픈 일을 보거나 탄식하지 말고 식사 중에는 불쾌한 대화나 싸움, 논쟁을 피하라고 권하고 있다. 따라서 아이가 편식을 하더라도 식사 중에 야단을 치는 것은 별로 도움이 되지 않는다. 그로 인해 스트레스를 받으면 식사에 대한 거부감이 생기고 자칫 소화기에 무리를 줄 수도 있기 때문이다.

아이들은 생리 기능이 왕성하고 성장 발육이 빠르다. 반면에 장부와 면역력이 약해 질병에 쉽게 감염되고 환경 변화에 민감하다. 그래서 주위 온도 변화에 따라 몸이 쉽게 차가워지거나 더워지고, 식사 환경이 조금만 바뀌어도 체하거나 설사를 하는 것이다. 또 그렇게 질병이나 증상이 심해졌다가도 편안한 환경으로 다시 돌아오면 쉽게 낫는다. 그러므로 아이가 음식을 먹을 때 야단을 치거나 스트레스를 주면 한의학적으로 문제가 발생하게 된다.

이제는 편식하는 습관을 고치는 방법을 달리해 보자. 음식을 만들 때 아이를 참여시키는 것도 한 방법이다. 예를 들어 대부분의 아이들이 먹기 싫어하는 김치를 담글 때 아이와 함께 만들어 보자.

그러면 부모에게 자기가 만든 김치라며 자랑하고, 또 부모가 정말 맛있게 만들었다고 칭찬을 해 주면 아주 잘 먹을 것이다. 실제로 그런 방법으로 김치를 아주 잘 먹게 된 아이가 있는데, 이처럼 편식은 약물치료 같은 인위적인 방법보다는 부모의 원천적인 사랑의 힘으로 얼마든지 고칠 수 있고, 더 큰 효과를 볼 수 있다. 만일 이렇게 해도 편식이 개선되지 않을 경우에는 식욕을 증진시키는 평위산, 이공산 같은 약을 사용하면 효과적이다.

지난해 6살짜리 아이가 편식을 고치기 위해 엄마와 함께 찾아왔다. 그 아이의 문제는 밥을 깨작거리며 먹고 먹는 양이 적으면서 편식을 하는 것이었다. 변비 증세도 약간 있었다. 그동안 수차례 한약 치료를 받았지만 그때만 조금 나아지다가 시간이 지나면 다시 식사량이 줄어들었기 때문에 아이의 엄마는 한약에 대한 믿음이 많이 깨진 상태였다.

아이의 식습관을 분석해 보니 우유와 단 과일을 굉장히 좋아하며 필요 이상으로 많이 먹고 있었다. 어느 정도냐면 하루에 우유를 1000ml 이상 마시고, 과일은 어른이 먹기에도 버거울 만큼 상당히 많이 자주 먹었다. 이런 아이에게 한약만을 썼다가는 효과가 일시적이거나 아예 없는 경우가 대부분이다. 그래서 그 아이에게는 한약과 함께 우유와 과일의 양을 줄이도록 지도했다.

한 달 후 다시 내원했을 때 아이의 식습관은 많이 좋아진 상태였다. 처음에는 밥을 먹지 않으려고 했는데 하루에 우유를 300ml 정도만 먹이고 과일은 밥을 잘 먹고 난 다음에 상으로 주었더니 차츰 식사량이 늘어났다고 한다. 그동안 워낙 좋지 않은 식습관이 배어 있어서 편식까지 고치지는 못했지만 부모는 아이가 밥을 잘 먹게 된 것만으로도 무척 기뻐했다. 그러나 여기서 만족하면 아이가 발전할 수 없으므로 앞으로 6개월에서 1년 정도는 식습관을 바로잡는 데 좀 더 힘쓰도록 지도했다.

이처럼 잘못된 식습관은 한약으로 치료할 때 가장 좋은 효과를 볼 수 있다. 이때 부모는 한약 치료와 함께 식습관을 교정하기 위한 노력을 게을리 해서는 안 된다. 이 아이의 경우도 아이가 원하는 대로 계속 우유와 단 과일을 많이 먹게 두고 한약에 의존해 치료하려고 했다면 효과를 보지 못했을 것이다. 식습관을 함께 교정해 주었기에 한약의 효과가 계속 지속되어 꾸준한 식욕을 유지할 수 있었던 것이다. 아이의 나쁜 버릇을 진정 고쳐 주고 싶다면 아이와의 싸움에서 지면 안 된다. 부모의 굳건한 의지만이 아이의 습관을 교정할 수 있다.

유형 3. 식습관이 나쁜 아이

아이들 중에는 식사를 하면서 돌아다니거나 TV, 책 등을 보는 경우, 아니면 컴퓨터 앞에서 밥을 먹는 경우 등 나쁜 식습관을 가진 아이가 의외로 많다. 이런 경우 음식을 안 먹는다고 해서 아이에게 자꾸 떠먹이다 보면 문제는 더욱 심각해진다. 이런 아이들은 입에 음식을 계속 물고만 있지 삼키려고 하지 않는 경향이 있다. 아이 입장에서는 밥을 먹는 것이 아니라 자기는 다른 데 정신이 팔려 놀고 있는데 누군가 먹여 주니까 그냥 먹어 주는 것뿐이다.

이런 아이에게는 먼저 밥은 일정한 장소에서 일정한 시간 동안 먹어야 한다는 인식을 심어줄 필요가 있다. 그렇다고 언성을 높이거나 야단을 친다고 해결될 문제가 아니다. 이때는 보상과 권리 박탈을 활용하면 효과적이다.

우선 아이들이 쉽게 달성할 수 있도록 목표를 단계별로 세분화하자. 예를 들어 아이가 밥상이나 식탁에 1분 동안 앉아 있으면 그때는 보상을 해 주고 그렇지 않을 때는 무관심하게 대하는 것도 방법이 될 수 있다. 그 다음에는 2분, 3분, 4분 이런 식으로 목표를 조금씩 높여 그때마다 적당한 보상을 해 주면 된다.

하지만 무조건 보상만 해 줘서는 습관이 고쳐지지 않을 수도 있으니 권리 박탈을 적절히 이용해야 한다. 여기서는 아이가 가장 좋아하는 것을 찾아내는 것이 급선무다. 어떤 것을 보상으로 줄 경우에는 평소에는 절대로 얻을 수 없는 것이어야 한다. 평소에 잘한 일도 없이 그 보상을 계속 얻을 수 있다면 아이는 굳이 습관을 고치려고 하지 않을 것이다. 또한 부모의 일관성이 중요하다. 같은 일을 두고 어떤 때는 보상을 해 주다가 어떤 때는 해 주지 않으면 아이는 혼란에 빠지고 부모는 아이의 신뢰를 잃게 돼 교육적인 효과가 떨어진다. 또 부모가 나중에 아이를 교육시키려고 할 때마다 마이너스 요인으로 작용하게 된다. 따라서 보상과 권리 박탈을 이행할 때는 일관된 태도를 유지해야 한다.

아이가 어느 정도 말을 알아들을 수 있는 나이가 되면 아이와 일주일 또는 일정한 기간을 두고 계약을 맺자. 아빠 엄마뿐 아니라 모든 식구들이 한자리에 모여 계약 사항을 종이에 적고 아이들까지 모두 스스로 서명하게 하라. 그런 다음 계약서를 식탁 위에 붙여 놓고 그대로 이행하게 하면 아이도 자신이 직접 참여하고 서명했기 때문에 잘 따르게 된다.

이때 주의할 것은 아이가 계약 사항을 지키지 못할 경우 절대로 혼내지 말고 계약서에 명시한 대로 권리만 박탈해야 한다는 점이다. 만일 혼도 내고 권리 박탈까지 한다면 아이는 자신이 무슨 일을 잘못해 혼나는지 헷갈릴 것이고 그러다 보면 교정 효과가 떨어지기 때문이다.

예를 들어 아이가 TV 시청을 보상으로 삼았을 경우 일주일 동안 아이가 계약 내용을 잘 지키면 그 다음 주에 하루에 30분씩 좋아하는 프로그램을 볼 수 있게 해 주면 된다. 만일 아이가 초등학생일 경우에는 좋아하는 스티커를 이용하는 것도 한 방법이다. 아이가 일정한 양의 스티커를 모으면 그 다음 주에는 약속한 대로 하루에 30분 정도 TV를 볼 수 있게 해 주고, 계약 내용을 지키지 않으면 TV를 절대 볼 수 없게 하면 된다. 만일 형이나 누나, 동생이 TV를 볼 때는 아이에게 다른 과제를 주어 TV를 보지 못하게 해야 한다. 아이가 아무리 울고불고 난리를 쳐도 약속한 대로 처리해야 한다. 그래야 아이가 좋아하는 보상을 받기 위한 노력을 게을리 하지 않을 뿐 아니라 부모가 나중에 다른 교육을 시킬 때도 부모의 말에 권위가 선다.

아이가 식사 중에 TV나 책을 보는 경우, 또는 컴퓨터 앞에서 밥을 먹는 경우에는 이런 식으로 식탁에 앉아 먹는 습관부터 들여야 한다. 그리고 식사할 때는 절대로 TV나 컴퓨터를 켜서는 안 된다. 그러지 않으면 아이가 음식 맛을 느끼지 못할뿐더러 소화도 못 시키고 음식도 골고루 먹지 못한다.

그런데 아이들은 식탁에 앉혀 놓아도 밥을 잘 먹으려고 하지 않는다. 특히 그동안 부모가 떠먹여 준 경우에는 더더욱 그렇다. 아이가 식욕이 약하면 아침에 어린이집에 가기 전에 급하게 밥을 먹어야 하므로 부모가 떠먹여 주는 경우가 있는데 이런 경우를 제외하고는 절대 떠먹여 주어서는 안 된다. 그 이유는 다음과 같다.

첫째, 아이가 능동적으로 먹는 것이 아니기 때문에 음식을 수동적으로 부모가 먹이고 싶어 하는 양만큼만 먹게 된다.

한의학에서는 칠정, 즉 마음 상태에 따라 기가 변하다고 한다. 특히 스트레스를 받으면 기가 뭉친다고 한다. 따라서 먹기 싫은 상황에서 아무리 음식을 먹여 보았자 소화기만 망가지고 음식이 맛없게 느껴질 뿐이다. 이처럼 억지로 먹는 경우에는 음식의 좋은 에너지를 섭취하지 못하므로 건강에 큰 도움이 되지 않는다.

둘째, 아이가 떠먹여 주는 습관에 익숙해져 그렇게 하지 않으면 먹으려고 하지 않게 된다.

아이들은 처음에는 씹는 일을, 그 다음에는 수저질을 힘들어한다. 그중에서도 젓가락질을 더 힘들어해서 대신 포크를 사용하는 경우가 많다. 비교적 쉬운 숟가락질도 잘 못하는 경우 젓가락질은 잘할 수 있겠는가? 아이 입장에서는 먹기 싫은 밥을 그나마 엄마가 먹여 주면 손 하나 까딱하지 않아도 되니 편할 수밖에 없는 것이다. 그러다 보니 시간이 가면 갈수록 아이는 더욱 수저 사용을 꺼리게 된다. 이런 아이들의 대체적인 특징은 어린이집이나 친구 집에 가서는 혼자서도 잘 떠먹다가 집에만 오면 자기 손으로 떠먹으려고 하지 않는 것이다. 아이 입장에서는 안 먹고 있으면 부모가 떠먹여 준다는 학습 효과가 생겼기 때문이다.

우리나라 사람이 왜 두뇌가 뛰어날까? 여러 가지 이유가 있지만 수저 사용이 두뇌 발달에 많은 도움이 된다는 것은 주지의 사실이다. 따라서 음식을 떠먹이는 것은 단순히 식습관만의 문제가 아니라 두뇌 발달에도 아무런 도움이 되지 않는다. 따라서 아이가 일정한 시간 동안 일정한 장소에서 음식을 잘 먹을 경우에는 한 숟가락, 두 숟가락씩 식사량을 조금씩 늘려 가면서 보상과 권리 박탈을 실행하면 된다.

이때 부모는 표정 관리에 특별히 신경 써야 한다. 대놓고 혼을 내지 않더라도 아이는 부모의 기분을 바로 알아챈다. 그중 80% 정도는 부모의 말이 아니라 표정이나 태도를 보고 부모의 마음을 느낀다. 부모가 입으로는 화를 내지 않더라도 표정이 붉으락푸르락하거나 태도가 냉랭하면 아이는 자신이 혼나고 있다고 느끼게 된다. 따라서 아이에게 보상과 권리 박탈을 시행할 때는 일관된 태도와 느긋한 마음가짐이 필요하다. 아이의 몸에 깊숙이 밴 습관을 빨리 고치려고 하는 건 부모의 욕심이다. 아이의 잘못된 식습관을 고치고 싶다면 부모는 좀 더 시간적, 정신적인 여유를 가지고 아이가 변할 수 있다는 믿음과 자신감을 바탕으로 매일 조금씩 달라지는 모습에 만족하고 즐거워해야 한다.

그리고 자꾸 보상을 해 주다 보면 아이가 거기에 익숙해져 보상만 바랄까 봐 걱정하는 부모가 있는데 이 점을 감안해 아이가 습관을 잘 고치거나 어느 정도 판단력이 생길 나이가 되면 보상 기간을 늘려야 한다. 처음에는 일주일에 한 번씩 보상해 주었다면 두 주에 한 번씩이나 한 달에 한 번씩 보상해 주면 된다. 물론 그 보상은 주기가 일주일일 때보다 큰 선물이어야 한다. 이렇게 보상 기간을 늘려 가다 보면 아이의 습관이 완전히 개선되므로 소기의 목적이 자연스럽게 달성될 것이다. 좋은 습관에 익숙해지면 그것이 편하기 때문에 예전의 나쁜 습관으로 되돌아갈 가능성은 거의 없어진다. 따라서 좋은 습관이 완전히 몸에 밸 때까지는 어느 정도 과도기적인 시행착오를 감수해야 한다.

필자가 그동안 한의원에서 만난 아이들 중에는 부모가 떠먹여 주는 아이가 의외로 많았다. 특히 아이가 어린이집이나 유치원에 다니는 경우, 아니면 초등학교 저학년인 경우에는 등교 시간에 맞추기 위해 서두르다 보니 떠먹이는 경우가 많았다. 다른 때는 그러지 않으면서 이럴 때만 떠먹인다면 큰 문제가 되지는 않는다. 왜냐하면 아이들은 혼자 먹는 것에 익숙지 않으니 그렇게 다급한 상황에서는 부모의 도움을 받을 수밖에 없다. 하지만 이것이 습관이 되어 걸핏하면 떠먹여 달라고 할 때는 반드시 고쳐 주어야 한다. 아무리 늦어도 초등학교 2학년 정도가 되면 바쁜 아침에도 스스로 떠먹게 해야 한다. 만일 그냥 방치하면 그 습관을 바로잡기가 점점 힘들어진다.

한번은 외국에서 살다가 한국에 잠깐 들어온 아이가 부모를 따라 한의원에 찾아왔다. 부모는 외국에 있을 때부터 아이가 하도 밥을 안 먹어 식욕을 증진하는 치료를 받고 싶다고 했다. 그런데 상담 과정에서 놀라운 사실을 알게 되었다. 아이가 9살이 되었는데도 그때까지 부모가 모든 음식을 떠먹여 주고 있었다. 처음에는 아이가 하도 안 먹어서 떠먹여 주기 시작했는데 9살이나 된 지금도 떠먹여 주지 않으면 아예 먹으려고 하지 않는다는 것이었다. 이 아이는 이미 학습 효과가 생겨서 치료하기가 더욱 힘든 케이스였다. 게다가 다른 음식은 잘 먹지 않고 과일로 배를 채우는 상태였다. 부모가 모두 장신이어서 그런지 아이는 또래아이들보다 키가 꽤 큰 편이었다. 그래서 부모는 그동안 아이의 식습관을 크게 문제 삼지 않고 안심하고 있었던 것이다.

하지만 키만 크다고 해서 건강하게 잘 자라고 있다고 생각하면 오산이다. 그 아이는 그동안 과일만 먹고살다시피 했기 때문에 영양 불균형 상태인데다, 지금까지는 드러나지 않았더라도 인체의 어느 부분에 나쁜 영향을 끼쳤을 터였다. 그래서 아이에게는 잘 알아들을 수 있도록 상황을 설명해 주고 부모에게는 아이의 식습관을 고칠 방법을 일러주었다. 출국 전 부모에게서 연락이 왔는데 이제는 스스로 알아서 조금씩 떠먹으려고 할 정도로 식습관이 약간 개선되었다고 한다. 그러나 아이가 너무 천천히 먹을 때는 보기가 답답해서 부모가 먹여 준다고 했다. 결국 부모의 급한 성격이 아이의 식습관 개선에 걸림돌이 되고 있었던 것이다. 일련의 과정을 지켜보면서 부모의 역할이 얼마나 큰지 뼈저리게 느낄 수 있었다.

셋째, 음식을 자꾸 떠먹여 주면 아이가 씹어서 삼키지 않고 입안에 물고 있게 된다.

이런 경우는 음식이 너무 질기거나 먹기 싫을 때 나타난다. 만일 음식이 너무 질기거나 음식에 문제가 있을 때는 그 점을 해결해 주어야 하고, 먹기 싫어서 물고 있는 경우에는 뱉어내게 해야 한다. 그냥 물고 있으면 치아만 상할 뿐 좋지 않다. 또 아이가 계속 먹기 싫어하고 물고만 있으면 음식을 뱉게 한 뒤 치우되, 절대 야단치지 마라. 앞에서도 이야기했듯이 식욕은 본능이다.

옛 어르신들 말씀대로 밥 안 먹는 아이를 굶기면 먹지 말라고 해도 먹게 돼 있다. 따라서 부모가 식사 외에는 먹을 것을 주지 않는 단호함을 보이면 아이들은 본능적으로 음식을 찾게 된다. 이때 부모는 아이가 먹고자 한다면 몇 번이고 귀찮은 내색하지 말고 차려 주어야 한다. 왜냐하면 아이가 스스로, 능동적으로 먹겠다는 의지를 내보였기 때문이다. 이렇게 아이가 기쁜 마음으로 음식을 먹게 되면 그동안 식사 스트레스로 인해 뭉쳤던 기가 풀리고 음식이 점점 맛있어진다. 대신 음식을 안 먹다가 음식을 치우자마자 바로 다시 차려 달라고 하는 경우에는 당장 차려 주어서는 안 된다. 아이가 엄마와 장난을 하거나 엄마를 일부러 귀찮게 하려고 그럴 수도 있기 때문이다. 그럴 때는 당장 차려 주지 말고 일정한 시간 간격을 두어야 한다. 그래야 아이가 식욕을 느낄 때마다 음식을 원하게 되고, 그때마다 부모는 즐거운 마음으로 정성껏 차려 주면 된다.

필자가 치료한 5세 아이는 처음에는 먹는 양이 적고 편식을 하고 야채를 전혀 먹지 않았다. 그러다 보니 변비가 생겨 대변을 3~7일에 한 번씩 보고 그때마다 많이 힘들어했다. 그래서 식욕을 증진시키는 한약을 복용하게 하고 한 달 뒤에 살펴보니 약을 먹을 때만 잠깐 효과가 있을 뿐이었다. 그대로는 아이의 식욕이 더 이상 향상될 것 같지 않아 방법을 달리하기 위해 식습관을 자세히 체크했더니 많은 문제점을 안고 있었다. 그 아이는 밥을 먹을 때 TV를 보면서 돌아다니는 나쁜 버릇이 있었다. 그래서 부모가 음식을 계속 떠먹이는 상황이었다. 더욱이 그 아이는 밥 먹는 것을 싫어해 밥 한 숟가락 먹고 물 한 모금 마시기를 반복하면서 억지로 삼키고 있었다.

우선 아이를 식탁에 앉히고 TV를 끄는 것을 시작으로 아이의 식습관을 교정해 나갔다. 식사할 때는 반드시 식판을 사용하게 했다. 그렇게 한 달이 지나자 식사량이 늘고 다른 식습관도 모두 교정되었다. 배변 습관이 좋아진 것은 물론 변비 증상도 개선되었다. 여기서 부모가 간과하기 쉬운 점은 밥을 물에 말아 먹거나 식사 후 물을 마시는 것이다. 음식을 소화시키는 일은 위나 소장에서만 하는 것이 아니다. 입도 중요한 소화 기능을 하는 곳이다. 치아로 음식물을 잘게 씹고 침에 들어 있는 효소가 살균, 소화 작용을 도와야 위나 소장으로 들어갔을 때 소화 흡수가 잘 된다. 그래서 한의학에서는 소화가 잘 안 되는 경우 아침 첫 침을 뱉지 말고 삼키는 방법으로 소화 기능을 향상시킨다. 밤새 입 안에 고인 첫 침에는 많은 효소가 들어 있다. 아침에 일어나자마자 이것을 삼키면 소화기의 기능이 향상되고, 여기에 죽염을 약간 넣어 삼키면 효과가 더욱 좋아진다. 침이 나오지 않을 때는 혀끝을 윗니 뒤쪽의 입천장과 치아의 경계선에 가만히 대고 있으면 잘 나온다. 나이가 들면 진액이 마르면서 침이 마르게 되고 입맛도 없어지고 소화도 잘 안 된다. 그래서 한의학에서는 절대로 침을 뱉지 못하게 하고 옥정이라고 하여 침을 굉장히 중요시해 왔다. 아울러 소의 침을 여러 가지 질병을 치료하는 방법에 이용하기도 했다.

한편 음식을 먹기 싫은데 부모가 자꾸 강요하면 아이는 식사 시간을 단축하기 위해 밥을 물에 말아 먹거나 밥을 먹고 바로 물을 마신다. 씹기가 귀찮을 때도 그렇게 한다. 몇 번 씹지 않고도 삼킬 수 있기 때문이다. 속사정이야 어떻든 먹는 양이 늘어났으니 이러한 방법을 용인하는 부모가 있는데 이것은 소탐대실이다. 당장에는 먹는 양이 늘어날 수 있지만 입에서 소화 작용을 하지 못하기 때문에 결국에는 위나 소장 같은 소화기에 문제가 생길 수밖에 없다. 따라서 어떠한 경우라도 밥을 물이나 국에 말아 먹거나 밥을 떠먹을 때마다 물을 마시는 습관은 바로잡아 주어야 한다.

유형 4. 군것질을 즐기는 아이

예전 의서에는 군것질에 대한 이야기가 자세히 나와 있지는 않으나 "너무 단것을 먹으면 소화기가 상한다."는 말로 단것을 경계하도록 이르고 있다. 예전에는 단것은 물론 군것질거리가 부족했기 때문에 많이 먹을 수가 없었는데 요즘은 아이들이 군것질을 지나치게 많이 해 여러 가지 문제가 발생하고 있다. 그렇다면 왜 군것질이 아이들에게 좋지 않은지 살펴보자.

우선 요즘 아이들이 먹는 군것질거리에는 당분이 지나치게 많이 들어 있다. 당분이 너무 많으면 고열량을 섭취하는 셈이므로 비만의 원인이 될 수 있다. 어린아이가 비만한 상태를 소아 비만이라고 하는데 소아 비만은 성인 비만으로 연결될 가능성이 높고 소아 당뇨까지 유발할 수 있으므로 아이들이 군것질을 통해 많은 당분을 한꺼번에 섭취하도록 내버려 두어서는 안 된다.

다음은 과도한 당분 섭취로 파생되는 문제들이다.

첫째, 아이의 입맛 형성에 문제가 생긴다.

아이가 태어나 처음 먹은 음식이 모유인 경우에는 분유를 거부하는 경우가 많고, 반대로 처음 먹은 음식이 분유인 경우에는 모유 수유에 실패하는 경우가 많다. 그런데 돌이 지난 아이들에게도 이같은 양상이 나타난다.

5세 이전의 아이들은 아직 음식의 맛을 인식하지 못해 입맛이 형성되어 있지 않다. 그런데 누구나 좋아하는 맛이 단맛이다. 한의학에서도 너무 과도한 단맛은 비위를 상하게 하지만 적당한 단맛은 비위의 기능을 향상시킬 뿐만 아니라 인체에도 유익하다고 이르고 있다. 아이들이 밥을 잘 안 먹고 많이 말랐을 때 쓰는 소건중탕이라는 약에 특별히 꿀을 넣는 것도 그런 이유에서다.

사실 요즘 아이들은 단맛에 지나치게 많이 노출되어 있다. 5세 이전에는 자연식품 위주로 먹으면서 음식 맛을 자연히 알아 가고 인지해야 하는데 군것질을 많이 하면 그러한 입맛이 제대로 형성되지 못하고 단맛에만 길들여지게 된다. 더욱이 한번 단맛에 길들여지면 자연식품은 맛이 없기 때문에 더욱 꺼리게 된다. 다 큰 어른들도 아주 단 음식을 먹다가 자연식품을 먹으려고 하면 맛이 없는데 하물며 아이들은 오죽할까?

5세 이전의 아이들에게는 군것질을 자제시키고 자연식품 위주로 식사할 수 있게 해 주어야 한다. 그래야 음식의 맛을 제대로 익혀 입맛이 자연스럽게 형성되고 나중에라도 음식을 잘 먹게 된다. 아이의 성장은 사춘기 때까지 진행되는데 이때 좋은 식품을 통해 영양분을 골고루 섭취해야 많이 크지, 단것을 많이 먹으면 비만뿐 아니라 여러 가지 문제를 일으키므로 주의해야 한다.

둘째, 당분을 과도하게 섭취하면 열량 과잉 상태가 되어 식사량이 줄어든다.

식사하기 전에 초콜릿이나 사탕 같은 단것을 먹으면 식욕이 떨어져 밥을 맛있게 먹을 수가 없다. 특히 당분이 많은 음식은 조금만 먹어도 몸에 충분한 에너지가 들어오므로 굳이 뇌가 식욕 중추를 자극할 필요가 없다. 따라서 장기적으로는 아이의 입맛 형성을 방해하고, 단기적으로는 아이의 식사량을 줄어들게 해서 결국 성장 및 학습에 장애를 초래하게 된다.

셋째, 당분을 자주 섭취하면 습관이 된다.

아이들은 한번 맛을 들인 군것질거리를 계속 찾는 경향이 있다. 특히 아이가 밥을 잘 먹지 않을 때는 좋아하는 거라도 많이 먹으라는 심정으로 무작정 사 주는 경우가 많다. 특히 할아버지 할머니가 잘 그러신다. 그분들이 아이를 키울 때는 음식 자체가 부족했기 때문에 뭐든지 잘 먹는 게 중요하다고 여겼다. 또 아이들이 좋아하는 군것질거리는 대기업에서 만들기 때문에 안심할 수 있다고 생각하고 부모 몰래 사 주는 경우도 허다하다.

그동안 만난 아이들의 경우도 예외는 아니었다. 엄마들의 얘기를 들어 보면 대부분의 아이가 집에서는 군것질을 못하니까 조부모 댁이나 외조부모 댁에 가면 며칠 굶은 사람처럼 허겁지겁 군것질을 해서 어르신들께 "평소에 좀 잘 챙겨 먹이라."는 꾸중을 듣는다고 한다. 또 그렇게 한번 다녀오면 식습관이 바뀌어 그것을 바로

잡기까지 무진 고생을 한단다.

여기서 문제가 되는 것은 아이가 자신이 잘 먹지 않으면 좋아하는 단 음식을 누군가가 준다는 학습 효과가 생긴다는 점이다. 이렇게 되면 아이는 더욱 자연식품을 꺼릴 것이고 이를 보다 못해 단 음식을 많이 먹게 내버려 둘 테니 결국에는 군것질로 에너지를 보충하는 사태가 발생하게 된다. 이러한 아이들은 특이한 아이들이 아니다. 아이에게 무심히 주는 사탕 하나가 결국 사태를 그 지경으로 만드는 것이다.

평소 부모들로부터 아이가 군것질을 못하게 하는 방법을 알려 달라는 문의를 많이 받는데, 앞서 설명했듯이 아이들은 사탕, 초콜릿, 탄산음료, 아이스크림, 과자, 라면, 햄버거, 피자 같은 식품이 왜 나쁜지 알지 못할 뿐만 아니라 판단 능력도 없다. 그래서 그것이 좋은지 나쁜지는 가장 신뢰하는 부모의 말과 행동을 통해 판단한다. 다시 말해 자신이 어떤 행동을 했을 때 나타나는 부모의 반응을 보고 판단하는 것이다. 따라서 아이가 군것질을 하지 못하도록 부모가 단호한 태도로 일관해야 한다. 아이가 아무리 떼를 쓰거나 밥을 먹지 않으려고 해도 마음이 약해져서는 안 된다. 그렇게 해서 아이의 군것질을 끊는 데 성공한 사례를 많이 봐 왔다.

한 선배의 아이는 지금 10살 정도 되었는데 잔병치레도 없고 키도 형들보다 더 큰 편이다. 그 아이는 어릴 때 피자를 먹으면 이탈리아 사람이 되고 햄버거를 먹으면 미국 사람이 된다고 일러주었더니 지금까지 그런 음식은 먹지도 않고 맛도 없다고 말한다. 이런 식으로 부모가 단호하게 군것질을 못하게 하면 아이는 열량을 자연식품을 통해 얻음으로써 영양을 골고루 풍부하게 섭취해 더욱 건강하게 자랄 것이다.

넷째, 당분을 과잉 섭취하면 영양 불균형을 초래한다.

예전에는 자연에서 자란 제철 야채가 넘쳐 나는 대신 육류가 부족했기 때문에 고기와 같은 기름진 음식을 먹어야만 힘이 난다고 생각했다. 불과 수십 년 전만 해도 고기는 굉장히 귀한 음식이었고 일 년에 서너 번 맛보기도 힘들었다. 그럼에도 한의학에서는 고기 같은 기름진 음식이 더욱 귀하고 부족했을 수천 년 전부터 기름진 음식을 자제하고 야채와 같은 담백한 음식 위주로 식사할 것을 권장해 왔다.

한의학에서는 기름기가 많은 식품은 쉽게 습(濕)을 형성하고 노폐물을 형성하여 위를 둔하게 하고 비장에 문제를 일으킨다고 보았다. 기름진 음식을 절제하는 것은 노폐물이 생기지 않게 하여 여러 가지 질병을 피할 수 있을 뿐만 아니라 비장과 위장의 부담을 감소시킬 수 있어 양생을 통한 장수에 도움을 준다고 하였다. 그리고 〈수세보원(壽世保元)〉에서는 "양생을 잘하는 자는 내부를 기르고, 양생을 하지 못하는 자는 외부를 기른다. 내부를 기르는 자는 장부를 기르고 혈맥을 순행시킴으로써 신체의 흐름을 조화시켜 병이 일어나지 않도록 한다. 그러나 외부를 기르는 자는 입과 배의 욕구를 만족시키고 감미로운 맛에 집착하며, 음식의 즐거움을 추구하고 신체의 넉넉함을 드러내어 안색은 유쾌하고 윤기가 흐르지만 맹렬한 기가 내부에서 장부를 더럽혀 정신이 허하게 되니 어찌 음양의 조화를 보전할 수 있겠는가?"라고 하였다.

사실 현대인들에게는 야채 위주의 담백한 식단이 절실히 필요하다. 왜냐하면 지금은 예전과 상황이 많이 달라졌기 때문이다. 현대인들의 식탁을 들여다보면 예전보다 기름진 음식이 더 많아지고 오히려 무기질과 비타민 급원인 야채나 해조류는 더 부족해졌다. 더군다나 야채도 자연에서 자란 것이 아니라 비닐하우스와 비료 같은 인공적인 힘을 이용해 억지로 키운 것이기에 인체에 부정적인 영향을 끼칠 수 있고, 자연의 생기 즉 생명 에너지도 더 적게 갖고 있다.

특히 야채는 우리 몸에 꼭 필요한 미량원소들이 들어 있기 때문에 매일 꾸준히 섭취해야 한다. 미량원소는 말 그대로 함유량이 아주 적지만 우리 몸에서 막중한 역할을 하는 미네랄, 무기질, 비타민 같은 것을 말한다. 만일 간을 기계로 만들려고 하면 방 하나를 차지할 정도로 거대한 기계를 만들어야 한다. 그런데 간이 그렇게 작은데도 별다른 어려움 없이 제 기능을 할 수 있는 것은 촉매작용 덕분이다. 인체의 세포가 어떤 반응을 일으킬 때 그것이 촉발되도록 돕는 것이 바로 촉매제다. 촉매제는 이를테면 '1+1'이 2가 아니라 10 이상이 되게 하는 물질이라고 보면 된다.

인체가 해독, 순환, 성장 등 많은 작용을 하기 위해서는 그런 촉매제가 반드시 필요한데, 당분이나 지방이 지나치게 많고 몸에 해로운 물질이 많이 든 패스트푸드나 인스턴트음식을 자주 먹다 보면 촉매제가 그런 음식을 해독하는 데 집중적으로 쓰이게 된다. 그러다 보면 인체의 다른 기능이 떨어지거나 문제를 일으키게 된다. 사람들이 비타민제나 건강 보조 식품을 먹고 기력이나 면역력이 좋아졌다고 느끼는 것도 촉매제로 쓰이는 미량원소들을 섭취했기 때문이다.

만일 군것질을 하지 않고 자연식품 위주로 먹게 되면 비타민제나 건강 보조 식품의 도움 없이도 이러한 미량원소들을 충분히 섭취할 수 있다. 또 인체의 기능이 향상되어 식욕도 좋아지고 성장 발육도 잘될 것이다. 다시 말해 군것질 등을 많이 하면 미량원소가 부족해져 소화 기능이 약해지고 식욕이 떨어지는 악순환이 거듭될 수밖에 없다.

앞에서 살펴본 대로 군것질을 즐기는 습관은 단순히 밥맛이 없게 만드는 것으로 끝나지 않고 우리 몸에 총체적인 문제를 일으킬 수 있다. 아무리 좋은 약이라도 일 년에 한 달 이상 복용하기가 힘들다. 영양제나 건강 보조 식품을 먹더라도 그 양이 식사량보다 많지는 않다. 이처럼 신진대사와 생명 유지에 꼭 필요한 세끼 식사를 소홀히 한다면 치료나 약이 무슨 소용이 있겠는가? 따라서 우리 아이가 군것질이 심하다고 생각하면 지금 당장 식습관을 개선해 주어야 한다. 식습관을 개선하지 않고 약물이나 인위적인 치료에 의존한다면 효과가 오래가지 않을뿐더러 아이만 괴롭히는 것이나 다름없다.

필자가 만난 아이 중에 6살짜리 여자 아이가 있었다. 언니보다 더 애교스럽고 귀엽게 행동해 부모의 사랑을 독차지하던 아이였다. 그 아이의 문제는 언니와 달리 성장이 상당히 더딘 점이었다. 성장률이 3% 이하였는데 그보다 더 큰 문제는 피검사를 통해 나타났다. 아이가 너무 약한 것 같아 피검사를 했더니 영양 결핍에 혈소판 수까지 부족한 상태였다. 처음에 진찰했을 때는 아이가 어떤 음식도 잘 먹지 않고 먹어도 조금만 먹는다고 하기에 식욕을 증진시키는 처방을 사용했는데 일 년 뒤에도 전혀 차도가 없었다. 그 동안 밥도 거의 안 먹고 성장 상태도 여전히 다른 아이들보다 뒤처져 있었다. 다시 한 번 아이의 식습관을 자세히 살펴보니 군것질이 아주 심했다. 부모는 아이가 밥을 안 먹으니 뭐라도 먹이려고 군것질거리를 주고 있었다. 특히 애교 많은 막둥이였기에 부모 입장에서는 아이가 더욱 안쓰러워 원하는 대로 군것질을 할 수 있게 해 주었던 것이다.

그래서 우선 아이에게 군것질로 인한 문제점을 자세히 설명해 주고 부모로 하여금 군것질을 끊도록 지시했다. 여기서 중요한 것은 아이에게 충분히 설명해 주는 것이다. 아이가 뭘 알아들을까 싶어 대충 넘어가면 문제가 발생할 수 있다. 아이 입장에서는 평소에 즐겨 먹던 음식을 갑자기 주지 않으면 놀라고 당황하게 된다. 아이들은 군것질이 좋은지 나쁜지조차 모른다. 그저 자신이 사랑하고 깊이 신뢰하는 가족이 주는 음식이니만큼 아무 거리낌 없이 믿고 먹는 것이다. 그런데 어느 날 갑자기 아무런 설명 없이 군것질을 못하게 하면 아이 입장에서는 황당할 수밖에 없다. 그러므로 군것질을 끊을 때는 아이가 비록 말을 잘 알아듣지 못하더라도 충분히 설명해 줘야 한다.

처음에 부모는 군것질을 끊게 되면 아이를 감당할 자신이 없다며 망설였다. 그렇게 한 달이 지났는데 아이의 상태는 그대로였다.

부모에게 물어보니 한두 번 정도 군것질거리를 주지 않았더니 아이가 너무 힘들어하는 것 같아서 그만두었다고 한다. 그래서 다시 부모를 설득해 일관된 자세로 군것질을 끊으라고, 그것만이 아이의 건강을 되찾을 수 있는 길이라고 강력히 요청했다.

다행히 군것질을 줄인 지 2주 만에 아이의 식사량이 크게 늘기 시작했다. 그냥 약간 식욕이 좋아진 정도가 아니라 부모 입에서 "우리 아이가 이토록 잘 먹는다는 사실이 믿기지 않는다."는 말이 나올 만큼 아주 왕성해졌다. 그때부터 한약을 같이 먹게 했더니 2, 3개월 후에는 신장과 체중도 많이 증가했다.

그런데 그로부터 1, 2개월 뒤 아이가 다시 내원했을 때는 상태가 예전과 비슷해 보였다. 무엇이 문제인가 했더니 부모는 계속 잘 실천하고 있는데 유치원에 다니면서 군것질이 다시 늘다 보니 식욕이 감소한 것이었다.

사실 유치원이나 어린이집은 그런 아이를 지도하기에 적절한 교육기관이 아니다. 왜냐하면 그곳의 선생님들은 여러 아이를 돌보다 보니 사탕, 초콜릿 같은 군것질거리를 상으로 주어 나쁜 짓을 못하도록 통제하는 경우가 많기 때문이다. 아무튼 이 아이는 집에 있을 때는 상태가 좋아졌다가 유치원에 입학한 뒤 다시 군것질을 시작하면서 문제가 재발한 케이스다.

따라서 이러한 경우에는 선생님에게 미리 양해를 구해야 한다. 유치원에서 간식으로 패스트푸드나 인스턴트식품을 주는 날에는 따로 도시락을 싸 보내는 한이 있더라도 군것질은 절대 못하게 해야 한다. 한창 식습관이 교정되고 있는 중이므로 자칫 동전만 한 사탕 한 알 때문에 그간의 노력이 헛수고가 되지 않도록 각별히 신경 써야 한다.

이처럼 아이의 상태가 전보다 조금 호전됐다고 해서 방심해서는 안 된다. 부모가 지녀야 할 가장 중요한 품성은 인내심이다. 꾸준한 인내심이야말로 식습관 개선의 성패를 가르는 핵심 요소임을 절대 잊어서는 안 된다.

유형 5. 밥 먹는 자체를 싫어하는 아이

주위에서 보면 유난히 먹는 양이 적은 아이들이 있다. 이것은 소화기가 약하다는 뜻이다. 특히 소음인인 경우에는 약한 소화기를 타고나기 때문에 어른이 돼서도 음식을 많이 먹지 못하고 조금만 신경을 쓰거나 스트레스를 받아도 바로 소화기에 문제가 발생하게 된다. 이런 아이를 둔 부모는 대부분 아이가 아주 어릴 때부터 밥을 잘 먹지 않았다고 말한다. 그렇다고 간식으로 주는 군것질거리나 다른 음식을 잘 먹는 것도, 특별히 좋아하는 음식이 있는 것도 아니다. 그래서 하루에 세 번 식사를 할 때마다 전쟁을 치른다고 한다.

한의학적으로 볼 때 이런 아이는 약한 소화기를 타고난 탓에 스트레스를 받으면 기가 뭉치고 그로 인해 소화기가 더욱 약해져 식사를 더 안 하는 경우에 해당한다. 이 경우에는 위의 기능을 활성화시키고 식욕을 증진시키면서 뭉친 기를 풀어 주는 처방을 사용하면 좋은 효과를 볼 수 있다. 그러나 앞에서 이야기했듯이 약물치료는 근본적인 문제 해결을 위한 치료법이 아니다. 물론 서양의학보다는 한의학이 더 근본적인 치료에 치중하지만 이 경우는 한의학에서조차 근본적인 문제를 해결하기가 힘들다. 또한 이런 아이는 가장 치료하기 힘든 경우 중 하나인데, 아이의 머릿속에 이미 밥을 먹는 것이 신 나는 일이 아니라 지겨운 일이라는 인식이 박혀 있기 때문이다. 이러한 인식은 쉽게 바뀌지 않기 때문에 밥 먹기를 싫어하는 증세를 고치는 것도 오래 걸린다.

한의학에서는 음식을 항상 기쁘고 즐거운 마음으로 먹으라고 강조한다. 정신적으로 스트레스를 받으면 스트레스의 종류에 따라 인체의 기가 변하기 때문이다. 특히 걱정이 많은 것은 소화기에 기가 울체되는 문제를 일으켜 더욱 음식을 먹지 못하는 악순환이 일어난다. 필자는 이 말을 부모에게 납득시킬 때가 가장 힘들다. 대부분의 부모는 그나마 아이에게 억지로라도 먹이려는 노력을 기울였기에 아이가 이 정도라도 성장할 수 있었지, 그냥 내버려 두었다면 더 큰 문제가 발생했을 것이라고 말한다. 물론 이 말이 전혀 틀린 얘기는 아니다. 하지만 아이의 식욕이 일시적으로 떨어졌을 때 너무 무리해서 음식을 먹이면 음식 자체를 거부하는 문제가 발생한다. 그래서 그런 인식을 갖고 있는 부모에게는 다음과 같이 물어본다. "만일 어머님 아버님이 매번 스트레스를 주고 혼을 내는 직장 상사와 하루 세끼를 같이 먹어야 한다면 소화가 잘 되겠습니까?" 하고 말이다. 부모의 강요에 의해 음식을 먹었던 아이는 바로 이와 같은 경우다. 그렇게 얘기해 주면 대부분 왜 아이에게 억지로 음식을 먹여서는 안 되는지, 아이가 잘 먹지 않을 때 왜 스트레스를 주거나 혼내서는 안 되는지 새삼 깨닫는다.

아이의 식습관을 개선할 때 가장 먼저 해야 할 일은 음식을 먹는 일이 즐겁다는 인식을 심어 주는 것이다. 기쁨은 뭉쳐 있는 기를 풀어 주고 소화 기능도 향상시킨다. 이때 부모는 인내심을 잃지 말아야 한다. 약한 소화기를 타고나 음식을 잘 먹지 않는 경우 부모의 스트레스는 이만저만이 아니다. 그래서 다른 사람이 지나가는 말로 "얘는 입이 짧은가 봐요.", "아이가 안색이 좋지 않네요.", "아이가 많이 말랐네요.", "아이가 키가 작네요." 등의 얘기를 하면 엄청난 스트레스와 상처를 받게 된다. 부모로서 아이에게 혹시 잘못한 건 없는지 미안해하기도 하지만 한편으로는 화가 나고 속상해 아이의 식사에 더욱 민감해진다. 그래서 부모는 아이의 먹는 양이 조금만 적어져도 예민해지고 아이가 스스로 나아질 때까지 기다리지 못하게 된다.

이 경우는 부모의 마음을 바꾸는 것이 급선무다. 우선 부모는 아이의 상태를 객관적으로 받아들여야 한다. 아이가 더 먹을 수 있는데도 안 먹는 것이 아니라 지금 아이는 자신이 먹을 수 있는 양 이상을 먹고 있다는 사실을 인정해야 한다. 그래야 아이가 식사하는 것에 대해 감사한 마음을 가질 수 있고, 시간이 지날수록 조금씩 식사량이 늘어 가는 모습을 기쁘게 받아들일 수 있을 것이다. 이때 부모가 욕심을 부려서는 안 된다. 그 시간을 참고 기다리지 못하면 결국 아이의 습관을 고치는 데 실패하고 말 것이다.

또 부모의 인식을 바꾼 다음에는 아이가 먹고 싶어 하는 양만큼 먹게 내버려 둬야 한다. 대신 군것질이나 인스턴트식품, 간식, 밀가루 음식 등 아이의 식욕을 방해할 수 있는 음식들은 절대로 먹지 못하게 해야 한다. 그래야 아이가 식사를 맛있게 할 수 있다. 이때 부모는 적절한 칭찬을 해 주어야 하고, 만일 칭찬하기가 힘들면 야단이라도 치지 말아야 한다.

아이들은 부모의 행동이나 태도를 보고 그 심리 상태를 80% 이상 파악한다. 그래서 엄마가 겉으로는 화를 내지 않더라도 어떤 기분인지 금방 알아챈다. 요즘 엄마들에게는 명절 증후군이라는 것이 있는데 엄마가 명절에 시댁에 가기 싫어 어떤 일이 생기기를 바랄 때 공교롭게 멀쩡하던 아이가 갑자기 아파서 시댁에 가지 못하는 경우가 있다. 아이들은 이처럼 부모의 감정에 굉장히 예민하게 반응한다. 따라서 아이가 군것질을 끊고 식사를 잘하려고 노력할 때는 칭찬을 못하더라도 최소한 야단은 치지 말아야 한다. 그리고 시간이 지남에 따라 점점 더 많이 따뜻하게 칭찬해 줘야 한다. 같은 일을 가지고 계속 같은 칭찬을 하면 아이는 나아지지 않는다. 일정한 시간 간격을 두고 음식의 양을 조금씩 늘려 나가면서 아이가 잘 먹을 때는 진심 어린 칭찬을 해 주고, 반대로 아이가 잘 먹지 못할 때는 무슨 일이 있는지 살핀 다음 큰 문제가 없다면 그냥 무관심하게 지나가면 된다. 아이들은 무관심보다는 관심을 더 받고 싶어 하므로 부모의 변화에 따라 아이도 바뀔 것이다. 이런 아이에게는 식판을 사용하거나 계약을 맺고 보상과 권리 박탈을 적절하게 적용하는 방법을 쓰면 더욱 좋은 결과를 얻을 수 있다.

여기서 명심할 것은 오랜 시간을 들여야 아이가 변한다는 사실이다. 최소한 6개월 이상 이러한 방법을 사용해야만 아이의 변화가 보일 것이다. 그런데 부모가 그때까지 참고 기다리지 못해 아이의 상태가 원점으로 돌아가는 경우가 종종 있다. 부모들이여, 한번 깊이 생각해 보라. 스트레스를 받거나 참아야 할 일이 생겼을 때 아이가 견디기 힘들겠는가, 부모가 더 견디기 힘들겠는가? 혹여 부모의 욕심으로 아이를 울리고 있지는 않은지 꼭 살펴볼 일이다.

아이들은 생각보다 어른스러운 구석이 많다. 한번은 7살짜리 남자 아이가 부모와 함께 찾아왔는데 아이의 성장 속도나 발달 상태는 양호한 편이었다. 문제는 엄마가 어린이집 원장이다 보니 아주 어릴 때부터 다른 아이들과 함께 생활하면서 알게 모르게 비교를 당한 데 있었다. 엄마의 불만은 아이의 식욕부진이었다. 그렇다고 아이의 식사량이 적은 것도 아니었다. 엄마 입장에서는 음식을 주면 아이가 맛있게 먹지 않는 점이 달갑지 않은 모양이었다. 그래서 엄마와 한참 논쟁을 했는데 이전에도 그 문제로 여기저기서 치료를 받은 듯했다. 그러던 중 아이가 갑자기 울기 시작했다. 아무리 달래도 울음을 그치지 않더니 갑자기 필자에게 충격적인 말을 하는 게 아닌가. "선생님 제가 잘못했어요. 제가 다 잘못했으니까 우리 엄마 혼내지 마세요." 하고 말이다. 여기저기서 치료를 받을 때마다 아이는 엄마와 전문가가 논쟁하는 모습을 엄마가 혼나는 줄 알고 있다가 참다못해 울음을 터뜨린 것이었다. 그 일이 있은 후부터 필자는 부모와 논쟁이 필요한 상담을 할 때는 아이를 꼭 내보낸다. 아무튼 이처럼 음식을 억지로 먹이게 되면 아이에게 엄청난 스트레스가 가해진다.

부모들이여, 옆집 아이와 우리 아이를 비교하지 마라. 같은 나이라고 해서 같은 양의 음식을 같은 속도로 먹어야 하는 것은 아니다. 우리 어른들도 동갑내기 친구와 식사량, 식사 스타일, 식사 방법이 다 다르지 않은가? 부모들의 무리한 욕심이 아이를 울릴 수도 있음을 명심하라.

특히 요즘 부모들은 아이의 건강과 더불어 학습과 성장에 관심이 많다. 특히 성장에 엄청난 관심을 보인다. 그래서 아이의 상태는 고려하지 않고 무조건 성장시키기 위해 키 크는 음식이라면 억지로라도 먹이려고 하는 경향이 있다. 그래서 아이가 잘 먹지 않으면 야단을 치면서 먹이는데 이런 경우는 한약을 많이 사용하더라도 효과를 보기 가장 힘든 케이스인데다 효과가 두드러지게 나타나지 않기 때문에 한약에 대한 믿음을 잃어버리게 된다. 그럼에도 이왕이면 먹이는 게 낫겠다 싶어 계속 한약을 먹이는 경우가 많다.

서지도 못하는 단계에서 아무리 걷게 해도 아이는 걷지 못한다. 왜냐하면 인체도 준비가 되어 있어야 다음 발달 상태로 넘어가기 때문이다. 아이가 정신적, 신체적으로 준비가 되어 있어야 변화, 발전할 수 있다. 그러기 위해서 아이의 식습관이 개선될 때까지 부모는 기쁜 마음으로 인내심을 가지고 지켜봐야 한다. 물론 먹는 것은 즐거운 일임을 아이에게 인식시켜야 하는 것이 기본이다.

이제부터라도 식탁에 웃음꽃이 피게 하라. 놀이를 하든 다른 무엇을 하든 아이가 매일 매일 식탁에서 웃음꽃을 피울 수만 있다면 언젠가는 아이에게 좋은 변화가 생길 것이다.

유형 6. 운동량이 부족한 아이

요즘 아이들은 초등학생만 되어도 시간에 쫓긴다. 학교에서 돌아오면 꽉 짜인 일정대로 서너 개의 학원을 다녀야 하고 밤중에 집에 돌아오면 또 늦게까지 숙제와 공부를 하느라 쉴 새가 없다. 어른들에게 이런 초등학생들처럼 생활하라고 하면 아마 일주일도 버티지 못하고 병이 날 것이다. 아이들은 양기가 충만하기 때문에 그나마 버티는 것이지 그렇지 못한 어른들은 단 하루도 견디기 힘든 것이 요즘 아이들의 생활이다. 아이들은 본래 기운을 발산하려는 기질이 강해 한시도 가만히 있지 못하는 것이 정상이다. 그래서 어린아이들에게는 공부 자체보다 한자리에 움직이지 않고 앉아 있는 것이 더 힘든 법이다.

한의학적으로 보면 아이들은 선천적으로 양기가 많은데 양기는 항상 움직이고, 가볍고, 한곳에 있지 못하고, 즐거운 것이 특징이다. 아이들이 산만해 보이는 건 그 때문이다. 이런 아이들이 공부를 좋아할 리 없는데 가만히 앉아 하기 싫은 공부를 계속 억지로 하게 하니 소화기가 약해지고 식욕이 떨어지는 것이다.

그런데도 아이들이 밥을 잘 먹는 건 양기가 충만하다 보니 신체의 각 기관들이 활발하게 움직여 웬만한 음식은 다 소화시키기 때문이다. 그러나 이렇게 계속 앉아 있으면 아이들의 운동량이나 활동량이 줄어들기 때문에 식욕이 더 떨어지는 악순환이 반복된다. 더군다나 요즘 아이들은 여가 생활을 제대로 즐기지 못하고 있다. 부모가 밖에서 노는 데 제한을 두다 보니 시간이 나도 다른 아이들과 어울려 놀지 못하고 혼자 집에서 TV나 컴퓨터게임을 즐기는 경우가 많다. 심지어는 놀이터에 가도 함께 놀 친구가 없어 학원에 다니는 경우도 있다. 또 부모들도 집에 들어오면 습관적으로 TV를

켜 놓는 경우가 많다. 그러다 보니 아이들이 점점 더 TV나 컴퓨터 게임에 빠지게 되고, 운동량이 부족하다 보니 식욕부진이나 비만으로 악화되는 것이다.

따라서 아이가 피곤해하거나 식욕이 떨어질 경우에는 먼저 우리 아이가 충분히 움직이고 있는지부터 살펴봐야 한다. 아이들은 친구들과 노는 것도 좋아하지만 부모와 노는 건 더 좋아한다. 그러므로 평소에 시간이 없는 부모는 주말을 이용해 아이와 실컷 놀아 주어라. 몸을 많이 움직여야 하는 활동적인 취미생활을 아이와 함께 즐긴다면 몸과 마음 모두 건강해질 뿐 아니라 식욕도 좋아지고 아이와의 관계도 더욱 친밀해질 것이다. 이때 중요한 것이 바로 아빠의 역할이다. 아빠들은 아무리 피곤하고 바쁘더라도 일주일에 한 번씩 아이와 신 나게 놀아 주어야 한다. 그것이야말로 아빠의 사랑을 간절히 원하는 아이는 물론 살림과 육아에 지친 아내에게 조금이나마 보상해 주는 방법임을 명심하라.

아이를 잉태한 임산부도 피곤할 정도로 많이 움직여서는 안 되지만 가만히 있기만 하는 것도 기가 정체되어 좋지 않기 때문에 적당히 움직이게 한다. 임산부가 이러할진대 양기가 넘치는 아이는 어떻겠는가? 우리 아이가 식욕이 없다고 걱정하기에 앞서 혹여 움직임이 부족하지는 않은지 유심히 살펴보라.

앞에서 살펴본 대부분의 문제 상황에서 식습관을 고치지 않고 한약에만 의존한 경우에는 별다른 효과를 보지 못했다. 그건 다른 누구보다도 식욕이 부진한 아이가 안쓰러워 나쁜 식습관을 계속 유지하도록 묵인한 부모의 잘못이 크다. 진정 아이가 밥을 잘 먹기 바란다면 나쁜 식습관을 반드시 고치겠다는 단호한 태도로 일관해야 한다. 순간의 방심이 우리 아이의 건강과 식습관 개선에 치명적인 독이 될 수 있음을, 또 식습관부터 바로잡지 않으면 백약이 무용지물임을 간과하지 마라.

07

키 크는 데 '지름길'은 없다

얼마 전에 TV를 보다가 깜짝 놀란 적이 있다. 부모가 아이의 성장을 위해서 성장호르몬을 맞힐 뿐 아니라 심지어는 수술까지 시킨다는 충격적인 보도였다. 하긴 아이가 영어 발음을 잘 못한다고 혀를 수술하는 세상이니 어쩌면 이 정도는 일도 아닐지 모른다. 하지만 그것이 과연 진정 아이들을 위한 일일까? 옛날에 농부가 벼를 좀 더 빨리 키울 생각으로 조금씩 위로 뽑아 놨더니 벼들이 얼마 못 가 몽땅 죽어서 땅을 치고 후회했다는 고사처럼 돌이킬 수 없는 욕심을 부리고 있는 건 아닐까?

요즘은 아이의 성장을 위해 양약과 한약, 수술, 호르몬요법, 교정 등 온갖 방법이 동원되고 있는데 여기서 우리가 생각해 봐야 할 것이 있다. 이를테면 비만 치료를 목적으로 다이어트를 할 때 식이요법과 운동요법을 병행해야 한다는 것은 누구나 아는 사실인데도 이와 다른 방식의 새로운 비만 치료법이 속속 쏟아져 나오고 있다. 왜일까? 사람들이 목적을 쉽게 이루려 하기 때문이다. 가장 기본적인 원칙은 무시하고 좀 더 쉽게 원하는 것을 얻고자 편법을 쓰는 것이다. 그러나 이러한 방법은 대부분 실패로 끝난다. 비만은 운동과 식이요법을 병행해야만 치료 효과를 볼 수 있고, 요요 현상 같은 부작용도 막을 수 있다.

아이의 성장도 마찬가지다. 목적을 쉽게 이뤄 주는 방법이 아무리 많이 나온다고 해도 기본이 갖추어지지 않고서는 한계가 있을 뿐 아니라 아이들 건강에도 악영향을 미치게 된다. 따라서 우리 아이가 잘 자라게 하기 위해서는 기본적으로 어떤 노력이 필요한지부터 알아야 한다.

성장을 위한 기본 수칙은 아주 간단하다. 잘 먹고, 잘 자고, 잘 놀고, 잔병치레를 안 하는 것이다. 언뜻 굉장히 쉬워 보일 수도 있다. 하지만 우리 아이를 놓고 생각해 보라. 이중에서 두 개 이상 잘하고 있는 아이가 드물 것이다. 기본적인 노력을 제대로 행하지 않고 키가 크기를 바라는 것은 공부를 하나도 안하고 성적이 오르기를 바라는 것과 같다. 물론 아이에 따라서는 이렇게 해도 잘 크지 않는 경우가 있다. 그것은 유전적인 부분이 작용하기 때문이다. 하지만 기본 수칙을 열심히 지켜 나간다면 유전적으로 자랄 수 있는 키보다 더 클 수 있다. 각각의 기본 수칙을 좀 더 자세히 살펴보자.

기본 수칙 1. 잘 먹어야 한다

잘 크려면 우선 잘 먹어야 하는데, 여기서 '잘'은 아무거나 마구 먹으라는 뜻이 아니라 제철 식품을 골고루 섭취하라는 의미를 담고 있다. 그런데 요즘 아이들은 어떠한가? 아침 식사는 등교 시간에 맞추다 보니 거르고, 점심 식사는 학교급식으로 대신한다. 그렇지만 학교급식이 과연 엄마의 정성이 담긴 도시락보다 나을까?

군인들은 세끼를 꼬박꼬박 챙겨 먹지만 항상 배가 고프다고들 한다. 같은 재료로 만든 음식이라도 집에서 먹는 식사와 군대에서 먹는 식사는 다른 법이다. 정도의 차이는 있지만 학교급식과 도시락의 차이도 이와 같다고 생각한다. 한의학적으로 보면 살아 있는 생물체는 모두 생기를 가지고 있는데, 부모의 정성이 들어간 음식과 그렇지 않은 음식은 에너지의 질과 양에 큰 차이가 있다. 특히나 요즘처럼 위탁 급식을 통해 재료가 부실한 음식을 먹는 경우라면 더 말할 것도 없다. 잘못된 식습관과 편식을 개선하고 균형 잡힌 식사를 제공하겠다는 훌륭한 취지에서 시작됐지만 실상은 충분한 효과를 거두지 못하고 있는 것이 안타까울 뿐이다.

이처럼 첫 번째 식사를 학교에서 먹고 돌아오면 부모가 맞벌이를 하거나 집을 자주 비우는 가정의 아이들은 인스턴트식품이나 패스트푸드를 간식으로 먹고 학원에 간다. 학원에 가면 쉬는 시간을 이용해 또다시 패스트푸드나 인스턴트식품으로 허기를 달래고 시간이 없으면 이마저도 굶는다. 그리고 밤 10시 넘어 귀가해서는 그때 유일하게 식사다운 식사를 하게 된다.

앞에서 밤중 수유를 언급하면서 밤중에 음식물을 섭취하면 왜 소화기가 망가지는지 자세히 설명했는데 아이가 학원에 다녀와 밤 늦게 하는 식사도 예외는 아니다. 오히려 하루 종일 제대로 된 식사를 못한 탓에 한꺼번에 많은 양을 먹게 되므로 밤중 수유보다 더 나쁜 영향을 끼치게 된다. 그리고 식사 후에는 바로 잠자리에 들고, 충분한 수면을 취하지도 못하기 때문에 아침에 일어나면 피곤함을 느끼게 된다. 또 밤새 소화기가 쉬지 못하고 활동하는 바람에 속이 더부룩해서 아침 식사를 또다시 거르는 악순환이 계속된다. 이 아이들이 과연 잘 크겠는가? 일례로 〈동물의 왕국〉이라는 TV 프로그램을 보면 생존경쟁에서 뒤처져 제대로 먹지 못하는 새끼들은 잘 크지 못해 결국 도태되고 만다. 지금 우리 아이들은 어떠한가? 매일 부실한 식사를 거듭하는 아이들이 몸도 쑥쑥 자라고, 성적도 쑥쑥 오르기를 바라는 건 부모의 지나친 욕심이 아닐까?

이제 시간이 없다는 핑계로, 아이가 좋아한다는 이유로, 인스턴트식품이나 패스트푸드를 아무렇지도 않게 먹이는 어리석은 부모가 되지 말자. 우리 아이의 몸은 화학약품을 저장하는 드럼통이 아니라 생명이 살아 숨 쉬는 소중한 몸이다.

또 이왕이면 식사를 준비할 때 싱싱하고 영양이 풍부한 제철 식품을 이용하자. 같은 생선이라도 제철에 먹으면 훨씬 감칠맛이 나고 생기가 넘친다. 제철 식품에 부모의 정성을 담아 만들어 낸 음식은 아이에게 최고의 보양식이 될 것이다.

또한 식재료를 구입할 때도 될 수 있으면 유기농산물을 선택하는 것이 좋다. 농약을 많이 친 농산물이 건강에 좋지 않다는 것은 누구나 알고 있지만 문제는 유기농산물의 가격이 지나치게 비싼

데 있다. 오늘날 꼭 필요한 친환경적인 생활의 일환인 유기농산물의 소비가 좀 더 널리 확산되려면 무엇보다 가격을 낮추어야 한다. 그러기 위해서는 정부 차원의 노력이 뒷받침되어야 한다. 미래를 짊어질 우리 아이들의 건강한 성장과 직결되는 문제이기 때문이다.

다시 한 번 강조하건대, 아이가 잘 자라려면 좋은 식품을 먹어야 한다. 생기가 많고, 후천지정이 많아야 성장에 필요한 기본 에너지를 충전할 수 있다. 아이의 건강한 성장은 결국 엄마의 손에 달려 있음을 명심하고, 이제부터는 좀 더 정성 들여 식사를 준비하자.

기본 수칙 2. 잘 자야 한다

어릴 적 TV에서는 밤 9시만 되면 어린이가 잠자리에 들 시간임을 알려 주었다. 지금은 그 방송이 왜 안 나오는지 모르겠다.

한의학적으로 보면 인간이 눈을 떴을 때와 눈 감고 잠이 들었을 때 작용하는 기운이 서로 다르다. 예를 들어 간은 인간이 활동하면 기운을 순환시키지만 잠이 들면 피를 저장함과 동시에 몸에 쌓인 노폐물을 제거하고 인체가 필요로 하는 새로운 물질을 밤새 만들어 낸다. 그래서 한의학에서는 수면이 다음 날 일상생활뿐 아니라 성장과 건강에도 지대한 영향을 미치니 해가 지면 잠자리에 들라고 말한다.

앞서 밤중 수유에 대해 이야기하면서 각 계절마다 언제 자고 일어나야 하는지를 밝힌 부분이 있는데, 이는 단지 어린이만이 아니라 남녀노소 모두에게 해당하는 사항이다. 예를 들어 가장 해가 긴 여름에도 저녁 8~9시경이면 해가 지므로 이때는 잠자리에 들어야 한다는 것이다. 그리고 인체가 잠들 준비를 하기 위해서 저녁 식사는 점심 섭취량의 절반 정도를 저녁 6시 이전에 먹으라고 했다. 옛말에 아침은 황제같이 먹고 저녁은 거지처럼 먹으라는 말이 있는데 이 역시 음식을 적게 먹어 소화기의 부담을 없애야 기분 좋은 수면을 취할 수 있다는 뜻이다. 이것은 또한 비만과 노화를 예방할 수 있는 지름길이다.

이처럼 인간은 다른 동물과 마찬가지로 해가 지면 잠을 자야 하는데 요즘에는 정반대가 되었다. 가장 큰 원인은 밤을 낮처럼 환하게 만드는 전기의 발명과 사람들의 욕심이다. 현대인들은 새벽 늦게까지 일하는 것을 시간을 잘 활용하는 것으로 생각하는데 절대 그렇지 않다. 자정이 가까워질수록 인체는 수면 모드로 들어가기 때문에 육체적, 정신적 활동이 모두 약해지게 된다. 그래서 자정 12시가 넘으면 학습 효과도 떨어지는 것이다.

인간은 이처럼 천지자연의 이치를 따르는 소우주이기 때문에 밤에는 양방에서 이야기하는 성장호르몬이 많이 나오는 것이다. 논란은 있지만 일반적으로 밤 11~1시에 성장호르몬이 많이 나온다고 한다. 이때는 한의학의 자시에 해당하는 시간인데, 자정은 한의학에서도 가장 음기가 강한 시간이므로 성장호르몬도 음기의 일종이라고 볼 수 있다. 따라서 이 시간에는 숙면을 취해야 성장호르몬이 더 많이 나오게 된다. 그런데 인체는 잠을 잔다고 해서 바로 깊은 수면에 드는 것이 아니다. 사람에 따라 차이가 있지만 잠든 지 1~2시간 정도는 지나야 숙면에 들어 깊은 수면에 해당하는 뇌

파가 나오게 된다.

따라서 성장호르몬이 많이 분비되는 자시에 숙면을 취하려면 밤 9시~9시30분에는 잠자리에 들어야 한다. 저녁 식사를 여느 때보다 좀 일찍 먹고 나서 가벼운 운동이나 샤워 등으로 몸을 이완시킨 다음 잠자리에 들면 좀 더 쉽게 숙면을 취할 수 있다. 동양철학에서는 명상이나 호흡법으로 긴장을 풀어 준 후 숙면을 취하는 방법을 사용하는데, 어려서부터 명상이나 호흡법을 익히면 집중력이 좋아지고 정서적으로도 안정될 뿐 아니라 숙면을 취할 수 있으므로 여러모로 좋다. 그러나 아이들은 가만히 앉아 있는 것을 힘들어하므로 명상이나 호흡법을 배울 때는 부모가 함께하는 것이 좋다.

기본 수칙 3. 잘 놀아야 한다

우리가 어릴 적에는 동네 아이들끼리 몰려다니며 흙장난하고 물장구치는 모습을 어디서든 쉽게 볼 수 있었다. 그때 아이들은 술래잡기, 구슬치기, 고무줄놀이 등을 함께 즐기면서 단순한 놀이의 차원을 넘어 그 안에서 사회성을 배우고 또래 문화를 형성해 나갔다.

그런데 요즘 아이들은 어떠한가? 친구들과 밖에서 마음껏 뛰어놀기보다는 자기 방 안에서 컴퓨터게임이나 오락을 즐긴다. 그래서 요즘 아이들이 예전에 비해 체격은 커졌지만 체력이 약하다는 소리가 나오는 것이다. 온실에서 좋은 거름을 주고 정성껏 보살피면 아름다운 화초로 자랄 수는 있겠지만 탁 트인 자연에서 햇볕을 쬐고 눈비를 맞으며 자란 들풀의 생명력을 이길 수가 없는 것과 같은 이치다.

노는 것은 시간을 버리는 것이 아니라 아이들이 정신적, 육체적으로 자연스럽게 발달하기 위해 꼭 필요한 과정이다. 물론 공부는 전혀 안 하고 놀기만 하는 것도 문제다. 무턱대고 놀기만 해서는 성장에 큰 도움이 되지 않는다. 성장판을 자극하는 운동을 병행하면서 체계적으로 관리해 주어야만 소기의 목적을 달성할 수 있다.

이때 아이에게 절대 운동을 강요해서는 안 된다. 하기 싫은 일을 억지로 하면 스트레스가 쌓이고, 이 스트레스가 성장을 저해하게 된다. 한의학적으로 볼 때도 기가 원활히 돌지 않아 소화기가 약화되고 인체의 기능이 떨어지는 결과를 낳게 된다. 따라서 아무리 성장에 좋은 운동이라 하더라도 아이가 흥미를 보이지 않는 어려운 운동은 자제해야 한다. 반면 부모가 보기에는 하찮을지라도 아이가 간절히 원하는 운동이라면 마음껏 즐기게 해 주는 것이 좋다.

달리기, 자전거 타기, 줄넘기, 철봉 등은 성장판을 자극해 주므로 이중에서 아이가 좋아하는 운동을 즐겁게 할 수 있게 하자. 이때 부모가 함께 참여하면 좀 더 신나고 재미있게 즐길 수 있다. 또한 형제자매와 함께 시키면 협동심과 경쟁심이 자연스럽게 길러지므로 더욱 좋다.

기본 수칙 4. 잔병치레를 하지 말아야 한다

마지막으로 아이가 쑥쑥 잘 자라려면 아프지 말아야 한다. 그런데 요즘 아이들은 무분별한 음식 섭취, 운동 부족, 스트레스, 환경오염 등 여러 가지 원인에 의해 병을 달고 산다. 감기, 비염, 아토피, 축농증, 중이염, 천식 등 아이들의 잔병치레가 못 먹고 못 살던 시대보다 훨씬 심해졌다.

인체의 입장에서 보면 성장은 선택의 문제이지만 질병은 생명을 위협할 수도 있는 중대한 문제다. 다시 말해 몸이 성장하지 않더라도 생명에는 지장이 없지만 감기 같은 가벼운 질병에 걸리더라도 때로는 사망할 수 있다는 얘기다. 따라서 인체는 병에 걸리면 몸 안에 저장해 둔 에너지 대부분을 병마와 싸우기 위해 사용한다. 그러다 보니 성장을 위해서는 많은 에너지를 쓸 수가 없는 것이다. 잔병치레를 많이 하는 아이들이 잘 크지 못하는 것도 그 때문이다.

요즘 아이들에게 가장 문제가 되는 질환은 알레르기 질환과 호흡기 질환이다. 한의학적으로 볼 때 피부와 대장, 폐는 모두 연결돼 있으므로 피부에서 일어나는 알레르기 질환은 천식, 비염, 축농증 같은 호흡기 질환과 연관이 있는 것이다.

알레르기는 특정 음식이나 물질에 인체가 과민 반응을 일으키는 증상을 말한다. 이러한 증상이 나타나는 이유는 인체에 나쁜 영향을 끼치는 물질로부터 스스로를 지키기 위해서다. 식중독에 걸렸을 때 피부에 발진이 생기고 구토나 설사를 일으키는 것도 결국 독성을 내보내 인체를 보호하려는 자발적인 의지인 것이다.

인체에서 알레르기 반응은 주로 외부와 접촉이 많은 호흡기, 피부, 소화기에서 나타난다. 이는 인체의 방어 기능에 문제가 생겼기 때문에 과민 반응을 일으킴으로써 몸에 해로운 물질을 추가적으로 호흡하거나 섭취하지 못하게 하고 그러한 물질을 배설하는 것이다.

따라서 인체에 안 좋은 물질을 섭취하지 않고 충분히 배설하면 이런 증상이 완화되므로 좋은 음식을 먹고 운동을 생활화해 저항력을 높여야 한다. 그리고 요즘은 감기를 달고 사는 아이들이 많다. 그런데 한의학에서는 감기에서 나타나는 콧물, 기침, 발열, 코 막힘 등은 인체가 질병을 이겨 내고 스스로 회복하기 위한 노력의 증상으로 본다. 따라서 이러한 증상을 없애려고 하기보다는 도와줌으로써 인체 스스로 감기를 이겨 내는 치료법을 쓰는 것이다. 그런데 요즘 부모들은 아이가 감기에 걸리기만 하면 해열진통제나 항생제를 먹인다. 이것은 일시적으로는 낫는 것 같지만 노폐물과 열이 몸 밖으로 빠져나가지 못하고 몸 안에 정체되기 때문에 오히려 감기 증상이 오랫동안 지속될 수 있다. 따라서 무분별한 해열진통제나 항생제의 사용은 오히려 아이들 감기에 좋지 않은 영향을 미친다. 대부분의 부모들은 아주 짧은 시간이라도 낫는 것처럼 보이기 때문에 양약을 많이 쓰고 있는데, 오히려 한의원에서 감기가 더 잘 치료되는 경우가 많다.

그리고 중요한 것이 물인데, 인체의 저항력을 높이려면 평소 물을 자주 마셔야 한다. 한의학자들 중에는 현대를 불의 시대로 보는 이들이 많다. 현대인들은 스트레스를 많이 받고, 화를 잘 내고, 기름지고 자극적인 음식을 많이 먹기 때문이다. 이로 인해 몸에 독성 물질과 노폐물이 계속 쌓이는데도 이를 희석하고 배설하는 데 꼭 필요한 물은 잘 먹지 않는 것이 문제다. 좋은 물은 신진대사를 원활하게 해 변비를 예방하고 치료할 뿐 아니라 비만이나 알레르기 증세도 호전시킨다.

따라서 물만 잘 마셔도 건강을 지킬 수 있다. 한의학에서는 물의 종류를 세분화해 상황에 맞게 사용하라고 이른다. 물론 지금은 그때와 다르게 수질오염, 환경의 오염과 변화 등 다른 변수가 많이 생겼으므로 한의학 서적에 나온 물을 그대로 사용할 수는 없다. 그러나 우리 선조들은 물 하나에 대해서도 이처럼 자세하게 관찰하고 사용했던 것이다.

자, 이렇게 생활 습관을 바로잡았는데도 계속해서 잔병치레를 하고 있다면 한의학적 치료를 받아야 한다. 일반적으로 한약은 1년에 한두 번 정도만 먹는 것으로 알고 있는데, 그것은 보약의 개념일 뿐이다. 보약은 좀 더 건강해지기 위한 약이지, 치료를 위한 약은 아니다. 잔병치레를 하고 있을 때는 치료를 목적으로 약을 써야 한다.

원래 보약은 정력을 강하게 하거나 건강을 지키기 위해 예방 차원으로 먹는 약이 아니었다. 소화기, 호흡기, 순환기, 비뇨생식기 등 우리 몸의 여러 기관 중 기능이 떨어진 곳에 기를 보충해 정상으로 만들어 주는 치료 개념의 약이었는데 세월과 더불어 정력제나 양기를 보충해 주는 약으로 의미가 축소된 것이다.

따라서 잔병치레를 많이 하는 아이들은 면역, 소화, 호흡 등 몸의 각종 기능이 약해져 있기 때문에 해당 기관에 기를 보충해 주는 치료 개념의 보약을 먹어야 한다. 만일 아이가 감기에 걸렸으면 그 증상을 치료하면 되고, 몸까지 허약할 때는 몸의 기능을 강화하면서 감기를 치료하는 약을 쓰면 된다. 양의학과 다르게 한의학은 몸을 보하면서 치료도 할 수 있고, 치료와 예방도 함께 할 수 있다. 그래서 아이의 신체 기관들이 제 기능을 할 수 있게 되더라도 거기서 끝내지 않는다. 아이의 생활 습관이 좋은 경우에는 회복한 기능을 계속 유지할 수 있지만 그렇지 않은 경우에는 신체 기관의 기능이 다시 떨어지기 때문에 일정 기간 동안 신체 상태를 계속 점검하면서 보충 치료를 해 나간다.

한의학은 어느 의학보다 예방을 중요시한다. 그러므로 엄마들은 자주 한의원을 찾아 아이의 건강 상태를 점검하는 것이 좋다. 약을 지어 먹으라는 뜻이 아니라 이런 식으로 계속 아이의 몸을 관리해 준다면 잔병치레가 줄고 키와 체격도 쑥쑥 자랄 것이다.

즐겁게 생활할 수 있는 환경을 만들어라

앞에 열거한 기본 수칙들은 부모들이 이미 알고 있는 지극히 당연한 일일 수도 있다. 하지만 이 수칙들은 실제로 잘 지켜지지 않고 있다.

지금 우리 아이가 잘 먹고, 잘 자고, 잘 놀고, 잔병치레 없이 잘 크고 있는지 살펴보라. 패스트푸드와 인스턴트식품, 군것질을 멀리하고 제철 식품 위주의 신선한 식사를 하고 있는가? 밤 9~10시에 잠자리에 들어 뒤척이지 않고 잘 자는가? 학원 수업이나 과외 활동에 치이지 않고 놀이와 운동을 적절히 즐기는가? 감기나 비염, 축농증, 중이염 같은 잔병치레를 하지 않고 튼튼하게 자라고 있는가? 아마도 이 모든 질문에 '예스'라고 자신 있게 말할 수 있는 부모는 거의 없을 것이다. 이러한 기본 수칙은 등한시하면서 수술이나 호르몬요법으로 아이를 성장시키려 한다면 벼를 빨리 자라게 할 욕심으로 매일 조금씩 잡아당겼다는 어리석은 농부와 무엇이 다르겠는가?

아이의 성장 상태는 단순히 키를 나타내는 것이 아니라 얼마나 건강하게 잘 크고 있는지를 보여 주는 척도다. 따라서 부모는 키를 키우는 데만 급급하지 말고 아이가 꿈과 희망을 키우며 즐겁게 생활할 수 있는 환경을 조성해 주어야 한다.

성장 장애를 겪는 아이들 중에는 식사를 패스트푸드나 인스턴트 식품으로 때우고, 하루 종일 책상에 앉아 공부 스트레스에 시달리는 경우가 상당히 많다. 여기에는 교육비 부담을 덜기 위해 맞벌이를 할 수밖에 없는 사회구조가 한몫하고 있다. 맞벌이 가정의 아이들은 부모가 모두 집을 비워 혼자 지내는 시간이 많다 보니 먹기 편한 음식을 선호하고, 부모는 부모대로 늘 옆에서 챙겨 주지 못한 데 대한 보상 심리로 학습에 과도한 욕심을 부리기 때문에 성장을 위한 기본 수칙 중 어느 하나도 제대로 지키지 못하는 것이다. 그래서 의학적인 치료만으로는 효과를 보지 못하는 경우가 종종 있다.

이제 아이의 성장에 관한 문제는 국가 차원에서 해결하려는 노력이 필요하다. 부모 중 한 사람은 집에서 아이를 키울 수 있고, 싱싱하고 질 좋은 제철 식품을 아이들에게 부담 없이 먹일 수 있고, 학원을 전전하지 않고도 꿈과 재능을 키워 나갈 수 있는 여건이 마련되지 않으면 성장 장애를 겪는 아이들은 점점 늘어날 것이다.

08

에어컨을 갖다 **버려라**

 소우주에 비유한다. 그래서 하늘에 해와 달이 있듯이 인간에게는 눈이 있고, 자연에 사계절이 있듯이 인간에게는 사지(손과 발)가 있고, 육지 곳곳에 강이 있듯 인간에게는 혈맥이 있다고 하였다. 인간은 이처럼 자연과 많이 닮았기 때문에 자연의 기운이 이끄는 대로 순응하면서 살아간다. 해가 뜨면 활동하고 해가 지면 잠을 자는 것, 봄·여름에는 왕성한 생명력을 내보이며 새로운 일을 추진하고 가을·겨울에는 그동안 진행해 온 일의 결실을 맺고 휴식을 취하는 것은 이 세상 모든 만물이 따르는 자연의 법칙이기 때문이다.

그런데 현대인들은 이를 거스르며 살고 있다. 그 대표적인 예가 계절의 변화를 무색하게 만드는 과도한 냉난방이다. 예전에는 여름이 되면 등목을 하거나 찬물에 들어가거나 부채질을 해서 더위를 쫓았고, 이후 선풍기가 등장하면서 좀 더 쉽게 더위를 이길 수 있었다. 그런데 요즘은 날씨가 조금만 더워지면 어딜 가나 에어컨을 틀어 놓는다. 에어컨은 부채나 선풍기처럼 자연 바람을 이용하는 게 아니라 자연환경을 거스르는 방법으로 더위를 잊게 해 주는 기계다. 더욱이 에어컨을 사용하면 환기가 잘되지 않는 것은 물론이고 인체가 적응할 수 없을 정도로 실내 온도를 떨어뜨리기 때문에 당장은 시원할지 몰라도 건강을 해치게 된다.

사실 에어컨이 등장하기 전에도 여름이면 많은 질병이 발생했다. 복날에 보신용 음식을 먹는 풍습이 생긴 것도 그 때문이다. 날씨가 너무 덥다고 계속 차가운 음식만 먹으면 체력이 소모될 뿐 아니라 소화기가 약해지기 때문에 그로 인한 문제를 해결하고 체력도 보충할 겸 복날에 개고기나 삼계탕을 먹었던 것이다. 개고기나 닭, 인삼 등은 모두 따뜻한 기운을 가진 음식으로, 찬 음식을 과도하게 섭취해 지친 소화기를 강화하고, 체력을 보충하는 효과가 있다.

그런데 지금은 어떠한가? 그렇지 않아도 냉장고 덕분에 어떤 음식이든 시원하게 만들어 먹을 수 있는데 에어컨까지 사용하면 인체가 병들지 않겠는가? 찬 것만 먹어도 탈이 나는 인체가 뼛속까지 파고드는 차가운 에어컨 바람까지 쐬면 체력이 약해지는 것은 물론 면역력도 떨어질 수밖에 없다. 그래서 요즘은 개도 안 걸린다는 오뉴월 감기에 시달리는 사람이 허다한 것이다.

한의학에서는 감기를 풍한감모(風寒感冒)라고 한다. 밖에서 들어

온 차가운 기운을 인체의 면역력이 이겨 내지 못해 걸리는 병이라는 뜻이다. 그래서 환절기나 겨울철에 감기에 잘 걸리는 것이다. 특히 환절기에는 하루 중에도 기온의 변화가 심해 인체의 면역력이 혼란을 느끼게 되므로 병을 앓고 있거나 몸이 허약한 사람은 더더욱 조심해야 한다.

예전에는 여름에 감기에 걸리는 사람이 거의 없었다. 그도 그럴 것이 날씨가 무더워지면 인체가 땀구멍을 열고 체온을 조절해 잘 적응했기 때문이다. 하지만 뜨거운 땡볕이 내리쬐는 실외와 에어컨 바람 때문에 손발이 시릴 정도로 추운 실내를 계속 오가다 보면 열린 땀구멍으로 차가운 기운이 들어가 감기를 자주 앓게 된다. 특히 몸의 항상성 유지 기능이 약한 아이는 더더욱 그렇다.

이와 비슷한 예로 산후풍이 있다. 임산부에게는 아무리 더워도 찬바람을 쐬지 못하게 한다. 찬바람을 쐬면 몸에 바람이 들어서 산후풍이 생기기 때문이다. 출산으로 주리가 느슨해진 임산부들이 찬 기운을 맞으면 각종 질병이 발생할 수 있다. 그런데 에어컨은 여름 내내 찬 기운을 뿜어내므로 문제가 되는 것이다. 요즘 냉방병 환자들이 많아진 것도 그런 이유에서다.

또한 겨울에 지나친 난방을 하는 것도 문제다. 여름에는 더운 것이 당연하듯 겨울에는 추워야 인체도 건강을 유지할 수 있다. 겨울 날씨가 겨울답지 않게 따뜻하면 다음 해 병충해가 잘 생겨 농작물도 피해를 입게 된다. 각 계절은 그 나름대로 만물이 생존하는 데 필요한 저마다의 역할을 한다. 따라서 여름은 여름다워야 하고, 겨울은 겨울다워야 한다. 이러한 자연의 이치를 거스르고 겨울에 여름처럼 뜨끈하게, 여름에 겨울처럼 춥게 지내는 것은 자연의 법칙을 따르며 살아가야 하는 인간의 생명을 단축하는 지름길이다.

여름은 더운 대로, 겨울은 추운 대로 즐겨라

한의학에서는 "여름에 노숙하지 말고 잘 때 부채 바람이라도 쐬어서는 안 된다."고 하였다. 노숙하거나 부채 바람을 쐬면 일시적으로는 시원할지 몰라도 나쁜 기운이 몸속에 침입해 병에 걸릴 수도 있기 때문이다. 심한 경우 마비가 와서 수족이 무감각해지고 맘을 더듬게 되며 사지가 굳는다고 한다. 이처럼 한여름에 더위를 피하려는 욕심으로 잠든 후에도 계속 찬바람을 쐬는 것은 건강에 매우 해롭다. 부채 바람이나 자연 바람에도 이런 증상이 나타날 수 있다고 했으니 에어컨 바람이 사람에게 얼마나 나쁜지는 가히 짐작할 것이다.

또한 "겨울에 지나치게 따뜻하게 지내면 땀과 함께 양기가 배출돼 질병이 발생한다."면서 "겨울에는 솜옷을 너무 두껍게 입지 말고, 옷을 차츰 더 겹쳐 입어야 추위에 적응할 수 있다."고 하였다. 이는 다시 말하면 피부가 체온보다 약간 낮은 냉 자극을 항상 받아들이게 함으로써 한랭한 기온에 대한 인체의 적응 능력을 키워야 한다는 얘기다.

그런데 요즘 아이들은 어떠한가? 겨울이 여름처럼 더우니 집에서 반팔을 입고 지내거나 아예 속옷만 입고 생활하는 경우가 많다.

또 난방을 유지하기 위해 문을 꼭꼭 걸어 잠그다 보니 환기가 안 되는 공간에서 살게 되고, 이런 환경에서 아이들이 자라다 보니 체력이 약해지는 것이다.

한의학에서는 겨울에 너무 뜨거운 음식을 먹으면 봄에 질병이 발생한다고 하였다. 뜨거운 음식을 먹어도 이럴진대 겨울 내내 뜨겁게 지내면 어떻겠는가. 아마도 인체가 자연의 환경 변화에 적응하지 못해 건강에 상당한 타격을 줄 것이다.

다시 한 번 강조하지만 여름에는 덥고 겨울에는 추워야 인체가 건강해지고 면역력도 강해진다. 별다른 어려움 없이 곱게만 자란 사람을 흔히 온실 속의 화초에 비유한다. 식물의 성장에 가장 좋은 환경이 갖춰진 온실 속에서 자란 화초는 다양한 환경 변화를 겪으며 적응력을 키우지 않았기 때문에 미미한 온도나 습도 변화에도 잘 견디지 못하고 쉽게 죽는다. 사람의 경우도 마찬가지다. 조금만 더워해도 에어컨을 틀어 주고, 조금만 추워해도 실내 온도를 높이는 식으로 아이를 키우면 문제가 생겨도 직접 부딪쳐 해결하지 않고 다른 사람에게 떠맡기거나 바로 포기해 버리는 나약한 인간이 될 수 있다.

지나친 냉난방의 또 다른 문제는 환기가 안 된다는 데 있다. 여름에 차가운 공기를 유지하고 겨울에 따뜻한 공기를 유지하려면 문을 활짝 열어 놓고 환기할 수가 없다. 환기를 통해 신선한 공기를 마시는 일은 신체 건강을 위해 매우 중요하다. 일례로 항아리에 담근 김치가 플라스틱 통에 담근 김치보다 훨씬 맛있게 숙성되는 건 그 안에서 숨을 쉴 수 있기 때문이다. 우리 조상들이 초가집을 짓고 살았던 이유도 마찬가지다. 그런데 요즘 많은 사람들이 살고 있는 콘크리트로 지은 아파트는 집 자체가 숨을 쉬지 못한다. 잠깐씩 창문을 열어 둔다 하더라도 충분한 환기가 이루어지지는 않는다. 이로 인해 아이들의 건강에 악영향을 주는 것은 물론이다.

한의학에서는 항상 자연스러움을 추구한다. 나갈 것은 나가고 들어올 것은 들어오면 병에 걸리지 않기 때문이다. 그러나 이와 반대 상황을 만들어 놓고 아이가 호흡기 질환에서 자유롭기를 바란다는 것은 그야말로 어불성설이다. 더욱이 요즘 건축자재들은 독성이 상당하다. 가구에 뿌리는 포르말린 같은 방부제, 바닥에 사용하는 본드, 벽에 칠하는 페인트 등 각종 화학물질들이 집 안 구석구석에서 독성을 내뿜고 있다. 그래서 새집으로 이사하면 머리가 아프고 답답한 것이다. 심한 경우에는 새집 증후군에 걸리기도 한다. 시간이 지나 이런 냄새가 사라진다고 해서 독성이 완전히 없어지는 것도 아니다. 예전의 전통 가옥처럼 숨을 쉬는 집이라면 독성이 차츰 사라지겠지만 요즘 건축물의 주재료인 콘크리트는 숨을 쉬지 못하기 때문에 독성이 계속 머물게 된다. 이런 상황에서 환기까지 시킬 수 없다면 문제는 더욱 커질 수밖에 없다. 따라서 콘크리트 건물에서 생활하는 사람들은 환기를 더욱 자주 해 주어야 하고, 지나친 냉난방도 자제해야 한다.

동양철학에서는 여름을 오행 중에서 화(火), 겨울은 수(水)로 본다. 여름은 화의 기운이 강하기 때문에 날씨가 덥고 만물이 자라며 발산하려는 성질이 강해지고, 겨울은 수의 기운이 강하기 때문에 날씨가 춥고 만물이 휴식을 취하며 수렴하려는 성질이 강해진다는 것이다. 그런데 여름에 차가운 음식을 너무 많이 먹거나 춥게 생활하는 경우, 또는 겨울에 뜨거운 음식을 많이 먹거나 덥게 생활하는 경우는 천지자연의 이치에 어긋나므로 질병이 발생할 수밖에 없다.

부모들이여, 아이들을 온실 속의 화초로 만들지 마라. 우리 아이가 작은 시련에도 무릎을 꿇는 나약하기 그지없는 온실 속의 화초로 전락하느냐, 모진 비바람에도 시들지 않고 꽃을 피워 내는 강인한 들꽃으로 거듭나느냐는 바로 부모 하기에 달렸다.

감기도 원인을 바로 알아야 고칠 수 있다

요즘 아이들이 계절에 상관없이 가장 많이 걸리는 질환은 감기다. 어떤 아이들은 감기를 사시사철 달고 살기도 하고 어떤 아이들은 어린이집이나 유치원에서 옮아오기도 한다. 그동안 필자가 만난 소아 감기 환자 중에는 태어나서 지금껏 감기에서 자유로운 적이 한 달도 안 된다는 8살짜리 아이도 있었다. 이처럼 감기를 달고 사는 아이들은 병원에서 치료를 받으면 좋아지는가 싶다가 자꾸 재발하는 경우가 많다. 더군다나 요즘 부모들 중에는 병원에서 처방하는 항생제의 부작용을 우려해 아이가 감기에 걸리면 처음부터 한의원에서 치료받는 경우도 많다.

그런데 여기서 부모들이 간과하는 것이 아이가 왜 감기에 걸렸는가 하는 점이다. 일단 감기에 걸리면 치료에만 급급하지 어떤 이유로 감기에 걸렸는지는 관심을 두지 않는다. 하지만 문제의 원인을 찾아 고치지 않고 겉만 수습한다면 조금만 관리를 소홀히 해도 재발할 수밖에 없다.

그렇다면 요즘 아이들이 감기를 달고 사는 원인은 무엇일까? 무엇보다 찬 바람과 찬 음식이 가장 큰 문제다. 아이들은 양기가 넘치기 때문에 겨울에도 찬물과 찬 음식을 먹으려고 한다. 특히 무더운 여름에는 얼음처럼 시원한 물이나 탄산음료, 아이스크림을 즐겨 먹는다. 하지만 감기에 걸린 아이는 찬 음식이나 물을 먹어서도 안 되고, 찬 바람을 쐬어서도 안 된다.

어른들은 감기에 걸리면 누가 시키지 않아도 고열 증세를 보일 때 빼고는 찬 바람이나 찬 음식을 가까이 하지 않는다. 오히려 몸을 따뜻하게 해 땀을 빼거나 따뜻한 음식을 먹어 몸을 보호한다. 오랜 경험을 통해 몸을 보호하는 방법을 스스로 터득한 덕분이다.

그러나 아이들은 자제력이 없으므로 감기에 걸린 상황에서도 찬 음식을 먹으려고 하는데 이때는 부모가 적절히 제어해 주어야 한다. 감기는 찬 기운이 몸속으로 들어왔을 때 인체가 견디지 못해서 생기는 병이기 때문에 찬 음식과 찬 바람을 가까이 하면 재발하게 되고, 또 자꾸 재발하다 보면 면역력이 저하돼 연중 내내 감기가 떨어지지 않는 것이다.

부모들은 대부분 "아이가 원한다."는 이유로 아무 때나 찬물을 먹이는데 이것이 아이에게는 독이 될 수 있다. 특히 정수기물은 더더욱 심각하다. 그러니 아이가 감기에 걸렸을 때 절대 찬물을 먹이지 마라. 어린이집이나 유치원에서도 찬물을 먹지 않도록 사전에 일러둬야 한다.

또 아이의 감기 증세가 좀 나아진다 하여 함부로 외출을 용인해
서도 안 된다. 어딜 가든 에어컨에서 나오는 찬 기운을 피할 수 없
는 데다 환경오염이 심각하므로 건강이 더욱 악화될 수 있기 때문
이다. 아이들은 본래 실내에 가만히 있기를 좋아하지 않지만 감기
에 걸렸을 때는 외출을 막아야 한다. 감기 증세가 호전되어도 최소
한 일주일은 조심해야 한다. 그렇지 않으면 아이의 몸이 약해진 상
태여서 감기가 재발할 수 있다.

09
아이가
마음껏 놀게 놔둬라

예전에 부모들의 걱정은 아이가 놀기만 하고 공부를 등한시하는 것이었다. 당시 아이들은 학교에서 돌아오면 책가방을 팽개쳐 두고 밖으로 나가 엄마가 부를 때까지 놀거나, 엄마가 불러도 밤늦게까지 놀기 일쑤였으니 그럴 만도 했다. 그러나 그때 아이들은 지금보다 공부하는 양은 적었을지 몰라도 그 속에서 많은 것을 느끼고 깨우치며 성장할 수 있었다.

앞으로 긴 세월을 살아갈 아이들에게 어린 시절의 놀이 경험은 단순한 시간 낭비가 아니다. 아이들은 놀이를 통해 더불어 사는 즐거움을 나누고 인간관계를 배우면서 사회생활을 미리 학습하는 것이다. 아이들에게 학습의 재미를 느끼게 하는 건 구구단 암기가 아니라 미지에 대한 탐험이다. 엄마들의 바람처럼 유년기에 아이가 다양한 책을 읽고 사물을 관찰하며 지식을 넓혀 가는 것도 물론 중요하지만 또래 아이들, 형, 누나와 함께 어울리며 서로를 탐구하고 사회적인 역할을 터득하는 것도 못지않게 중요한 일이다. 이처럼 놀이라는 재미있는 체험을 통해 호기심을 충족하면서 학습의 재미를 느낀 아이들은 나중에도 능동적으로 학습에 임한다.

아이들은 자신에게 아무리 도움이 되는 일일지라도 재미가 없으면 하려 들지 않는다. 그런데 아이들이 좋아하는 놀이를 하면서 사회성과 인간관계를 배우고 학습의 재미를 알게 된다니 이 얼마나 유익한 일인가? 요즘 아이들을 두고 개인주의니, 이기주의니 하는데 어쩌면 당연한 결과인지 모른다. 어릴 때부터 다른 사람과 어울리는 재미를 느낄 겨를도 없이 자신만의 영달을 위한 공부와 과외활동에 치이면 그렇게 될 수밖에 없지 않을까?

앞에서 언급했듯 한의학에서는 아이들이 소양의 기를 타고났다고 본다. 아이들은 항상 양기가 많은 대신 음기가 부족해 활동력이 왕성하고 말도 많으며, 땀도 많이 흘리고 이불을 자꾸 걷어차고, 찬 음식만 찾는다는 것이다. 양기의 또 다른 특징은 순수하다는 점이다. 우리가 어릴 때 깨우치고 느낀 것을 평생 잊지 못하는 건 그 때문인지도 모른다. 생애 가장 순수한 시기인 소아 시절의 경험은 그래서 더욱 중요하다. 세 살 버릇이 여든까지 간다는 말처럼 어린 시절 습관을 잘못 들이면 쉽게 고쳐지지 않는다.

요즘 아이들은 몸을 움직이기를 싫어하고 가만히 앉아 컴퓨터 게임을 즐기거나 TV 보는 것만 좋아한다고들 말한다. 실제로 아주 어린 나이에 그런 것에 빠져 혼자 놀기를 좋아하는 아이들이 적지 않다. 그러나 특별한 놀이 시설이 갖춰지지 않았어도 아이들을 한데 모아 두면 자기네들끼리 잘 논다. 어른들이 보기에는 재미없는 단순한 놀이를 하면서도 재미있어 죽겠다는 표정을 짓는다. 그 모습을 지켜보면 어쩌면 아이들은 다른 사람들과 어울려 노는 방법과 재미를 몰라 게임이나 TV에 빠지지 않았을까 하는 생각이 든다.

사실 게임이나 TV 영상은 지극히 단순한 자극에 불과하다. 그래서 금방 싫증을 느끼는 사람들을 만족시키기 위해 나날이 자극적이고 화려해지는지도 모른다. 요즘 아이들은 이렇게 강렬하고 화려한 자극을 아주 어릴 때부터 접하다 보니 다른 사람들과 어울리는 놀이에 큰 흥미를 느끼지 못한다.

원래 이런 자극을 가장 먼저 제공하는 사람은 부모, 특히 아빠다. 아빠는 엄마보다 신체적으로 강하므로 아이들과 몸을 이용해 하는 놀이는 아빠가 주도하는 것이 바람직하다. 그런데 상당수의 아빠들이 집에 들어오면 습관적으로 TV부터 켠다. 이런 아빠들은 대개 아이와 놀아 줄 줄을 모른다. 마음으로는 아이를 한없이 사랑하면서도 아이와 접촉하는 방법을 모르기 때문에 아이와의 관계가 점점 더 소원해진다.

제대로 놀 수 있는 환경을 만들어 주어라

부모와 충분한 교감을 나누지 못한 아이들은 자라면 자랄수록 또래끼리 놀려고 하는 습성이 강해진다. 그래서 집에서는 혼자서 게임이나 TV를 즐기고, 또래 친구들과 만나면 자연스럽게 PC방 같은 곳을 찾는다. 문제는 아이들의 이러한 행동을 부모가 전혀 눈치 채지 못하거나 알면서도 방치하는 데 있다.

아이들이 마음껏 놀게 놔두는 것은 무엇을 즐기든 상관하지 않는 것이 아니라 제대로 놀 수 있는 환경을 마련해 주는 것이다. 그러려면 먼저 부모가 제대로 노는 방법을 배워 아이와 많은 교감을 나누고, 또래끼리 놀면서 사회성을 키우고 스트레스를 풀 수 있는 시간을 보장해 주어야 한다. 꼭 값비싼 장난감이나 게임기, TV가 있어야만 아이들이 놀 수 있다고 생각하는 건 부모의 착각이다. 아이들은 집에 있는 물건이나 자연을 이용하는 방법으로도 얼마든지 즐겁게 놀 수 있다.

아이가 돌아다니지 않고 가만히 앉아서 무언가에 몰두하기를 바라는 부모들이 있다. 그러나 아이는 소양지기를 타고나기에 한시도 가만히 있지 못한다. 특히 남자 아이의 경우에는 더더욱 그렇다. 만일 부득이하게 아이를 가만히 앉혀 놓아야 하는 상황이라면 아이가 마음껏 뛰어놀면서 스트레스를 풀 수 있는 자유 시간을 주어야 한다. 이때 아이를 위한 일이라는 명분으로 노는 방법까지 학습의 일부처럼 정해진 틀에 맞추기를 강요하거나 끊임없이 잔소리를 하면서 참견해서는 안 된다. 누군가 이런 식으로 숨을 고를 여유조차 빼앗는다면 다 큰 어른들도 견디기 힘들 것이다. 그런데 이런 상황에서 아이들이 조금만 산만하면 과잉행동장애 등 병명을 붙여서라도 치료하려는 것이 요즘 부모들이고 의학이다. 물론 정말로 이런 질병이 있는 아이들도 있지만 이렇게 아이들을 억압하기 때문에 그런 증세가 나타나는 경우가 더 많을 것이다. 또한 아이들은 에너지가 많으므로 몸을 많이 움직여야 쑥쑥 자라고, 스트레스와 긴장을 풀 수 있다.

한의원을 찾는 아이들 중에는 피곤해서 오는 아이들이 있다. 개중에는 몸을 너무 많이 움직여 지친 아이들도 있지만 공부 스트레스와 운동 부족으로 몸이 허약해져 오는 아이들도 있다. 후자의 부모들은 공부를 열심히 시키기만 하면 도리를 다한 것인 양 당당하다. 이 모든 것이 아이를 위해서는 어쩔 수 없는 일이라는 명분을 내세우면서 말이다. 그러나 정말 아이를 위한 일일까? 60대 노인처럼 생기가 없고 무엇을 하든 자발적인 욕구에 의해서가 아니라 시키는 대로 끌려만 다니는 아이의 지친 눈동자를 보고도 그렇게 말할 수 있는가?

만일 아이가 공부에 치여 지쳐 있다면 학원 하나를 끊고 아이가 몸을 움직여 놀 시간을 주어라. 주변 여건이 여의치 않거나 함께 놀 아이들이 없다면 태권도, 수영, 검도 등 아이가 하고 싶어 하는 운동을 꾸준히 하게 하라. 아이가 놀고 싶어 하는 욕구를 억누르면 몸과 마음의 시름이 깊어져 병이 될 수 있다. 따라서 부모는 아이가 공부라는 무거운 봇짐을 벗어던지고 즐거운 놀이나 운동 같은 활기찬 활동을 통해 놀고 싶은 욕구를 충족할 수 있는 시간을 매일 꾸준히 허락해 주어야 한다. 그것이야말로 아이를 위해 어쩔 수 없이 해야 하는 일임을 명심하자.

10

아이가 스스로 할 때까지
참고 기다려라

최근 신문을 뒤적이다 어이없는 기사를 봤다. 그 두 개의 기사는 모두 같은 문제를 지적하고 있었다. 우선 첫 번째 기사는 대기업에 다니던 한 남자가 회사 사정으로 지방 발령이 났는데 남자의 엄마가 인사 담당자를 찾아가 발령을 내지 말아 달라고 사정했다는 내용이었다. 또 두 번째 기사는 한 대학생이 시험 점수가 좋지 않게 나오자 학생의 엄마가 담당 교수를 찾아가 학점을 올려 달라고 사정했다는 보도였다.

물론 그 회사원이나 대학생 모두 마마보이여서 그런 일이 생겼을 수도 있다. 그러나 요즘의 교육 분위기로 봐서는 이러한 일이 한두 명에게만 국한되는 문제로 끝나지 않고 우리 사회 전반에 걸친 병리현상으로 확산될 수도 있다는 생각이 든다.

아이는 태어나면서부터 부모의 보호를 받는다. 또 부모는 어릴 때부터 아이를 교육할 책임이 있다. 그래서 모든 동물이 새끼가 태어나면 나름의 방식으로 보살핀다. 다만 동물들은 새끼가 생존에 필요한 기본기만 터득하면 더 이상 새끼를 돌보지 않는다. 20년 가까이, 아니 그 이상의 기간 동안 울타리를 쳐 놓고 새끼를 돌보면서 정신적인 성장까지 책임지는 동물은 인간이 유일하다. 그러므로 아이의 행동에 대한 책임은 전적으로 부모에게 있는 것이다.

허나 뭐든 지나치면 아니함만 못한 법. 부모의 보호와 관심이 지나치면 부작용이 생기게 마련이다. 정말 훌륭한 부모는 고기를 잡아 주지 않고 고기 잡는 방법을 가르쳐 스스로 잡게끔 한다. 그런데 요즘 부모들은 고기를 잡아 주는 것으로도 모자라 먹여 주기까지 한다. 심지어는 아이가 태어나기도 전에 앞으로 가야 할 대학과 진로를 정해 이를 위한 계획표를 짜 놓는 부모도 있다고 하니, 여기에 아이의 취향이나 재능이 반영됐을 리 만무하다.

아이가 부모의 지시를 잘 따르지 않거나 반감을 보일 때 부모들이 쉽게 하는 말이 있다. "부모가 자식 잘되라고 그러지, 나 잘되려고 그러겠느냐."는 말이다. 참 맞는 말이긴 하다. 그런데 아이가 어릴 때부터 자신의 문제를 스스로 해결하지 않고 부모의 판단과 결정에 전적으로 의지하다 보면 나중에는 시키는 대로만 하는 로봇이 된다. 심지어 인륜지대사라고 하는 결혼이나 취직을 할 때조차도 그저 부모가 시키는 대로 하게 된다. 이런 사람은 몸은 성인이되 정신은 아직 유아기를 벗어나지 못했다고 볼 수 있다.

이는 아이가 아주 어릴 때부터 그렇게 길들여진 탓이다. 아이가 태어나서 처음으로 어떤 행동을 했을 때 부모는 신기하고 기쁘기까지 하다. 그때는 아이의 행동이 서툴든 그렇지 않든 상관없다. 그저 새로운 행동을 한다는 것 자체가 신기할 뿐이다. 아이의 행동은 어느 정도 시간이 지날 때까지는 서툴 수밖에 없다. 부딪치거나 넘어지기도 하고, 물건을 건드리다가 깨기도 하면서 차츰 능숙해지는 것이다. 그런데 요즘은 아이가 다칠 것이 염려스러워 어떤 행동을 하기도 전에 부모가 나서서 미리 처리해 주는 경우가 정말 많다. 어떤 부모는 아이의 눈짓만 보고도 척척 해 주는 것을 아이를 사랑하는 방법이라고 여긴다. 아이에게서 스스로 생각해 판단하거나 살아갈 방법을 배울 기회를 송두리째 박탈하고 있으면서도 무엇이 잘못인지 전혀 인식하지 못한다.

아이는 누구나 처음 태어났을 때는 몸을 가누지 못해 누워 있기만 한다. 그러다 앉고, 기고, 서는 과정을 거치며 대근육이 발달하고, 소근육도 서서히 발달하게 된다. 소근육이 발달하면 섬세한 동작을 할 수 있을 뿐 아니라 두뇌도 발달한다. 우리나라 사람이 어릴 때부터 젓가락을 사용하기 때문에 포크를 쓰는 서양인들에 비해 두뇌가 우수하다는 건 익히 알려진 사실이다. 이처럼 단순한 손동작 하나로도 개개인의 발달 정도에 차이가 날 수 있다.

소근육이 일찍 발달할수록 아이에게 긍정적인 효과가 나타난다. 그렇다고 아이의 소근육을 빨리 발달시키기 위해 억지로 애쓸 필요는 없다. 아이들은 신체적으로 준비가 되었을 때 발달된 행동을 하기 때문이다. 그런데 아이의 신체는 발달할 준비가 되어 있음에도 그것을 가로막는 부모가 적지 않다. 아이가 걷기나 뛰기에 아직 서툴러 자꾸 넘어지고 다치니까 걷기나 뛰기를 못하게 하는 부모, 아이가 젓가락질이 서툴러 자꾸 음식을 떨어뜨리거나 제대로 먹지 못하면 대신 해 주는 부모가 그런 경우다.

아이 입장에서는 다른 사람이 식사를 편하게 도와주니 당장은 좋을지 모른다. 그러나 시간이 가면 갈수록 그 아이는 젓가락질을 꺼리게 된다. 그리고 그만큼 소근육과 두뇌도 젓가락질을 잘하는 아이들보다 덜 발달하게 된다. 아이가 다칠까 미리부터 걱정하지 말고 위험한 물건은 아이 손이 닿지 않는 곳에 치우고 아이가 스스로 어떤 행동을 배워 나갈 때까지 기다리면 된다.

부모가 먼저 나서면 언어능력과 판단력도 떨어진다

그런데 신체 발달 못지않게 중요한 것이 정신적인 영역의 발달이다. 여기에는 언어 능력과 판단력 등이 포함된다. 우선 언어능력에 문제가 생긴 사례를 살펴보자. 한번은 젊은 부부가 세 살짜리 아이를 데리고 내원했다. 그 부부는 아이가 말을 제대로 하지 못해 언어발달 장애를 의심하고 있었다. 또 어린이집을 다니지 않고 혼자 놀기를 좋아해 자폐아일까 걱정하는 눈치였다. 자세히 살펴보니 아이의 행동은 정상이었고 말을 알아듣는 능력과 어떤 자극에 대한 반응도 정상이었다. 그리고 다른 부분에서도 큰 문제점을 발견할 수 없었다. 굳이 문제가 있다면 여느 아이들에 비해 떼를 잘 쓰고 화를 잘 내는 점이었다.

결론적으로 이 아이가 가진 모든 문제의 원인은 부모에게 있었다. 어릴 때부터 아이가 뭔가를 원하는 눈치거나 말없이 손짓만 해도 부모가 다 알아서 해 준 탓에 굳이 정확히 자신의 의사를 말로 전달할 필요성을 느끼지 못한 것이다. 그러다 보니 아이의 언어능력이 정상적으로 발달하지 못해 세 살이면 말을 잘할 나이인데도 발음이 부정확하고 말보다는 손짓, 몸짓으로 해결하려고 하는 습성이 생긴 것이다. 또 엄마는 아이가 자꾸 떼를 쓰고 화를 내면 성품이 망가질까 봐 대충 얘기해도 알아서 원하는 것을 들어주는 상황이었다.

이는 아이가 말로 자신의 의사를 충분히 표현할 때까지 부모가 기다려 주지 않아 생긴 문제다. 어릴 때는 누구나 언어 구사 능력이 떨어진다. 그렇다고 억지로 향상시킬 수는 없기에 아이가 말을 잘 못해도 그냥 두는 경우가 많은데 계속 그런 식으로 방치해선 안 된다. 아이가 돌이 지나 말을 하기 시작할 때는 굳이 틀린 말을 바로잡아 스트레스를 줄 필요가 없다. 그러나 2, 3세가 되면 아이가 좀 더 말을 잘할 수 있도록 도와줘야 한다. 도움을 주는 방법은 부모 스스로 수다쟁이가 되는 것이다. 아이가 어떤 것을 가리키면서 말을 하면 부모는 그 말을 여러 번 반복해 정확한 발음을 각인시키는 것이 좋다. 예를 들어 밥을 가리키면서 달라는 시늉을 하면 "응, 밥을 달라고?"라고 되물어 정확한 발음을 들려주면 된다. 그런 식으로 계속 반복하다 보면 아이는 차츰 언어를 바르게 사용하게 되고, 그때마다 잘한다고 칭찬해 주면 아이의 언어 구사 능력도 눈에 띄게 향상될 것이다.

이 과정을 쉽게 생각해서는 안 된다. 아이가 손짓이나 짜증을 동원하는 이유는 말만으로 자신의 의사를 표현하기가 쉽지 않기 때문이다. 이때 부모는 인내심을 가지고 아이가 서툴지만 자신의 의사를 충분히 말할 때까지 기다렸다가 반응을 해 주어야 한다. 그때까지 기다리지 못하고 아이의 눈짓이나 손짓만 보고 원하는 대로 해 주거나, 또는 아이가 서툴게 말해도 바로잡지 않고 즉각 반응을 해 주면 아이는 굳이 언어를 배울 필요성을 느끼지 못한다. 그래서 나이가 들어도 발음을 정확하게 하지 못하는 것이다. 더욱이 말이 트이는 시기가 좀 늦은 경우 부모는 걱정도 되겠지만 한편으로는 다른 아이들에게 뒤처진다는 생각에 창피할 수도 있다. 그러다 보니 아이가 다른 사람들 앞에서 말을 제대로 하지 못해도 창피한 마음에 얼른 그 자리에서 원하는 대로 해 주는 경우가 있는데 이것도 옳지 못한 태도다.

그렇다고 잘못된 습관을 바로잡기 위해 기가 죽을 정도로 아이를 다그쳐서도 안 된다. 언어 구사 능력에 문제가 있는 그 세 살짜리 아이의 조부모는 매우 엄격한 사람들이었다. 아이가 어리지만 버릇없는 행동을 하거나 제대로 말하지 못하면 좌시하지 않고 바로 따끔하게 지적하는 분들이었다. 그러다 보니 아이가 위축돼 더욱 말을 잃고 손짓과 짧은 단어로만 의사소통을 하려고 했다. 아울러 그것만으로는 자신의 의사가 충분히 전달되지 않으니까 화를 내고 짜증을 내는 것이었다.

그래서 부모와 조부모를 먼저 설득해 아이가 말이 늦더라도 걱정하지 말고 기다리라고 했다. 무엇보다 아이가 서툰 발음이지만 완전한 문장을 만들어 자신의 의사를 표현하면 아낌없이 칭찬해 주라고 당부했다. 일주일쯤 지나 아이와 부모가 다시 내원했는데 "아이가 전과 달리 자신의 의사를 완전한 문장으로 표현하려고 노력하고 발음도 조금씩 좋아지고 있다."며 흡족해했다. 이 아이의 경우는 비교적 빨리 좋아진 편이다. 아이에 따라 이보다 늦어지는 경우도 있고, 좀 더 빨리 좋아지는 경우도 있다. 이 아이의 경우는 특별한 약물치료 없이 스트레스를 해소하는 일반적인 약물치료와 상담을 통해 좋아진 케이스로, 짜증을 부리거나 화를 내는 증세도 함께 없어졌다.

또한 부모가 뭐든 먼저 나서서 해결해 주면 판단력에도 문제가 생길 수 있다. 부모가 보기에 아이의 행동은 위험하고 서툴다. 그것이 불안하고 안쓰러워 대신해 주고 싶은 마음이 굴뚝같을 것이다. 그러나 아이가 스스로 할 때까지 기다려야 한다. 부모는 옆에서 지켜보면서 아이가 안 좋은 방향으로 가거나 위험할 때만 도움의 손길을 내주어야 한다. 한데 요즘은 아이의 행동과 학습에 대한 결정을 부모가 내리고 나서 아이에게는 무조건 따르도록 강요한다. 장난감, 학원, 인형뿐 아니라 심지어는 사귀어야 할 친구까지도 부모가 정해 준다. 이렇게 자란 아이들이 과연 자신의 삶을 주도적으로 살아갈 수 있을까? 부모는 자식보다 일찍 죽음을 맞이할 텐데 저승에 가서도 아이들을 시시콜콜 도와줄 수 있을까? 부모가 보기에 아이가 하는 일이 아무리 서툴고 힘들어 보여도 일정 기간 동안 간섭하지 않고 꾸준히 지켜보는 과정이 필요하다.

부모들이 대부분 가장 조급하게 여기고 가장 많이 참견하는 영역은 학습이다. 많은 부모들이 아이의 미래를 설계해 놓고 그대로 밀고 나가려고 한다. 특히 고학력자일수록 이러한 성향이 더욱 두드러지게 나타난다.

옛말에 평양감사도 본인이 싫으면 할 수 없다는 말이 있다. 그리고 앞으로 사회는 예전처럼 단순히 암기를 잘하거나 주어진 문제만을 잘 해결하는 사람을 원하지 않는다. 그런 사람이 당장은 좋은 대학에 가서 반듯한 직장에 취직할 가능성이 높을 수도 있지만 사회적으로 인정받지는 못할 것이다. 예전에는 소위 일류대라고 하는 SKY(서울대, 고려대, 연세대의 이니셜) 대학만 나오면 어디든 취직하기가 쉬웠다. 그러나 지금은 학벌이 좋은 사람보다 창의적이고 능동적인 사람을 더욱 필요로 한다.

만일 요즘 부모들처럼 아이가 스스로 판단하거나 의견을 제시할 기회를 주지 않고 부모가 시키는 대로만 따르게 한다면 아이는 사회에 나가서도 상사가 지시하는 대로만 하는 로봇형 인간에서 벗어나지 못하고 결국 사회에서 뒤처지게 될 것이다.

부모는 아이를 보호하고 교육할 책임이 있지만 그렇다고 아이를 부속물처럼 여겨서는 안 된다. 아이가 아무리 어리더라도 하나의 인격체로서 존중해 주어야 한다. 따라서 아이가 몸가짐과 마음가짐을 바르게 가질 수 있도록 행동 지침을 결정하는 것은 부모의 몫이지만 착한 일을 했을 때의 보상과 잘못했을 때의 징벌을 결정하는 것은 아이의 몫으로 남겨 두어야 한다. 그러면 아이는 스스로 정한 약속을 지키기 위해 말과 행동을 더욱 조심한다. 또한 부모와 다음에 협상할 때는 자신에게 좀 더 유리한 것을 얻기 위해 심사숙고해서 새로운 방안을 제시할 것이다. 바로 이러한 과정을 반복하면서 아이는 21세기가 원하는 창의적 인간으로 거듭나게 된다.

아이가 지금 당장은 힘들어하고 서툴더라도 참견하지 말고 묵묵히 지켜봐 주어라. 고기 잡는 법을 하루아침에 배울 수는 없다. 더구나 어릴 때는 배움 그 자체가 어렵고 부담스러운 일이므로, 아무리 작은 고기라 할지라도 아이가 스스로 잡을 때까지 기다렸다 방법을 가르쳐 주어라. 그리고 아이가 작은 고기라도 잡으면 그때는 더 큰 고기를 잡을 수 있을 때까지 기다리고 또 가르쳐라. 그런 식으로 기다리고 가르치다 보면 아이는 어느새 부쩍 성장할 것이다.

아이의 생각을 비판하지 마라

동양철학에서는 인간에게 자아(自我)와 영아(靈我)가 있다고 한다. 자아는 우리 감각이 만들어 내는 인간 본연의 마음이고, 영아는 하늘이 부여해 준 마음이다. 그래서 자아를 단련하기 위해 정치, 경제, 기술, 수학, 과학 같은 일반 학문을 배우고, 영아를 깨닫기 위해 성경, 불경, 사서삼경 등을 배우는 것이다. 우리가 따로 가르침을 받지 않아도 기본적으로 아는 것들은 바로 영아에서 비롯된 것이다. 일례로 아무리 무지한 사람이라도 결혼하면 아기를 낳아 어떻게 하면 잘 키우는지를 누구한테 배우지 않아도 알고 있다. 부모가 보기에 아무리 미숙하다 하더라도 아이한테는 이런 영아가 있기 때문에 시간이 지나면 부모도 깜짝 놀랄 만한 성장을 이룬다.

아이를 키울 때는 칭찬을 아끼지 마라. 부모의 칭찬은 그 어떤 보상이나 선물보다 효과적이다. 아이가 어떤 행동이나 판단을 했을 때 허황되거나 어리석다고 해서 자꾸 야단치면 아이는 다시는 자신의 소신대로 행동하거나 판단하려고 하지 않을 것이다. 반대로 아이의 생각이나 행동을 비판하지 않고 자주 칭찬해 주면 아이는 스스로 생각하고 판단하는 데 재미를 느껴 창의성과 사고력을 더욱 발전시켜 나갈 것이다.

앞에서 한 회사원이 직장에서 지방 발령을 받자 그 엄마가 상사를 찾아가 사정을 말하고 발령을 무마해 달라고 했다는 기사 내용을 소개하면서 그 엄마의 잘못을 꼬집었다. 그러나 과연 우리가 그 엄마를 욕할 수 있을지 우리 자신을 돌아보자.

요즘 부모들은 그 엄마처럼 아이가 스스로 할 때까지 참지 못하고 먼저 해결해 주는 경우가 많다. 물론 부모의 입장에서 아이가 잘못되고 힘들어하는 것을 볼 수 없어서 도와주려는 심정은 백분 이해할 수 있다. 하지만 옛 격언에도 "말을 물가에 데려갈 수는 있어도 억지로 물을 먹일 수는 없다."고 했듯이 아이를 학원에 보낼 수는 있어도 억지로 공부하게 할 수는 없다. 그런 식으로 부모가 어떤 일이든 멋대로 결정하고 문제가 생겨도 바로바로 해결해 주면 아이는 스스로 결정하거나 해결할 필요성을 느끼지 못하고 시키는 대로만 끌려 다니는 수동적인 인간으로 전락할 수밖에 없다. 이런 아이들이 과연 창의적인 능력을 높게 평가하는 미래 사회에 적응해 나갈 수 있겠는가? 혹여 우리 아이들이 시키는 대로만 하는 로봇형 인간으로 변해 가고 있는 건 아닐까? 그 해답은 아마도 우리 자신이 더 잘 알고 있을 것이다.

11

집이 지저분할수록
아이는 똑똑해진다

요즘 엄마들은 집 안 환경이나 인테리어에 많은 관심을 보인다. 그도 그럴 것이 심각한 환경오염으로 인해 아이들이 알레르기 질환이나 호흡기 질환 같은 질병에 시달리는 경우가 많기 때문에 세균이나 박테리아 같은 미생물이 집 안에 번식하지 않도록 조심하는 것이다. 개중에는 집을 아주 깔끔하고 깨끗하게 치우는 것이 엄마의 능력인 것처럼 여기는 이들도 있다. 또 성격상 깔끔한 것을 좋아하는 엄마도 있고, 정도가 지나쳐 결벽증에 가까운 엄마도 있다. 그런 엄마들은 집 안이 지저분한 것을 절대 용납하지 않는다.

그러나 아이들은 다르다. 아이들은 소양지기를 타고나 양기가 충만하기 때문에 한시도 가만히 있지 못한다. 이를 달리 해석하자면 관심의 대상이 계속 바뀐다는 얘기다. 그래서 아이들은 한 가지 장난감만 계속 가지고 놀지 못하고 자꾸 이것저것 바꿔 가면서 논다. 당연히 집은 어지러워질 수밖에 없다. 더군다나 부모의 눈에는 지저분하고 쓸모없는 쓰레기로밖에 보이지 않는 것들에도 아이는 비상한 관심을 갖기 때문에 아이가 한 시간만 놀아도 집 안이 난장판이 되는 경우가 많다. 그래서 어떤 엄마는 아이가 어린이집에서 돌아오는 시간이 되면 전쟁에 나가는 장수처럼 비장한 마음으로 아이를 맞는다고 한다.

또한 아이는 몸을 가만히 두지 못하기 때문에 집 안에서도 운동장에서 노는 것처럼 마구 돌아다니고 뛰어다니면서 가구나 물건을 깨고 넘어뜨린다. 그러면 엄마들도 가만있을 수 없어서 아이들을 쫓아다니면서 뛰지 못하게 하고, 어지르지 못하게 하고, 심지어는 쫓아다니면서 치우는 경우까지 발생한다. 그러나 부모도 인간이기에 이런 일이 자꾸 반복되면 화가 나고 짜증이 날 수밖에 없다. 참다못한 엄마가 아이에게 화를 내거나 큰 소리로 야단을 치면 아이는 위축되어 예전처럼 행동하지 못한다. 그러면 이제야 아이가 얌전해지고 말을 잘 듣는다고 좋아하는 부모가 있는데 이것은 잘못된 생각이다.

아이들은 단순히 장난을 치기 위해, 또는 철이 없어서 그런 행동을 하는 것이 아니다. 아이들은 지금 학습을 하고 있는 것이다. 〈동물의 왕국〉 같은 프로그램을 보면 귀여운 새끼 곰들이 가끔 나오는데, 새끼 곰들을 자세히 관찰하면 꼭 장난치는 것 같은 행동을 한다. 그래서 제작진은 내레이션을 붙여 재미있는 상황 극을 연출하기도 하지만 실제로도 새끼 곰들이 장난치며 노는 것일까? 그것은 장난치는 게 아니라 생존 기술을 익히기 위한 연습 과정이다. 이때 대상은 부모나 형제, 자연물인데 아직 동작이 어설프고 서툴기 때문에 인간의 눈에는 장난치면서 노는 것처럼 보이는 것이다.

이들의 연습 과정은 기분이 좋은지 나쁜지에 상관없이 생존 기술을 터득하면 끝난다. 그러나 인간은 목숨을 지키기 위한 생존 기술 외에도 치열한 경쟁 사회에서 살아남기 위해 많은 것을 배워야 한다. 그것들은 단기간에 습득되는 수준이 아니기에 적어도 10년 이상을 투자해야 한다. 그렇기 때문에 배움 자체에 대한 흥미가 절실히 필요하다.

이러한 흥미는 주로 학습 초기에 형성된다. 물론 뒤늦게 학구열에 불타는 사람도 있지만 대개 중·고등학교나 대학교까지의 학습에 대한 재미는 유년기에 이미 형성된다. 아이가 장난을 치거나 집안을 어지럽히는 행동이 바로 그런 경우다. 아이는 놀고 어지럽히는 과정 속에서 배우기 시작한다. 그런데 그 일로 부모에게 꾸중을 들으면 재미를 잃게 된다. 단순히 노는 재미만 사라지는 게 아니라 배움에 대한 흥미까지 잃게 된다. 이처럼 아이가 처음 학습을 하는 시기에 학습에 대한 흥미를 유지하느냐, 못하느냐는 굉장히 중요한 문제다. 이에 따라 아이가 나중에 학습에 대한 태도가 달라지기 때문이다. 스스로 학습하고 싶은 대로 만지고 핥고 부수면서 계속 학습에 대한 흥미를 가진 아이와 부모의 잔소리 때문에 제대로 하지 못했던 아이는 분명 큰 차이가 있다. 전자의 경우는 꾸준한 탐구와 학습을 통해 호기심을 충족하면서 즐겁게 지식을 습득해 나가지만, 후자의 경우는 궁금증을 풀고 싶은 욕구를 계속 억누르다 보니 어느 순간 학습에 대한 흥미를 잃어버리게 된다.

만일 부모가 깨끗하고 차분해지기를 바라면서 물리적, 정신적인 압박을 가하면 대부분의 아이는 그 말을 따르려고 한다. 왜냐하면 아이들에게는 부모의 사랑을 잃는 것이 몹시 두려운 일이기 때문이다. 이렇게 해서 아이가 얌전해지고 말을 잘 듣게 된 것이 학습에 대한 흥미를 잃는 것보다 중요한가?

부모가 시시콜콜 잔소리를 하고 제약을 두면 아이는 어떤 행동을 할 때마다 부모의 눈치를 살피는 소극적이고 수동적인 아이가 될 수밖에 없다. 마음으로는 아이를 21세기가 원하는 창의적이고 능동적인 인재로 키우고 싶어 하면서도 말과 행동은 정반대로 하고 있는 셈이다.

아이의 전용공간을 만들어 주어라

아이가 자유롭게 사고하고 똑똑해지기를 원한다면 집을 자주 치우지 마라. 아이가 집 안을 어지럽히고 시끄럽게 떠들어도 그냥 참아라. 대신 아이가 잠들었을 때 한 번만 치워라. 그리고 남의 집에 가더라도 지저분하다든지 어지럽다는 표현은 삼가라. 만일 지저분한 꼴을 절대 못 보는 결벽증이 있거나 하고 싶은 말은 꼭 해야 직성이 풀리는 직선적인 성격이라 하더라도 참아야 한다. 다른 사람이 농담 삼아 던지는 말도 당사자에게는 상처가 될 수 있다.

아무리 노력해도 지저분한 상황을 견디기 힘들다면 방 하나를 아이의 전용공간으로 만들어 주도록 하자. 여기에는 절대 위험한 물건을 놓아서는 안 된다. 다른 방의 위험한 물건들도 아이 손이 닿지 않는 곳으로 치운다. 아이 방에는 아이가 던지거나 부숴도 위험하지 않을 물건들만 들여놓고 맘껏 놀게 해 주는 것이 좋다. 아이도 부모가 다른 곳에서 놀 때는 잔소리를 하는데 자신의 전용공간에서 놀 때는 가만두면 저절로 그 방에서만 놀게 된다.

이 방은 하루에 한 번만 청소하는 것을 원칙으로 해야 한다. 다른 사람이 보기에는 지저분할지라도 아이가 마음 편히 학습에 대한 흥미를 느낄 수 있는 여건을 만들어 주는 일은 그 어떤 조기교육보다 중요하다.

부모의 잔소리는 아이에게 독이 될 수 있다

요즘은 아이가 과잉행동장애를 보여 내원하는 부모가 의외로 많다. 과잉행동장애는 한시도 가만있지 못하고 물건을 던지고 부수는 증상을 말한다.

얼마 전 내원한 아이도 그런 케이스였다. 부모는 아이의 난폭한 행동을 진정시킬 방법을 찾고 있었다. 아이 아빠는 굉장히 깔끔한 성격이었다. 반면 엄마는 털털한 성격이어서 아이가 어지럽히며 노는 것을 어느 정도 용인해 주고 싶었지만 아빠의 성격에 맞추느라 항상 깔끔하게 뒷정리를 해 주었다. 그러다 아이가 점점 나이를 먹어 가자 아빠의 잔소리가 점점 심해졌다. 치우지는 않고 온 집안을 어지럽히며 노는 아이의 모습을 아빠 입장에서는 이해할 수 없었던 것이다. 그러다 보니 아이 문제 때문에 부부싸움이 잦아졌다고 한다.

이 경우에는 약을 쓰기 전에 아빠를 설득하는 일이 시급했다. 그래서 아이가 왜 그런 행동을 하는지와 현재 스트레스가 많이 쌓인 상태임을 알려 주고 단 하나의 방만이라도 아빠의 욕심을 버리라고 일러주었다. 이후 다시 내원했을 때 아이의 상태는 많이 호전됐다. 산만하던 행동이 많이 누그러지고 물건을 던지던 버릇도 없어졌다는 것이다.

아이는 풍선과 같아서 주체할 수 없을 정도로 많은 양기가 발산되지 못하게 한쪽에서 억누르면 다른 쪽으로 분출되어 문제 행동을 보이게 된다. 그러므로 한약을 처방하기 전에 아이의 생활 습관부터 교정해야 한다. 그 아이의 경우에도 생활 습관을 고치고 나서 스트레스를 풀어 주고 마음을 안정시키는 한약을 먹였더니 좋은 효과를 얻을 수 있었다.

12
서랍을 잠그지 마라

아이들이 집 안을 자주 어지럽히는 건 활동량이 많아서이기도 하지만 주체할 수 없는 호기심 때문이기도 하다. 특히 남자 아이의 경우에는 더더욱 그렇다. 그래서 아이들은 집 안 구석구석을 헤집고 다니며 위험한 물건을 찾아내 아무렇지도 않게 가지고 놀기도 한다.

호기심 많은 아이들이 집 안에서 가장 궁금해하는 곳은 서랍 안이다. 서랍은 부모가 근접하지 못하게 하고, 속이 들여다보이지도 않기 때문에 아이들에게는 더없이 신비스러운 공간일 수밖에 없다. 하지만 부모는 아이가 일단 서랍을 뒤지면 큰일이라도 난 듯 소스라치게 놀란다. 아이가 서랍을 열다가 다치거나 너무 심하게 잡아당겨 발등 위로 떨어뜨릴까 봐, 또 서랍 속에 든 물건을 만지다 다칠까 봐 걱정이 앞서는 까닭이다. 그리고 서랍에 들어 있는 물건들은 대부분 크기가 작아 정리하기가 쉽지 않은데 아이들이 엎어 놓거나 물건을 헤집어 놓으면 원상태로 복귀하기가 번거로운 이유도 있다.

그래서 엄마들은 서랍을 아예 잠그거나 테이프로 밀봉하는 경우가 많다. 그렇게 하면 몇 번 열어 보려고 시도하다 포기하는 아이도 있고, 부모에게 열어 달라고 떼를 쓰다가 그만두는 아이도 있다. 이쯤에서 엄마는 서랍을 잠근 덕분에 집 안이 깨끗해지고 조용해졌다며 쾌재를 부를 테지만 아이에게는 가혹한 처사다.

아이들에게 서랍은 그야말로 미지의 세계이다. '저기에 어떤 물건이 들었을까?'라는 의문으로 시작된 서랍 속 모험은 장난감보다 더 신기하고 재미있는 물건들을 발견함으로써 새로운 궁금증이 꼬리에 꼬리를 물고 이어지는 가슴 벅찬 호기심 여행인 것이다. 그렇게 호기심과 탐구심을 충족해 나가는 아이들에게 더 이상 서랍 속을 관찰할 기회를 주지 않는다면 자라나던 호기심과 탐구심이 제대로 성장할 수가 없다.

부모 입장에서야 아이가 위험한 상황에 직면하지 않도록 예방 차원에서 서랍을 잠갔을지라도 아이 입장에서는 왜 그런 조치를 했는지도 모른 채 부모가 싫어하는 행동이니 자제하는 것이다. 이러한 일이 계속되면 앞장에서 언급했듯이 아이는 무슨 일을 하든지 부모의 눈치를 보게 된다. 더 나아가 자신의 행동이 부모의 냉혹한 심판대 위에 오를까 봐 항상 소극적인 태도를 취하고 호기심이나 탐구심을 내보이는 일도 점점 줄어든다.

아이가 가장 좋아하는 서랍 열기를 막아서는 안 된다. 아이가 다칠까 봐 정말 걱정되면 위험한 물건들은 아이의 손이 닿지 않는 곳에 보관하고 나머지는 그냥 내버려 두어야 한다. 아이가 서랍을 뒤지며 노는 시기는 그리 길지 않다. 시간이 지나면 아이가 관심을 갖는 호기심의 대상이 서랍에서 친구나 장난감 등으로 옮겨 가기 때문이다.

당장은 엄마가 편할지라도 서랍을 닫지 마라. 서랍이 잠기는 순간 아이의 호기심과 탐구심도 함께 닫힌다는 사실을 명심하라. 아이를 위해서라면 목숨까지 내놓을 사람이 부모가 아닌가? 아이가 서랍을 뒤지더라도, 그 때문에 집 안이 어지럽더라도 조금만 참자. 아이들은 하지 말라고 강요할수록 반발심이 커지는 청개구리 같은 구석이 있으므로 부모가 솔선해 자신이 어지른 건 스스로 정돈하는 모범을 보이자. 부모는 자식의 거울이다.

13

큰 소리로 야단치지 마라,
체벌도 금물!

부모가 흔히 하는 착각 중 하나가 잔소리를 교육의 한 방법이라고 생각하는 것이다. 우리 주변에 아이를 혼내는 부모는 많지만 제대로 교육하는 부모는 그리 많지 않다. 물론 부모의 생각은 다를 것이다. 많은 부모가 아이의 보호자요, 교육을 책임지는 사람으로서 아직 판단이 미숙한 아이들에게 잔소리를 해야만 바른길로 이끌 수 있다고 생각한다.

하지만 교육과 잔소리는 전혀 다르다. 부모들도 그 정도는 알고 있다. 다만 잔소리 속에 교육적인 내용이 담겨 있으니 가만 내버려두는 것보다는 효과가 있다고 믿는 것이다. 이성적으로는 잔소리를 하지 말아야지 하면서도 막상 아이와 마주하면 그렇게 되지 않는 이유는 내 자식이기 때문이다.

우리나라는 유교적인 가치관이 보편화되어 있어서 부모와 대화할 때 자식은 자신의 의사를 당당히 밝히기보다 무조건 따르는 것을 미덕으로 여긴다. 또한 부모가 잘못을 지적하면 빨리 시정하는 것을 자식 된 도리라고 생각한다. 특히 아빠들은 군대에서 부하에게 하듯 자식에게 상명하복을 강요한다. 그래서 자식이 자신의 뜻을 거역하거나 즉각 따르지 않는 것을 용납하지 않을 뿐더러 자식을 휘어잡는 것을 대단한 능력처럼 과시하기도 한다.

그러나 이는 잘못된 방법이다. 아이가 이성적인 사고를 하려면 적어도 초등학생 이상은 되어야 한다. 그 전에는 이성과 논리가 아니라 본능과 충동이 앞선다. 아이들은 양기가 충만하기 때문에 차분히 앉아서 이성적으로 생각하기보다는 본능적으로 움직이면서 에너지를 발산하려는 기질이 강하다. 그런데 잘못된 습관이나 행동은 이성적인 생각을 통해 옳고 그름을 판단해야만 고칠 수 있다. 아이들보다 더 이성적인 어른들도 습관을 고치기가 쉽지 않은데 하물며 아이들은 어떻겠는가?

우리가 흔히 쓰는 작심삼일이라는 말처럼 한번 들인 습관은 고치기가 어렵다. 새해가 밝을 때마다 새로운 결심을 해도 오래가지 않는다. 이럴 때 부모들은 습관을 고치기가 쉽지 않기 때문에 좀 더 시간이 필요하다며 자신을 너그러이 용서한다. 그러면서 아이들의 잘못된 습관이나 행동을 자신의 말 한마디로 고치겠다는 자체가 지나친 욕심 아닐까? 부모가 자신도 모르게 자꾸 아이에게 잔소리를 퍼붓는 건 그러한 과욕이 마음 언저리에 깔려 있기 때문이다.

마음을 느긋하게 가져라

자식에게 잔소리꾼 엄마 아빠가 되지 않으려면 우선 느긋한 마음을 가져야 한다. 그런데 잔소리에서 끝나지 않는 것이 더욱 큰 문제이다. 대부분의 부모는 잔소리가 통하지 않으면 큰 소리로 혼을 내거나 체벌을 가한다. 우리 사회가 자식에 대한 체벌을 어느 정도 용인해서이기도 하겠지만 무엇보다 아이에게 강한 충격을 주지 않으면 말을 듣지 않을 것이라는 생각 때문인 듯하다.

예전에 비하면 요즘은 학교에서나 가정에서나 체벌이 많이 준 것도 사실이다. 아이들의 인권을 존중해 줘야 한다는 생각이 보편화되었기 때문에 예전처럼 무자비하게 체벌을 가하는 일은 별로 없다. 그렇지만 체벌은 여전히 논란거리가 되고 있다. 인권이 우선인지, 교육적인 효과가 우선인지를 가려야 하는 상황이 지금도 벌어지고 있기 때문이다. 그러나 그보다 먼저 우리가 염두에 두어야 할 점은 적어도 초등학교를 졸업하기 전까지는 체벌이 교육적으로 좋지 않다는 것이다.

아이들은 잘못을 하면서 배우게 된다. 어른들은 이성적으로 판단해 잘못된 행동을 스스로 자제하지만 아이들은 그렇지 못하다. 동양철학에서는 사람이 '선험지(先驗知)'를 가지고 태어난다고 한다. 선험지란 경험하기 전에 안다는 뜻으로 사람은 이것을 통해 본능적으로 옳고 그름을 판가름한다는 말이다. 그러나 현실에서는 선험지만 필요한 것이 아니다. 바로 '경험지(經驗知)'가 필요하다. 경험지는 경험해서 아는 것, 즉 교육을 통해 얻는 지식으로 이성이 여기에 해당한다.

아이들은 어려서 경험지가 풍부하지 못하다. 그래서 계속 실수를 하면서 경험지를 쌓아 간다. 그런데 아이가 어떤 잘못을 했을 때 큰 소리로 야단치거나 체벌을 하면 아이는 그 자체만으로 공포와 두려움을 느끼게 된다. 그러면 경험지는 더 이상 쌓이지 않고 아이의 마음속에는 공포와 두려움만 남게 된다. 그 때문에 아이는 자신이 무엇을 잘못했는지도 모르면서 같은 상황이 벌어지면 피하려고 한다. 충분히 생각하고 반성할 시간을 주지 않은 탓이다.

인간은 일정한 자극을 계속 받으면 시간이 갈수록 적응이 되어서 다음에 비슷한 강도의 자극이 가해지면 무덤덤해지게 된다. 그래서 아이가 다음에 잘못하면 한 번 소리 지르던 것을 두 번 지르게 되고 한 대 때리던 것을 두 대 때리게 되는 것이다.

이때 부모는 큰 소리로 야단치거나 체벌을 가하면서 점점 더 이성을 잃어 간다. 특히 아이가 자꾸 같은 잘못을 반복하고 아무리 혼을 내도 무덤덤한 태도를 보이면 자신을 무시한다는 생각이 들어 더 심하게 체벌하게 된다. 심지어는 폭력 행위도 서슴지 않는다. 간혹 언론에 보도되는 선생님의 폭력이나 가정 폭력 사례도 이러한 과정의 연장선이 아닌가 싶다.

하지만 폭력을 행사한다고 해서 아이가 근본적으로 달라지진 않는다. 오히려 반항적이고 폭력적으로 변할 수도 있다. 아이들을 진정으로 교육하기 위해서는 스스로 생각하고 배울 수 있는 시간을 충분히 줘야 한다. 예를 들어 어른은 차도에 함부로 뛰어들면 위험하다는 것을 미루어 짐작할 수 있지만 아이의 생각은 거기까지 미치지 못한다. 그래서 차도에 뛰어들면 어떤 문제가 발생할 수 있는지 머릿속으로 연상할 수 있을 때까지 거듭 설명해 아이 스스로 깨닫도록 해야 한다. 그러나 이는 결코 쉽지 않은 일이다. 아이를 사랑하는 마음이 아무리 큰 부모라 하더라도 몇 번 시도해 변화의 기미가 보이지 않으면 짜증이 나게 마련이고 자신도 모르게 아이를 괴롭히게 된다.

아이의 눈높이에서 문제를 고민하라

모든 교육의 중심에는 아이가 있다. 중요한 것은 부모가 어떤 잔소리를 하느냐가 아니라 아이가 어떻게 받아들이느냐이다. 하지만 잔소리를 하는 대다수의 부모는 아이의 생각이나 반응을 고려하지 않고 자기중심적으로 생각하기 때문에 문제가 야기되는 것이다. 잔소리를 할 때는 아이가 놀라거나 무섭게 여기도록 해서는 안 된다. 진심으로 아이 스스로 깨닫기를 바란다면 먼저 아이의 입장에서 고민하려는 노력이 필요하다. 잔소리나 체벌을 하더라도 아이의 심리 상태를 미리 파악하게 되면 자신의 감정에만 치우치지 않도록 스스로 자제하게 된다.

교육은 부모가 평소에 준비해 온 대로 계획적이고 조직적으로 할 수 있지만 잔소리나 체벌은 즉흥적, 감정적으로 이루어지기 때문에 교육적인 효과가 떨어진다. 그리고 교육은 장기적인 시각에서 단계적인 성과를 요구하지만 잔소리나 체벌은 지금 당장 변화,

발전하도록 강요하므로 나중에는 큰 문제가 될 수 있다. 이것은 지금 당장 갖고 싶은 장난감을 사 달라고 조르는 아이의 모습과 별반 다르지 않다.

진정 아이를 위한 교육을 하고자 한다면 지금 당장 잔소리, 큰소리, 체벌을 멈춰야 한다. 그리고 마음의 여유를 가지고 무엇이 문제인지 깊이 고민해 봐야 한다. 이때 고민은 작게 나누는 것이 좋다. 마구잡이식으로 이것도 문제, 저것도 문제 하는 식으로 뭉뚱그려 생각하면 아무리 오랜 시간을 들여도 엉킨 실타래를 풀 수 없지만 조목조목 세분화하면 의외로 쉽게 풀린다.

우선 이 문제가 당장 해결해야 할 심각한 일인지, 좀 더 시간을 갖고 생각해 볼 일인지, 아니면 장기적인 시각으로 느긋하게 지켜봐야 할 일인지 고민해 보자. 아마 대개는 시간을 좀 더 갖거나 장기적으로 생각해 볼 일이 더 많을 것이다. 따라서 그런 일에 시간을 낭비하지 말고 지금 당장 시급한 문제부터 해결해야 한다.

중요한 것은 교육의 방법이다. 아이 교육은 부모가 강요하거나 누가 시킨다고 해서 되는 것이 아니다. 어떻게 하면 우리 아이가 습관을 고칠지, 어떻게 하면 우리 아이가 자발적으로 행할지를 부모의 입장에서가 아니라 아이의 눈높이에서 고민해 봐야 한다. 그러면 아이는 부모가 바라는 대로 변한다. 부모가 화내서가 아니라 함께 고민하고 기다려 주는 모습에 마음이 움직여 자발적인 변화의 노력을 기울이게 된다.

한의학에서는 화를 내면 기가 상역한다고 한다. 기가 상역한다는 것은 기가 위로 치솟는다는 뜻인데 이렇게 되면 모든 기가 우리 몸의 최상부인 머리로 몰린다. 그럼 머리에 기혈이 쌓여 심할 경우 이성을 잃고 감정이 폭발한다.

필자와 상담한 후 부모가 가장 놀라워하는 것이 아무리 해도 고 쳐지지 않던 아이의 생활 습관이 쉽게 개선되는 점이다. 진료실에 서는 잘 듣지 않는 척하지만 집으로 돌아가 필자가 이야기한 대로 하면서 아이가 변하는 모습을 지켜본 부모들은 하나같이 신기해하 고 고마워한다. 그렇다고 필자가 큰 소리로 으름장을 놓거나 때린 것도 아닌데 무엇이 아이를 쉽게 달라지게 했을까? 비결은 간단하 다. 아이와 같은 눈높이에서 아이가 알아들을 수 있도록 조목조목 이야기해 주면 아이는 의외로 빨리 이해하고 행동을 바꾸게 된다. 필자가 아니라 부모도 얼마든지 할 수 있는 일인데 부모는 몇 번 설명하다가 아이의 반응이 시원찮으면 바로 잔소리를 하기 때문에 잘 안 되는 것이다.

혼낼 때는 짧고 단호하게 야단쳐라

그동안 상담한 아이들 중에 기억에 남는 두 아이가 있다.

한 아이는 다른 문제는 없었는데 감기를 달고 살았다. 그래서 식 습관을 살펴보았더니 큰 문제가 있었다. 아이가 원체 식욕이 좋다 보니 부모나 주변 사람들은 먹고 싶다는 게 있으면 무엇이든 사 주 는 상황이었다. 지나치게 왕성한 식욕을 아무도 통제하지 않는 분 위기여서 아이는 집에 쌓여 있는 군것질거리를 입에 달고 살았다.

나이가 5살이니 충분히 말귀를 알아들을 수 있을 것 같아 아이의 눈높이에 맞춰 최대한 자세히 지금처럼 먹어서는 안 된다고 주지시켰다. 왜 군것질이 좋지 않은지, 군것질을 하면 어떤 증상이 나타나고 어떤 치료를 받아야 하는지 한참 설명하자 아이도 수긍하는 눈치였다. 그 일이 있고 몇 개월 뒤 내원한 부모는 아이가 이제 군것질을 즐기지 않는다고 알려 주었다. 그냥 즐기지 않는 정도가 아니라 먹고 싶은 것이 있어 냉장고 앞까지 갔다가도 차마 먹지 못하고 쳐다보기만 할 때도 있다고 했다. 아이는 혼내거나 잔소리를 하지 않아도 이렇게 변해 간다.

얼마 전에 만난 다른 한 아이는 감기를 달고 살 뿐 아니라 식욕이 부진해 몸이 많이 마른 상태였다. 왜 식욕이 없는지 알아보니 과일로 배를 채우는 것이 원인이었다. 5세 정도 되었는데 어른이 먹는 것보다 더 많은 과일을 먹고 있는 상태였다. 그래서 이 아이에게도 왜 편식을 하면 안 되는지, 과일만 먹으면 왜 안 되는지를 자세히 설명해 주었다. 이 아이는 필자의 설명을 듣고 겁이 났는지 울기 시작했고 결국 상담을 끝마치지 못하고 돌아갔다. 며칠 후 부모가 내원했는데 아이가 처음에는 계속 울기만 하더니 집으로 돌아가자마자 우선 군것질을 하지 않겠다고 말했다고 한다. 또 과일 섭취량도 줄이고 그동안 먹지 않던 질기고 딱딱한 음식도 조금씩 먹기 시작했다며 고마워했다.

앞에서 말했듯 아이들은 소양지기를 타고나 양기가 충만하다. 양기의 속성은 순수하고 가볍다. 성인들은 욕심이 많아 좋은 생각이 들어도 잘 실천하지 못하는 반면 아이들은 순수하기 때문에 스스로 옳다고 생각되면 아무 망설임 없이 행동으로 옮긴다. 따라서 아이가 스스로 생각하고 깨달을 수 있게끔 이끌어 주기만 하면 구태여 강요하지 않아도 알아서 변할 것이다.

부모들이여! 우리 주위에는 아직도 어느 정도의 체벌을 용인하는 사람들이 많다. 그러나 그것은 교육적인 효과도 떨어질뿐더러 결코 바람직한 행동이 아니다. 아이에게 하던 잔소리도 당장 그만둬라. 아이의 눈을 보면서 무엇을 걱정하는지 차분히 설명해서 이해할 수 있게 도와주어라. 그러면 아이도 자연스럽게 변한다. 이때 칭찬과 격려를 아끼지 않는다면 분명히 더욱 좋은 결과가 나타날 것이다.

만일 불가피하게 혼낼 일이 있으면 평소보다 낮은 목소리로 짧고 단호하게 야단쳐라. 아이가 클수록 긴 설교는 설득력이 떨어진다. 아이의 잘못된 습관을 지적할 때는 눈을 똑바로 쳐다보는 것을 잊지 마라. 아이는 잘못했다는 생각이 들면 부모의 눈을 쳐다보지 못한다. 그렇다고 그냥 혼내면 효과가 없다. 아이의 눈을 보면서 짧고 강하게 혼내는 정도가 아이에게 가장 효과적인 잔소리임을 명심하라.

14

아이도 **어른**처럼
스트레스를 **받는다**

몇 년 전 정말 황당한 경험을 한 적이 있다. 나이가 13살 정도 된 여학생이 찾아왔는데 결흉증, 즉 화병과 비슷한 증상을 앓고 있었다. 부모는 아이가 몹시 피곤해하고 밥도 잘 먹지 못해 보약을 먹이고 싶다고 했다. 그런데 아이와 상담해 보니 근본적인 문제는 스트레스였다. 그 아이는 단지 자신의 일 때문이 아니라 어두운 집안 문제 때문에 상당한 스트레스에 시달리고 있었다. 원래 성격은 굉장히 내성적이고 조용한데 집안 문제 때문에 애써 명랑하고 밝게 지내려다 보니 알게 모르게 스트레스가 된 것이다.

문제는 그 지경이 될 때까지 부모가 아이의 진짜 성격을 전혀 파악하지 못한 것이었다. 필자가 먼저 성격에 대해 선행적으로 질문을 하다 보니 아이는 울면서 자신의 속마음을 털어놓기 시작했고 그 모습을 지켜보던 부모도 함께 울었다. 그 아이는 매스미디어의 발달로 너무 조숙해져서 자신이 감당하기 힘든 집안 문제를 혼자서 애태우며 고민하다가 병이 될 정도로 스트레스를 받은 것 같았다.

물론 그 아이의 경우는 특수한 상황이라고 할 수 있지만 많은 아이들이 지금 엄청난 스트레스를 받으며 살고 있는 건 외면할 수 없는 사실이다. 부모에게 아이가 받는 스트레스에 대해 말해 주면 대부분은 인정하려 하지 않는다. 먹여 주고 입혀 주고 그냥 공부만 하면 되는데 무슨 스트레스가 있겠느냐는 것이다. 하지만 알고 보면 아이들도 스트레스가 이만저만이 아니다. 언뜻 공부 스트레스 정도겠지 하겠지만 어른들이 생각하기에는 별일 아닌 사소한 문제도 아이 입장에서는 굉장한 스트레스 요인이다. 아이들은 순수한 만큼 감수성이 풍부하고 예민하기 때문에 상대방이 무심히 던진 말 한마디에도 상처를 받고 아파한다.

아이는 억압할수록 튕겨 나간다

요즘 아이들이 가장 큰 부담을 느끼는 것은 공부 스트레스다. 필자가 초등학교에 다닐 적에는 요즘처럼 여러 학원을 다니지 않았다. 그런데 요즘은 태어나자마자, 아니 태어나기 전부터 조기교육에 시달린다. 세상에 대한 호기심을 키우며 신 나고 재미있는 추억을 많이 만들어야 할 나이에 이미 하기 싫은 공부를 하면서 스트레스를 받고 있는 것이다. 물론 부모는 아이를 위해 조기교육을 시키는 것이라고 말하겠지만 아이 입장에서는 끔찍하게 싫은 일일 수도 있다. 그래서인지 요즘은 공부가 재미있다고 말하는 아이를 거의 본 적이 없다.

아이는 양기가 충만해 억압하면 할수록 튕겨 나가려고 한다. 그런데 하기 싫은 공부를 해야 하는 데다가 양기를 발산할 공간조차 없으니 나날이 스트레스가 쌓이는 건 당연하다. 필자가 어릴 적에는 학교 수업을 마치면 책가방만 집에 두고 바로 나가 밤늦게까지 친구들과 어울리곤 했다. 그 시기에 가장 좋은 스트레스 해소 방법은 친구들과 놀면서 양기를 발산하는 것이었다. 그때는 아무리 놀아도 지치기는커녕 시간이 늦어 더 놀지 못하는 것이 아쉬울 뿐이었다.

하지만 요즘 아이들은 그마저도 할 수가 없다. 다행히 부모가 열린 사고를 가지고 있어도 같이 놀 친구들이 없기 때문에 놀이터에 가도 놀 수가 없다. 그렇다고 아이들이 스트레스를 잘 견디는 것도 아니다. 아이들은 연약한 새싹과 같아서 자라는 힘은 강할지 몰라도 자극이나 환경 변화에 대한 적응력이 굉장히 약하다. 환절기만 되면 감기에 걸리는 아이들이 많아지는 것도 그 때문이다. 아무튼 요즘 아이들은 예전에 비해 엄청난 스트레스를 받으며 살고 있지만 그것을 풀 수 있는 방법이 마땅치 않다. 또 아이들이 이렇게 스트레스를 받는다고 해서 적절한 해소법을 찾아 주는 부모도 거의 없다. 우리가 아이들처럼 하루 종일 하기 싫은 일을 억지로 하면서도 스트레스를 전혀 해소하지 못한다면 견딜 수 있겠는가?

그동안 내원한 남자 환자 중에는 회사에만 가면 심장이 두근거리고 두통, 소화불량 같은 증상이 나타난다고 호소하는 경우가 참으로 많았다. 그래도 그들은 최소한 직장에서 동료들과 어울리거나 취미 생활을 즐기면서 스트레스를 해소할 수 있다. 하지만 아이들은 현실적으로 그럴 수가 없다. 더욱이 스트레스를 받아도 어른처럼 신체적인 반응이 즉각 나타나지 않기 때문에 빨리 대처하기도 어렵다. 대신 아이들은 양기가 충만하고 에너지가 넘치다 보니 어떻게든 스트레스를 풀 방법을 찾아낸다.

요즘 많은 아이들이 푹 빠져 있는 인터넷 게임이 그중 하나다. 하지만 게임은 권장할 만한 스트레스 해소법이 아니다. 아이들이 스트레스를 푸는 가장 좋은 방법은 몸을 움직여 양기를 발산하는 것인데 게임은 양기를 발산하기도 힘들고 게임에 집중하다 보면 도리어 스트레스를 받게 된다. 더구나 요즘에 나오는 게임은 서로 돕고 화합하는 내용보다 상대방과 싸우게 해 지나친 승부욕을 부추기는 내용이 많아 정서를 불안하게 하고 과격한 행동을 하게 만든다. 이처럼 게임은 상당히 자극적이고 한번 빠지면 헤어나기 힘든 중독성까지 있다. 따라서 처음부터 깊이 빠지지 않도록 주의시켜야 하고, 파괴적이거나 자극적인 게임은 가급적 삼가게 해야 한다.

동양철학에서는 하늘의 뜻을 성(性)이라고 한다. 심(心)과 생(生)이 결합된 이 말 속에는 '하늘의 뜻은 살리는 것'이라는 의미가 담겨 있기 때문이다. 인간의 본성도 마찬가지여서 사람은 서로 살리고 도울 때 마음이 가장 편안해진다. 다만 이런 만족감을 얻으려면 많은 시간과 공을 들여야 하므로 아이들은 공부 스트레스에서 쉽게 벗어날 수 있는 자극적인 게임에 빠지는 것이다. 하지만 게임은 근본적으로 스트레스를 풀어 주는 것이 아니라 잠깐 스트레스 상황을 잊게 해 주는 임시방편에 지나지 않기 때문에 게임이 끝난 뒤에는 더 큰 불안감과 중압감을 느끼게 된다.

게다가 학교 분위기는 어떠한가? 요즘 학교는 친구들끼리 돕고 보듬어 주도록 가르치는 곳이 아니라 서로 치열하게 경쟁하도록 가르치는 곳처럼 보인다. 심지어 필기한 노트도 보여 주지 않는 학생이 있다고 하니 참으로 서글픈 현실이다. 더욱이 요즘 학교에는 학생 간의 극심한 경쟁 외에도 폭력, 왕따, 시기, 질투 같은 병리적인 문제들이 심화되고 있다.

그런데 이러한 현상이 왜 나타나는지를 따져 보면 모두 어른들이 잘못하고 있기 때문이다. 어른 사회에서는 이러한 일들이 훨씬 많이 일어나지만 대개 모르는 척 지나가는 경우가 많다. 하물며 다 큰 어른들도 그러한 사회 분위기 속에서 스트레스와 각종 질병에 시달리는데 한창 자라나는 아이들은 오죽하겠는가? 학원 폭력과 집단 괴롭힘이 점점 심각해지고, 학생이 친구를 때리고 교사까지 폭행하는 지금의 학교에서 아이들이 무엇을 느끼고 배우겠는가?

내 몸에 꼭 맞는 스트레스 해소법을 찾아야 한다

이 모든 문제가 아이들이 스트레스를 풀지 못해 생기는 일이 아닌가 싶다. 어른들은 대체로 아이가 받는 스트레스를 대수롭지 않게 여긴다. 심지어는 어린아이가 무슨 스트레스를 받겠느냐고 웃어넘기는 사람도 있다. 그러나 아이들은 학교에서나 가정에서나 많은 스트레스를 받고 있으며 정신적으로 이를 극복할 준비도 되어 있지 않다.

그럼 아이가 스트레스를 풀고 잘 이겨 내도록 도와줄 수 있는 사람이 누구이겠는가? 바로 부모다. 그런데 요즘 부모가 아이에게 가장 궁금해하는 건 성적이다. 아이가 성적을 내기 위해 어떻게 공부했는지가 아니라 점수와 등수를 중시한다. 또 친구를 사귈 때도 가난하거나 공부를 못하는 아이와는 사귀지 못하게 하고 다른 아이의 성적과 비교해 경쟁심을 자극한다. 이로 인해 아이가 부모에게서 받는 스트레스는 다른 곳에서 받는 스트레스보다 더 큰 부담이 된다. 아이들에게는 부모가 이 세상의 전부이기 때문이다.

그러므로 우선 부모의 태도가 바뀌어야 한다. 아이에게 변화를 바란다면 부모의 입장에서 옳고 그름을 판단하지 말고 먼저 아이의 입장과 생각을 헤아려 주어야 한다. 그냥 아이의 이야기를 긍정적으로 경청하는 것도 좋은 방법이다. 스트레스를 받았을 때는 누군가 내 이야기를 아무 말 없이 들어 주기만 해도 마음이 편해진다. 그러니 아이의 이야기를 묵묵히 들어 주고 그냥 웃어 주어라. 그렇게만 해도 아이는 닫혔던 마음의 문을 열고 마음속에 쌓였던 안 좋은 에너지를 분출할 것이다.

그러고 나서 아이가 스트레스 푸는 방법을 찾도록 도와줘야 한다. 아이들과 이야기해 보면 그 방법을 모르는 경우도 많고, 부모의 눈치를 보면서 머뭇거리는 경우도 많다. 대부분의 아이들은 놀거나 몸을 움직이면서 스트레스를 풀고 싶어 하지만 부모는 공부에 방해가 된다는 이유로 못하게 하므로 적당히 포기하거나 망설이는 것이다.

그럼 우선 교육 문제를 생각해 보자. 현실적으로 부모가 자녀에게 원하는 것이 초 · 중 · 고등학교 때만 공부를 잘하는 것인가? 아니면 좋은 대학에 들어가 좋은 직장을 얻는 것인가? 아마 대부분의 부모는 둘 다 원하거나 후자를 원할 것이다. 물론 두 가지를 다 잘하는 아이도 있지만 실제로는 극소수에 불과하다. 또 둘 다 잘해 좋은 대학, 좋은 직장에 들어가는 데에는 성공했더라도 사회생활에 적응하지 못해 낙오자가 되는 수재도 많이 있다. 즉 공부를 잘한다고 해서 꼭 출세하는 건 아니라는 얘기다. 오히려 학교 성적은 변변치 않았지만 나름의 재능을 살려 사회적으로 성공하는 사람도 적지 않다.

주위에서 보면 초 · 중 · 고등학교 때까지는 공부를 잘하다가 시간이 가면서 성적이 뒤처지는 아이들이 있다. 왜 그런 현상이 일어나느냐면 그 아이들은 그동안 하기 싫은 공부를 억지로 했기 때문이다. 공부는 마라톤과 같아서 장기적인 안목으로 임해야지 단기적인 안목으로 접근하면 끝까지 가지 못한다.

초등학교 때보다는 중학교 때 성적이 더 좋고, 중학교 때보다는 고등학교 때 성적이 더 좋아지기를 바란다면 마라토너가 중간 중간 목을 축이며 호흡을 조절하듯 아이들이 공부하는 틈틈이 스트레스를 풀 수 있게 해 주어야 한다. 그런데 아이에게 꼭 맞는 스트레스 해소법을 찾아내는 데도 많은 시간이 걸리고, 찾아내더라도 습관이 들지 않으면 실행하기가 쉽지 않다. 따라서 초등학교 때부터 아이 스스로 스트레스를 푸는 방법을 찾아내야 정작 중요한 시기인 중·고등학교 때 스트레스를 손쉽게 해소하고, 좋은 성적을 낼 수 있다. 또 아이들이 스트레스를 쌓아 두지 않고 그때마다 털어 내면 에너지를 발산하지 못해 생기는 여러 가지 병리적인 현상도 상당히 개선된다.

다만 스트레스를 푸는 방법을 부모가 정해 주거나 강요해서는 안 된다. 아이가 스트레스를 풀려면 몸을 많이 움직여야 하는데 혹여 공부에 방해가 될까 봐 부모가 직접 방법을 정해 주거나 그마저도 학습의 수단으로 이용하면 본연의 목적인 스트레스 해소에는 별다른 도움이 되지 못한다. 만일 아이가 원하는 스트레스 해소 방법을 용인하기 힘든 경우에는 차라리 아이가 이해할 수 있도록 타협을 하면서 적절한 대안을 찾아야 한다. 그래야 아이도 아무런 저항감 없이 부모의 뜻을 받아들인다.

필자가 상담한 아이 중에 재즈댄스를 하고 싶어 하는 아이가 있었다. 재즈댄스에 한창 재미를 들인 아이는 집 근처에 있던 학원이 문을 닫자 좀 더 멀리 있는 학원에라도 다니겠다며 부모의 허락을 구했다. 하지만 다른 학원으로 옮기면 밤늦게까지 배워야 하므로 부모 입장에서는 위험을 감수하면서까지 다니게 내버려 둘 수는 없었다. 양측 모두 일리가 있었는데 서로 충분한 대화를 나누지 않아 갈등을 빚고 있었다. 그래서 부모와 아이의 입장을 모두 들은 후에 토요일이나 일요일 오전이나 낮에 배울 수 있는 학원을 알아보도록 타협안을 제시했더니 부모와 아이 모두 만족스러워했다.

이 경우는 부모가 먼저 열린 마음으로 타협점을 찾고자 노력했기 때문에 원만하게 해결될 수 있었다. 그러나 대부분의 부모는 공부에 방해가 된다고 무조건 반대했고 아이는 이에 불만을 갖고 있으면서도 포기하는 경우가 많았다. 또 아이 스스로 방법을 강구해 타협점을 찾으려고 해도 부모가 기다려 주지 않았다. 결국 아이의 의사를 무시한 채 다시 학원에 보낸 부모는 몇 달 후 아이를 데리고 다시 찾아왔다. 문제의 원인이 해소되지 않았으니 아이의 증세가 나아질 리 없었다.

따라서 아이가 스트레스를 받지 않고 즐겁게 생활하기를 바란다면 부모는 다음의 세 가지를 지켜야 한다.

첫째, 부모는 우선 아이가 스트레스를 받고 있다는 사실을 인정해야 한다. 그 자체를 무시하면 아이와의 관계가 조금도 진전되지 않을뿐더러 계속 문제가 야기될 수밖에 없다.

둘째, 아이가 스스로 스트레스를 풀 방법을 찾을 수 있게 도와주어야 한다. 아이는 경험이 부족하므로 부모가 여러 가지 방법을 제시해 주는 것은 괜찮지만 그 방법을 따르도록 강요하거나 그중 하나를 결정해 주어서는 안 된다.

셋째, 아이가 방법을 찾을 때까지 기다려야 한다. 필자가 어른들을 진단할 때 가장 많이 하는 말이 "운동을 꾸준히 하라."와 "스트레스 해소 방법을 찾아라."이다. 그러나 어른들도 자신이 무엇을 해야 스트레스를 풀 수 있는지 알지 못하는 경우가 많다. 그런데 어린아이들이 어떻게 그것을 쉽게 찾을 수 있겠는가? 따라서 아이들이 많은 경험을 하고 그것을 찾을 수 있도록 기다려 줘야 한다. 그리고 지금 당장은 공부에 지장을 줄지라도 미래를 내다보고 기다릴 줄 아는 지혜가 필요하다.

그럼 스트레스는 어떻게 풀어야 할까? 여기에는 정답이 없다고 생각한다. 사람마다 다를 수 있기 때문이다. 그런데 필자가 항상 추천하는 기준은 한 가지이다. 너무 좋아서 다른 계산이 개입되지 않을 정도로 재미있으면 된다. 이것을 하면 나에게 어떤 좋은 점이 있고 어떤 도움이 되니 이것을 하루에 몇 시간씩 하겠다는 식의 계산을 하지 말고 그냥 하면 좋고 즐겁고 행복한 것을 찾으라는 얘기다. 어른들은 이해타산이 빨라 찾기 힘들겠지만 순수한 아이들은 찾기 쉬울 것이다.

사상의학에서는 각 체질별로 다른 성정을 갖고 있다고 본다. 소양인은 하체보다는 상체가 발달한 경우가 많으며, 성격이 급하고 느긋하게 가만히 있지 못하는 경우가 많다. 따라서 취미 생활을 할 때 요가, 명상, 단전호흡과 같은 정적인 활동을 하는 것이 좋다. 그리고 만약에 동적인 운동을 한다면 될 수 있으면 하체를 단련시키는 운동을 주로 하는 것이 좋다. 그래서 자전거, 달리기 등 하체를 단련시키면서 상체는 스트레칭 위주로 해 주는 것도 좋은 방법이다. 소음인은 성격이 여성스럽고 조용한 경우가 많으며, 체력 자체가 약하고 땀을 많이 흘렸을 때는 쉽게 지치는 경우가 많다. 따라서 체력을 많이 소모하지 않는 걷기, 가벼운 조깅, 자전거 타기 같은 운동을 하는 게 좋다. 소음인들은 주로 움직이지 않으면서 취미 활동을 하려는 경향이 있다. 그러므로 될 수 있으면 육체를 움직이는 운동을 해 주면 좋다. 운동을 할 때는 상체를 주로 단련시켜 주는 운동을 하고 하체는 스트레칭 위주로 해 주면 좋다. 그래서 조깅이나 자전거 타기 등을 가볍게 하거나 헬스 등을 통하여 상체를 강하게 하는 운동을 하는 게 좋다. 그리고 소음인은 기본적으로 체력이 약하기 때문에 음식 등 영양적인 문제도 절대로 간과해서는 안 된다. 태음인은 체력이 강하고 비만인 경우가 많으며, 땀을 흘려야 건강한 경우가 많다. 따라서 조금은 힘든 운동을 해도 큰 문제는 없다. 그 대신 복부와 허리 쪽이 약할 수 있기 때문에 운동 후에 요통 등을 조심해야 한다. 그리고 체중이 많이 나갈 경우 너무 과격한 운동을 할 때는 관절에 무리가 갈 수 있으므로 주의해야 한다. 그러나 꼭 이대로 따를 필요는 없다. 본인의 체질과 기호를 적절히 반영해 가장 즐겁게 할 수 있는 것을 찾으면 된다.

아이들이 어리다고 무시하지 마라. 아이가 스트레스를 풀 방법을 찾을 때까지 믿고 기다려 준다면 아이들은 스스로 해결책을 찾아 나갈 것이다.

15
둘째를 낳을 때는
첫째를 배려하라

요즘에는 둘째 아이를 낳지 않는 사람들이 많다. 필자가 어릴 적에는 인구가 많다고 걱정을 했는데 이제는 아이를 적게 낳아 인구가 줄어든다며 많이 낳는 사람에게는 특별한 혜택까지 주니 세상일은 참 모르겠다는 생각이 든다. 그래서인지 둘 이상을 낳는 부모가 조금 많아졌다. 하지만 정부의 인구정책 때문이기보다는 아이가 혼자 크면 외롭기도 하고, 버릇이 나빠질까 우려해서인 듯하다.

그런데 많은 부모들이 둘째를 낳으면서 쉽게 잊어버리는 것이 있다. 첫째 아이에 대한 배려심이다. 예전에는 대가족이 함께 살고 주변에 친척들이 많이 살았기 때문에 첫째 아이가 소외감을 느끼는 일이 거의 없었다. 아이가 가장 절실하게 필요로 하는 것은 부모의 사랑이겠지만 할아버지, 할머니, 다른 친척들에게 사랑받을 수 있었기 때문에 부모의 사랑을 빼앗은 동생에 대한 미움이나 부모에 대한 서운함이 훨씬 덜했을 것이다. 더구나 그때는 대부분의 엄마가 항상 아이들 곁에 있었기 때문에 첫째가 느끼는 허전함을 달래 주곤 했다.

그러나 지금은 그때와 상황이 달라졌다. 집에는 부모밖에 없기 때문에 부모의 사랑이 충분하지 않으면 다른 곳에서 보충할 방법이 없다. 더욱이 아이를 연년생으로 낳게 되면 첫째 아이는 아주 어린 나이에 상실감을 느낄 뿐 아니라 그러한 상황을 이해하지 못하고 혼란에 빠지게 된다. 또 첫째와 둘째가 나이 차가 많은 경우에는 둘째 아이를 돌보느라 큰아이를 어린이집이나 다른 교육기관에 맡기는 경우까지 있다. 이때 엄마가 아무런 설명도 하지 않고 그냥 보낸다면 큰아이 입장에서는 동생 때문에 집에 있지 못하고 다른 곳으로 간다는 생각이 들 수밖에 없다. 심하면 엄마는 동생만 예뻐하고 자신에게는 관심이 없다고 비하할 수도 있다.

이러한 문제는 부모가 맞벌이를 하는 경우 더욱 심각해진다. 엄마 입장에서는 집에 들어오면 아직 어린 둘째에게 자연히 손이 많이 가게 된다. 두 아이 모두 사랑하지만 둘째는 혼자서 할 수 있는 것이 아무것도 없기 때문에 정성과 시간을 들일 수밖에 없는 것이다. 그러나 이것이 큰아이에게 큰 충격을 준다. 그렇잖아도 동생이 태어나 부모의 사랑을 빼앗겼다고 생각하는데 엄마가 돌아오자마자 동생만 돌보면 큰아이의 기분이 어떻겠는가? 그러다 보니 동생을 미워하게 되고, 심지어는 때리고 눈을 찌르고 퇴행 행동까지 하는 것이다. 더구나 아이의 불안감과 허전함을 달래 줄 사람이 주위에 아무도 없다 보니 아이 입장에서는 더욱 외로움에 빠질 수밖에 없다.

그래서 어떤 부모는 동생이 태어나기 전부터 큰아이에게 동생에 대한 이야기를 많이 해 준다고 한다. 동생이 태어난다는 사실을 출산하기 얼마 전에야 알려 주는 부모도 있는데 이 경우는 아이의 입장에서 보면 이해할 수 없는 상황이다. 어느 날 갑자기 하늘에서 뚝 떨어진 동생 때문에 부모가 나를 전처럼 돌볼 수 없다는 것을 아이가 어떻게 이해하겠는가?

아이가 동생의 탄생을 거부감 없이 받아들이도록 하기 위해서는 임신 초기부터 이야기하는 것이 바람직하다. 그때는 동생이 태어나면 앞으로 너한테 잘해 줄 수가 없다는 식으로 이야기해서는 안 된다. 동생이 생기면 너한테 어떤 점이 좋은지를 먼저 알려 주고 동생이 어느 정도 자랄 때까지는 혼자서 할 수 있는 것이 없기 때문에 엄마가 돌볼 수밖에 없다는 사실과, 그것은 너를 사랑하지 않아서가 아니라 너의 착하고 좋은 동생을 만들기 위한 과정이라는 점을 차분히 설명해 주어야 한다. 또한 동생이 태어나면 엄마와 네가 함께 돌봐야 한다는 것을 임신 초부터 출산 때까지 계속 이야기해 주고 그때마다 아이가 보이는 반응을 잘 살펴서 적절히 대처해야 한다. 그렇지 않으면 아이 입장에서는 동생이 태어나는 것이 마른하늘에 날벼락인 것이나 다름없다.

그리고 출산을 하기 위해 병원에 갈 때도 큰아이가 '엄마가 다

시 돌아오지 않을지도 모른다.'는 불안감을 갖지 않게 해 주어야
한다. 특히 아이가 분리 장애를 앓을 수 있는 나이일 경우에는 충
분한 예행연습을 통해 엄마가 병원에 가서 동생을 낳으면 다시 돌
아온다는 것을 반드시 인식시켜 주어야 한다. 그렇지 않으면 아이
는 엄마가 이대로 사라질까 봐 겁을 먹게 된다. 만일 분리 장애를
걱정하지 않아도 되는 나이라면 출산하려면 병원에 가야 한다는
것을 인식시켜 주면 된다. 예행연습으로는 아이의 두 손으로 엄마
의 얼굴을 가렸다 내밀었다 하면서 "엄마 없다! 있다!" 하는 놀이
를 시작으로 엄마가 아이의 등 뒤에서 얼굴을 앞으로 내밀었다가
등 뒤로 숨는 놀이, 문 뒤에 숨었다가 나타나는 등은 놀이 등을 하
면 된다.

아빠가 큰아이와 많이 놀아 줘야 한다

엄마가 출산하러 갔을 때는 아빠의 역할이 중요하다. 이때 아빠
는 평소보다 더 오랫동안 아이와 놀아 주어야 한다. 아이를 친척
집에 맡겼을 때도 마찬가지다. 아이에게 가장 중요한 것은 부모이
므로 동생이 태어나도 부모가 여전히 나를 사랑하고 있구나 하고
느끼게 해 줘야 한다.

엄마가 출산하고 돌아왔을 때도 아빠의 역할이 무엇보다 중요
하다. 아빠는 퇴근하면 옷을 벗기 전에 우선 30분 정도 큰아이와
놀아 줘야 한다. 옷을 갈아입은 후에도 큰아이와 집중적으로 시간

을 보내 줘야 한다. 큰아이도 나이는 어리지만 동생은 보살핌을 받아야 하는 존재라는 것을 어렴풋이 알고 있다.

엄마의 빈자리는 무엇도 대신할 수 없을 만큼 크다. 그래도 그것을 아빠가 채워 주면 아이는 어느 정도 위안을 받을 수 있는데 현실적으로는 쉽지 않은 것 같다. 대다수의 아빠들은 부인이 임신한 동안 사회생활을 제대로 하지 못했기 때문에 아기가 태어나면 그동안 밀린 일을 처리하느라 바쁘다. 또 부인이 집에 있으니 육아를 전적으로 부인에게 맡기는 경우가 많다. 물론 아빠 입장도 이해되기는 하지만 진심으로 큰아이를 생각한다면 그래서는 안 된다. 둘째가 어느 정도 자랄 때까지는 아빠가 엄마 역할까지 해 주어야 한다. 그리고 둘째가 보고 싶어도 큰아이의 안내로 동생을 보러 가는 형식을 취하는 것이 좋다.

또 아빠는 큰아이가 동생을 돌보거나 엄마를 도와주면 크게 칭찬해 주는 게 좋다. 부모가 저지르는 실수 중 하나가 큰아이가 동생한테 다가가지 못하게 하는 것이다. 큰아이가 동생을 때리는 경우도 있지만 나름대로는 동생을 돌보려고 하는 행동이 아직 서툴기 때문에 부모의 눈에는 때리는 것으로 보일 수 있다. 그러나 그렇다고 해서 동생 곁으로 가지 못하게 하면 큰아이는 소외감을 느끼게 되고 증상은 더욱 심해질 것이다.

그러니 큰아이의 안내로 동생에게 간 다음에는 큰아이를 동생을 돌보는 일에 참여시켜라. 분유나 기저귀, 물 티슈 등을 큰아이에게 가져오게 하면 동생을 돌봐야 한다는 생각이 자연스럽게 생긴다. 이때 동생을 잘 돌본다고 칭찬까지 해 주면 아이는 더욱 잘하려고 노력하게 된다. 또 나중에 동생을 돌보고 있을 때 주위 사람들과 같이 칭찬해 주면 더욱 신 나게 동생을 돌볼 것이다.

큰아이에 대한 배려는 친척들도 필요하다. 둘째 아이가 태어나면 많은 친척들이 아기를 보기 위해 찾아오는데, 처음부터 둘째부터 찾으면 큰아이가 섭섭함을 갖게 된다. 그러므로 먼저 큰아이와 충분히 시간을 보낸 다음 큰아이의 안내를 받아 동생을 보러 가야 한다. 또 큰아이가 동생을 보살펴 주고 있거나 부모가 "큰아이가 동생을 잘 돌본다."고 말하면 친척들은 아낌없는 칭찬이나 적절한 보상을 해 주어야 한다. 이 같은 주변의 반응을 통해 아이는 어느 정도 보상을 받게 되므로 소외감이나 외로움을 덜 수 있다. 따라서 부모는 친척이 방문할 경우에는 미리 이러한 사실을 주지시켜 효과적으로 이용할 필요가 있다.

물론 그렇게 한다고 해서 큰아이의 문제가 완전히 사라지지는 않는다. 한의학에서는 음과 양의 조화를 가장 중요시한다. 즉 음과 양이 절대적인 평형이 아니라 상대적이고 동적인 평형을 이루어야 한다는 얘기다. 시소를 예로 들어 보자. 양쪽에 똑같은 무게의 물건을 올려놓으면 절대적인 평형을 이루게 된다. 그런데 서로 무게가 다른 물건을 양쪽에 올려놓아도 시소가 조금씩 움직이면서 어느 정도 평형을 유지하는 것을 볼 수 있다. 이것이 바로 동적인 평형이다. 이처럼 음과 양은 서로 영향을 끼치고 조화를 이루면서 만물을 형성하고 생명을 유지한다. 이것은 모든 방면에 다 적용된다.

큰아이와 의사소통 수단을 만들어라

아이의 입장에서는 양의 성질을 가진 아빠의 사랑과 음의 성질을 가진 엄마의 사랑을 동시에 받아야만 건강하고 행복할 수 있다. 아빠가 아무리 많은 사랑을 주더라도 엄마의 사랑을 받지 못하면 아이에게 문제가 생길 수 있다. 따라서 힘들더라도 부모가 모두 큰아이에게 일정한 시간을 할애해야 한다.

우선 아이가 부모 중 누구한테 더 화가 나 있고 누구의 사랑을 필요로 하는지 살펴봐야 한다. 그것은 아이의 행동이나 말에 관심을 기울이면 쉽게 알 수 있다. 그리고 아이가 자신에게 사랑을 적게 주고 있다고 생각하는 아빠나 엄마는 아이와 의사소통 수단을 만들어야 한다. 대개 엄마가 동생을 돌보는 경우가 많으므로 엄마를 예로 들어 필자가 사용하는 방법을 적용해 보자.

우선 글을 쓸 줄 모르는 아이는 엄마와 귓속말을 하게 한다. 대신 이 귓속말은 동생도 들을 수 없고, 아빠도 들을 수 없고, 오로지 엄마하고 큰아이만 들을 수 있어야 한다. 이렇게 엄마와 큰아이만의 소통 공간을 만들어 놓으면 큰아이는 동생이 가지지 못한 엄마와의 은밀한 공간이 생겼으므로 소외감을 덜 느끼고 재밌어한다. 그러다 보면 큰아이가 어느 순간 속마음을 털어놓기 때문에 아이의 문제점을 파악하고 해결하기가 한결 쉬워진다. 그렇다고 처음부터 순조롭게 잘되리라는 기대는 하지 않는 것이 좋다. 아이가 이미 상처를 받은 경우에는 더더욱 그렇다. 설령 아이가 시키는 대로 하지 않거나 아무런 관심을 보이지 않더라도 절대 강요해서는 안 된다. 아이의 마음을 얻기 위해서는 어느 정도 요령이 필요하다. 귓속말의 경우 귀에다 바람만 불어넣어도 아이들은 간지러워하면서 재미있어한다. 그런 식으로 아이가 재미있어하는 방법을 통해 아이와의 의사소통 공간을 점점 넓혀 나가야 한다.

만일 아이가 글을 쓸 줄 아는 경우에는 비밀 노트를 사용한다. 이 방법은 특히 여자 아이에게 효과적이다. 물론 이것도 엄마와 아이만 볼 수 있어야 한다. 아빠에게 보여 주어서도, 아빠가 보려고 해서도 안 된다. 그리고 귓속말과 마찬가지로 여기서 나눈 이야기들은 절대 비밀을 지켜야 한다. 그래야 큰아이가 동생이 가지지 못한 것을 가졌다는 사실에 뿌듯해하기 때문이다. 이 노트에는 자기가 하고 싶은 말을 글로 써도 되고 그림으로 표현해도 좋다. 엄마의 글에 아이가 답을 달면, 엄마가 다시 답을 다는 형식으로 계속 이어 나가면 된다.

그리고 아빠가 쉬는 주말이나 공휴일을 잘 활용해야 한다. 이때 엄마는 둘째를 남편에게 맡겨 놓고 큰아이와 시간을 보내야 한다. 긴 시간을 보낼 수는 없겠지만 여기서 중요한 것은 얼마나 오래 같이 보내느냐가 아니라 얼마나 충실히 보내느냐이다. 따라서 이때는 큰아이를 위해서만 시간을 사용해야 한다. 그러면 한두 시간밖에 같이 보내지 못했더라도 아이에게는 충분한 시간이 될 수 있다. 우선 그때는 전화도 받지 말고 둘째 아이가 울어도 신경을 끈 채 큰아이와 집중적으로 놀아 줘야 한다. 아이와 방에서 놀아도 좋고 함께 장을 보러 가는 것도 좋은 방법이다. 이렇게 집중적으로 놀아 주면 아이는 비록 부모와 함께하는 시간이 전보다 적더라도 동생을 돌봐야 한다는 것을 알기 때문에 어느 정도는 만족해할 것이다.

그리고 이때도 아빠의 역할이 중요하다. 아빠는 둘째 아이를 돌보는 일이 아무리 힘들어도 부인에게 도움을 요청해서는 안 된다. 그래야 엄마도 큰아이에게 집중할 수 있기 때문이다. 아빠도 직접 경험하면서 느끼겠지만 아이를 돌보는 일은 결코 만만치 않다. 그런 일을 엄마들은 하루 24시간 내내 하고 있으므로 틈틈이 휴식이 필요하다. 엄마에게 큰아이와 노는 시간은 그런 의미에서 숨 고르기를 할 수 있는 휴식 시간이기도 하다. 따라서 아빠는 이 시간을 엄마와 큰아이가 충분히 즐길 수 있도록 배려해 주어야 한다.

이 밖에도 아이와 소통하는 방법은 참으로 많다. 어떤 방법이든 주어진 짧은 시간에 큰아이에게 만족감을 줄 수 있으면 된다. 어차피 큰아이에게 많은 시간을 할애할 수 없다면 주어진 시간 동안 큰아이와 얼마나 집중해서 시간을 보내고, 얼마나 많이 큰아이를 웃게 만들 수 있을지가 관건이다. 그것만 제대로 된다면 어떤 방법을 쓰더라도 큰 문제가 없을 것이다.

간혹 엄마가 큰아이와 하는 것을 보고 둘째 아이가 질투를 하면서 본인도 해 달라고 하는 경우가 있다. 그러나 그것을 들어주면 안 된다. 둘째 아이에게도 똑같이 해 주면 큰아이와 보내는 시간의 가치가 떨어지기 때문이다. 동생에게 형이나 누나, 언니, 오빠는 일종의 우상이다. 그래서 형이 하는 일은 동생도 따라 하려고 한다. 하지만 다른 것은 몰라도 이런 의사소통의 공간을 사용하는 일은 반드시 차이를 두어야 한다.

아이는 나쁜 관심이라도 받고 싶어 한다

필자가 얼마 전에 만난 남자 아이가 있다. 나이가 열 살 정도 되었는데 목을 자꾸 뒤로 젖히는 증세 때문에 찾아온 것이었다. 처음에는 틱 증상을 의심했는데 진단해 보니 승모근이라는 목에 있는 근육에 문제가 생겨 목이 불편하다 보니 자꾸 목을 움직이는 것이었다. 그런데 아이의 승모근이 스트레스를 엄청 받아서 거의 돌덩이처럼 굳어 있었다. 그래서 엄마와 상담해 보니 5살 어린 여동생을 쓰레기통에 버리고 싶다는 말까지 했다고 한다. 남자 아이치고는 예민한 아이인데다가 다섯 살짜리 여동생이 아직도 엄마한테서 한시도 떨어지려 않으려고 잠도 같이 자다 보니 큰아이가 너무 스트레스를 받아 이런 문제가 발생한 것이었다. 게다가 큰아이 입장에서는 많은 관심을 받지 못하다 보니 동생을 괴롭히게 된 것이다.

아이들은 무관심보다 나쁜 관심일지라도 관심을 택한다. 다시 말해서 칭찬을 해 주지 않고 잘못된 일만 지적하면 자신이 사랑받을 자격은 없고 야단만 맞을 수밖에 없는 존재라고 생각하고 나쁜 관심이라도 얻기 위해 말썽을 피우거나 야단맞을 일만 하는 것이다. 이 아이가 동생을 괴롭히는 것도 마찬가지다. 개인적으로 화가 나서 그런 것이기도 하지만 그 이면에는 부모의 나쁜 관심이라도 받고 싶은 마음이 깔려 있는 것이다. 밖에 나가면 다른 동생들은 잘 돌보는데 집에만 오면 동생을 괴롭히는 걸로 봐서는 성정의 문제로만 볼 수 없기 때문이다.

그 아이는 동생이 엄마랑 자는 것도 불만이었다. 그래서 매일 밤

자기도 엄마하고 자겠다고 떼를 썼던 것이다. 게다가 아빠는 무뚝뚝하고 권위적인 성격이었다. 그러다 보니 아이에게도 다정다감하지 못할 뿐 아니라 아이와 놀아 주고 싶어도 놀아 줄 방법을 몰라 겉돌았다. 엄마가 아이들이 떼쓰는 것을 고치려고 해도 아빠가 시끄럽게 구는 것을 싫어하다 보니 엄마의 방침대로 교육할 수 없는 상황이었다. 그러다 보니 둘째 아이는 아직도 불만이 있으면 말로 하지 않고 떼를 쓰고 있었다.

필자는 우선 큰아이가 스트레스를 풀 수 있는 방법을 찾아 주고 싶었다. 그런데 아이가 이미 무기력해져서 좋아하는 일도 없어 보였다. 그래서 상담을 하면서 뭘 좋아하느냐고 물었더니 책 읽기를 좋아한다고 했다. 그 말을 듣고 책을 읽는 것은 아주 좋은 습관이라고 칭찬해 주면서 동생은 잘 읽느냐고 물어보았다. 그랬더니 자랑스럽게 동생은 아직 책을 잘 읽지 못한다고 했다. 그래서 아이를 칭찬하면서 동생에게 책을 읽어 줄 수 있느냐고 했더니 흔쾌히 받아들였다. 그리고 엄마에게는 아이가 동생에게 책을 읽어 주면 칭찬을 많이 해 주라고 따로 일러두었다. 이 아이는 칭찬을 얼마나 좋아하는지 어른들도 무서워하는 침을 칭찬을 하면서 놓았더니 소리도 지르지 않고 잘 맞았다. 아이가 그 후 다시 내원했을 때는 동생에게 글을 가르칠 정도로 증상이 좋아진 상태였다. 이처럼 아이들은 조금만 배려해 줘도 상태가 좋아지게 돼 있다.

정리하자면 동생을 낳을 때 우리는 큰아이의 존재를 간과하게 된다. 아이가 컸으니 부모의 마음을 이해해 줄 것이라고 생각하기 쉽지만 큰아이도 아직 어린아이에 불과하다. 아이는 크든 작든 간에 어른이 되기 전에는 부모의 사랑을 갈구하는 법이다. 따라서 큰아이에게 일방적으로 참으라고만 하지 말고 큰아이도 아직 사랑을 필요로 하는 어린아이라는 인식을 가지고 이해하고 배려해야만 문제가 생기지 않는다.

모든 문제는 작은 일에서 시작된다. 사소한 일 때문에 아이와 계속 다툼이 생기면 나중에는 걷잡을 수 없을 만큼 상황이 악화돼 아이가 마음의 문을 굳게 닫아 버리게 된다. 둘째 아이를 잘 키우려면 큰아이를 배려하라. 그렇지 않으면 큰아이는 물론 둘째 아이도 상처를 입게 된다.

16
문제아는
절대적으로 **부모 책임**이다

한의원에 있다 보면 아이 문제로 속상해하는 부모들을 자주 만난다. 물론 처음부터 부모들이 속내를 털어놓지는 않는다. 한의원에서 아이 문제를 상담해 준다는 것을 몰라서 그럴 수도 있지만 자식의 허물을 드러내 놓고 이야기할 정도로 우리 사회가 아직 열려 있지 않기 때문일 터다. 일반적으로 정신적인 문제와 육체적인 문제를 별개로 생각하지만 실은 같은 것이다. 그래서 한의학에서는 오장육부와 정신적인 부분을 따로 취급하지 않고 한 맥락으로 연결시킨다. 특히 정신적인 부분은 심장과 관련이 있는 것으로 본다. 뇌의 존재를 모르기 때문이 아니다. 정신적인 부분은 단지 뇌만의 문제가 아니라 인체 모든 기능과 연관되어 있기 때문에 모든 장부의 으뜸인 심장과 연결시켜 놓은 것이다.

실제로 정신적인 문제가 있을 때 육체를 치료하면 상태가 좋아지는 경우를 많이 볼 수 있다. 양방에서도 심신증(心身證 · 정신적인 문제가 육체에 문제를 일으키는 증상)이라는 개념이 있는데 한의학적인 개념보다는 협소한 의미인 것 같다. 이처럼 정신적인 문제도 신체적인 질병과 같은 개념이므로 감추거나 부끄러워할 필요가 없다. 또한 아이의 행동이 특이하다고 해서 꼭 정신적인 문제가 있는 건 아니다.

언젠가 선배가 운영하는 한의원을 방문한 적이 있는데 그곳에서는 발달 장애아들을 전문으로 치료하고 있었다. 거기에는 우리가 평소에 문제라고 생각하는 정도는 투정으로 여겨질 만큼 증세가 심각한 아이들이 치료를 받고 있었다. 아마도 그 모습을 본다면 우리 아이들이 정상 궤도를 약간 벗어나는 것을 그리 심각하게 받아들이지는 못할 것이다. 아이들이 그런 행동을 하는 건 정신적으로 문제가 있어서가 아니라 자신의 정체성을 찾아가는 과정에 불과할 수도 있기 때문이다.

어른들은 대부분 아이들이 일정하고 빠른 길을 통해 목표물에 도달하기를 원한다. 하지만 모든 아이들이 그 길을 선택하지는 않는다. 어떤 아이는 천천히 걸어가고, 어떤 아이는 전력을 다해 뛰어가고, 어떤 아이는 다른 길로 돌아서 가기도 한다. 개중에는 부모의 시야에서 벗어나 좀 더 멀리 돌아가는 아이도 있다. 문제는 지금 우리 사회가 그런 아이들이 목표지점에 도달할 때까지 기다리지 못하고 문제아로 취급하거나 심지어는 병명을 붙여 환자 취급하는 데 있다. 그러나 진짜 문제아는 궤도를 이탈했다가 다른 아이들처럼 목표 지점으로 돌아오지 못하는 아이들이지, 조금 늦더라도 돌아오는 아이들은 문제아가 아니다.

요즘 부모들은 자녀가 다른 아이들보다 조금만 튀는 행동을 해도 속상해하고 병명을 붙여 치료하려고 한다. 그러나 자식을 믿지 못하는 부모의 그런 태도가 멀쩡한 아이를 문제아로 만든다는 것은 왜 모를까? 예로부터 아이들은 그냥 놔두면 저절로 큰다고 했다.

우리 인간은 한 명도 같은 사람이 없다. 생김새뿐 아니라 성격과 취향도 제각각이다. 그래서 〈세상에 이런 일이〉나 〈생활의 달인〉 같은 프로그램을 보면 별의별 사람이 다 있는 것이다. 아이들도 마찬가지다. 아이마다 성격, 행동, 취향이 다 다른데 부모는 이 점을 인정하지 못하고 내 아이가 다른 아이들과 조금 다르다 하여 문제아로 만든다. 결국 문제아가 되느냐, 안 되느냐는 부모가 아이를 어떤 시각으로 바라보느냐에 달렸다.

그동안 부모가 문제아라며 데려온 아이들을 들여다보면 정말 아이에게 문제가 있는 경우는 거의 없었다. 부모의 그릇된 시각 때문에 아이가 그렇게 반응하는 것이었다. 아이들은 하얀 도화지처럼 순수한 마음을 가지고 태어난다. 독사나 독초의 경우 처음에는 없던 독이 시간이 지나면서 환경에 의해 생기는데 동물들은 부모에 의해 문제가 생기지 않는다. 부모와 지내는 시간도 길지 않을뿐더러 살아가는 방법을 금방 터득해 혼자 생존해 나가기 때문이다. 그러나 인간은 유일하게 부모에 의해 문제가 발생하는 동물이다. 뿐만 아니라 수십 년을 부모에게 의지하며 살아간다. 심지어는 결혼하고 나서도 부모에게 의지하는 사람이 많다. 특히 자신의 생각은 배제하고 정신적으로 부모에게 의지하며 사는 것은 아주 큰 문제다. 왜냐하면 이 경우에는 부모가 아이를 문제아로 만들 소지가 크기 때문이다.

언행에 일관성을 보여라

아이들에게 부모는 그냥 부모가 아니라 신과 같은 존재이다. 요즘 부모의 권위가 땅에 떨어졌다고 하더라도 아이들한테 부모는 그런 존재인 것이다. 아이들은 인지능력이나 판단력이 떨어지기 때문에 부모의 눈을 통해 세상을 보고, 부모의 반응을 보고 옳고 그름을 판단한다. 그래서 부모가 어떻게 행동하느냐에 따라 아이가 달라진다. 위대한 인물 뒤에 위대한 부모가 있듯이 문제아 뒤에는 문제 부모가 있는 것이다.

부모가 아이들을 문제아로 만드는 결정적인 계기는 일관성이 없거나 약속을 안 지키는 경우, 비도덕적인 경우, 아이가 원하면 무엇이든지 맹목적으로 들어주는 경우이다. 다시 말해 아이를 문제아로 만들지 않기 위해서는 우선 일관성 있는 태도를 보여 주어야 한다. 아이들은 부모가 한 말은 무엇이든 기억하려고 한다. 그래서 아이에게는 항상 일관성 있는 논조로 말해야 하고, 아이와 한 약속은 반드시 지켜야 한다. 예를 들어 아이가 사람들이 많은 음식점이나 백화점에서 말썽을 일으킨 경우 부모는 아이를 혼내다가 말을 듣지 않으면 집에 가서 혼내겠다고 말한다. 그러나 막상 집에 가면 혼내지 않고 그냥 넘어가는 경우가 많다. 처음에는 귀찮기도 하고 아이가 안쓰러워서 그냥 지나치는 경우가 있는데 이는 잘못된 처사다. 그럴 거면 애초에 그런 말을 해서는 안 된다. 아이는 백지와 같다. 백지는 처음 칠하는 색깔은 잘 흡수하지만 그 다음에 다른 색을 칠하려고 하면 잘 받아들이지 못한다. 이와 마찬가지로 아이는 부모가 처음에 한 약속을 지키지 않으면 부모가 그 다음에 어떤 말을 해도 잘 믿지 못한다. 또 그런 문제가 반복되면 부모를 더욱 믿지 못하고 더 이상 부모의 교육 방침을 따르지 않게 된다.

물론 아이가 부모를 믿지 못하는 것도 문제지만 더 큰 문제는 부모의 허언을 지적하며 반박하는 것이다. 아이는 어느 정도 생각이 정리되면 부모가 거듭 약속을 어기는 데 대해 문제 제기를 한다. 그러면 대부분의 부모는 말문이 막힌다. 아이가 지적한 대로 약속을 지키지 않은 것은 사실이기 때문이다. 하지만 이때 아이의 지적을 순순히 시인하는 부모는 거의 없다. 우리 사회 전반에 유교 사상이 뿌리 깊게 자리하고 있어서 그런지 자식은 부모의 말에 복종해야 한다는 인식이 박혀 있는 탓이다. 그래서 아이가 문제를 지적하면 부모는 자신을 우습게 생각한다고 여기며 화부터 내는 경우가 많다. 특히 아이가 조목조목 따지는 통에 말문이 막히면 대부분의 부모는 큰 소리를 지르거나 체벌을 한다. 그때는 아이가 겁이 나서 그냥 넘어갈 수도 있지만 이러한 일이 몇 번 반복되면 아이는 부모와의 대화마저 무의미하게 여기게 된다. 그러면 그 아이들이 과연 올바른 생각과 행동을 할 수 있겠는가?

또 다른 문제는 보상과 체벌의 일관성이다. 아이가 잘했을 때 상을 주고 잘못했을 때 벌을 주는 것은 당연하다. 그러나 정해진 원칙 없이 아무 때나 상을 주고, 아무 때나 벌을 주어서는 안 된다. 같은 행동을 가지고 어떤 때는 상을 주고, 어떤 때는 벌을 주면 문제가 발생할 수밖에 없다.

아이에게 보상할 때는 신중해야 한다. 아이가 칭찬받을 일을 했을 때 보상해 주는 건 당연하지만 보상은 보상다워야 한다. 보상으로 평소 자주 사 주던 물건을 줘서는 안 된다. 그런 물건은 아이가 꼭 칭찬받을 일을 하지 않아도 쉽게 가질 수 있으므로 계속 보상받고 싶은, 그래서 계속 칭찬받을 일을 하고 싶은 생각을 심어 주지 못한다. 아이가 나름대로 애써서 보상을 받았는데 그것이 쉽게 가질 수 있는 물건이면 아이가 계속 잘하려고 노력을 하겠는가?

특히 조심해야 할 것이 동생이나 형이 있는 경우다. 이 경우에는 한 아이가 잘해서 보상을 받으면 다른 아이도 같은 것을 달라고 떼를 쓰게 된다. 특히 형이 부모에게서 상을 받은 경우에는 더더욱 그렇다. 그런데 대부분 형이 떼를 쓰면 잘 안 들어주면서도 동생이 떼를 쓰면 "형이니까 이해해라. 동생은 아직 어리잖니?" 하면서 쉽게 받아 준다. 하지만 동생에 비해 상대적으로 나이가 많을 뿐이지 형도 어린아이기는 마찬가지다. 계속 그런 식으로 형에게 일방적인 희생이나 이해를 강요하면 형의 입장에서는 열심히 잘해도 자신만 손해라는 생각이 들 수밖에 없다. 따라서 상을 줄 때는 예외를 두어서는 안 되며 항상 일관성 있는 태도를 보여야 한다.

물론 말은 쉽지만 실제로 이렇게 하기가 쉽지는 않다. 부모가 판사도 아닌데 어떻게 항상 일관성 있게 행동할 수 있겠는가? 그러나 부모의 일관성 없는 태도 때문에 아이가 받을 스트레스를 감안한다면 말과 행동을 앞세우지 말고 그 전에 아이에게 한 약속이나 행동을 돌아볼 필요가 있다. 그리고 아이가 부모의 언행에 대해 문제를 제기하면 무턱대고 화를 내거나 비이성적으로 행동하지 말고 잠시 떨어져 생각할 시간을 가진 후에 아이와 다시 대화를 나누는 것이 바람직하다.

마지막으로 아이 앞에서는 반드시 비도덕적인 언행을 삼가야 한다. 대부분의 부모가 이 점을 가장 소홀히 여기는데 아이들은 부모의 언행을 관찰하고 그대로 따라한다. 아이는 부모의 거울이라는 말처럼 아이의 행동 하나, 말 한 마디에는 부모의 행동과 말투가 그대로 투영되어 있다. 맹모삼천지교라는 말이 생겨난 일화를 살펴보자. 맹자의 엄마는 맹자가 주변 환경에 많은 영향을 받는 것을 보고 바른 교육을 위해 세 번 이사했다. 단지 주변 환경에 따라서도 이렇게 많은 영향을 받는데 한 지붕 밑에 사는 부모의 언행은 얼마나 많은 영향을 끼치겠는가? 비도덕적이고 올바르지 않은 언행을 보이는 부모가 아이들에게 도덕적이고 바르게 살라고 말하면 따르고 싶겠는가? 할아버지 할머니를 함부로 대하는 부모가 효도를 가르친다고 해서 아이가 듣겠는가? 집에만 들어오면 TV나 컴퓨터만 뚫어져라 보는 부모가 공부하라고 하면 기꺼이 응하겠는가?

개중에는 TV나 컴퓨터만 쳐다보는 이유를 종일 바깥에서 시달려 스트레스를 풀기 위해서라고 합리화하는 부모가 있다. 그러나 한번 생각해 보라. 요즘 아이들은 부모보다 과중한 과외활동과 공부에 시달리느라 하루 24시간이 모자랄 지경이다. 더욱이 학교에서 무엇이 옳고 그른지를 배우기 때문에 부모의 언행이 도덕적인지 비도덕적인지도 가늠할 수 있다. 그런데 만일 부모가 학교에서 배운 것처럼 바르게 행동하지 않아 아이가 부끄러움을 느낀다면 그런 가정에서 무엇을 가르치고 무엇을 배울 수 있겠는가? 부모는 밖에서 아무리 화가 나는 일이 있었더라도 적어도 아이 앞에서는 도덕적이고 언행이 일치하는 삶을 살아야 한다.

성적보다 재능과 적성에 맞는 꿈을 찾도록 하라

반면 획일적인 태도는 지양해야 한다. 요즘 부모들은 행동에는 일관성이 없는데, 유일하게 일관성을 유지하는 것이 있다. 바로 경직되고 획일적인 교육이다. 얼마 전 인기 프로그램 〈미녀들의 수다〉에서 외국인들을 대상으로 "한국 하면 놀라운 것이 무엇일까요?"라고 묻자 그중 '공부하는 10대들'이라는 답이 나왔다. 독일에서는 오후 1시면 수업이 끝나고, 캐나다에는 학원이 아예 없고 수업 진도를 따라오지 못하는 학생들만 과외수업을 받는다고 한다. 또한 우리나라에서는 진로를 선택할 때 적성이나 재능보다 성적을 우선시하는데 선진국에서는 성인이 되기 전에 자신의 적성에 맞는 꿈을 찾는 것이 일반적인 일이라고 한다.

이 세상에 모든 면에서 같은 사람은 없다. 쌍둥이도 외모는 비슷하지만 성격과 재능은 서로 다르다. 그렇기 때문에 모든 아이가 공부에 재능이 있을 수는 없는데도 대부분의 부모가 자식에게 공부를 잘하라고 강요한다. 뿐만 아니라 모든 아이들에게 비슷한 방식으로 공부를 시키려고 한다. 그것도 아이 자신이 원해서가 아니라 주변의 분위기에 휩쓸려서, 그렇게 하지 않으면 우리 아이만 뒤처지는 게 아닌가 하는 우려 때문에 꼭 필요하지 않은데도 시킨다. 그러다 보니 일각에서는 유치원생들에게까지 종일 공부를 시키는 비정상적인 분위기가 조성되고 있다. 그런 아이들이 초등학교를 거쳐 중·고등학생이 될 때까지 계속 열심히 공부할 수 있을까? 또 대학에 들어가면 과연 공부를 하겠는가?

우리나라 학생들은 대학에 가기 위해 밤잠을 설치며 공부를 하다 보니 정작 대학에 진학하면 학업을 등한시하는 경향이 있다. 필자 역시 고교 시절 대학에 들어가면 더 이상 공부하지 않겠다고 생각한 적이 있다. 우리나라의 대학 경쟁력이 세계 최하위인 것은 어쩌면 당연한 일인지도 모른다.

그런데 이 모든 것이 따지고 보면 아이의 재능과 적성은 고려하지 않고 공부 하나에만 열을 올리는 부모의 책임이다. 아이들은 저마다 재능과 적성이 다른데 부모들이 그러한 다양성을 무시하고 공부만 강요하니 문제 행동을 보이는 것이다. 폭력을 휘두르고 가출을 해야 문제 행동인가? 한창 생기발랄해야 할 아이들이 풀이 죽고 시들어 가는 것도 문제 행동이다.

우리 아이가 공부에 특출한 재능이 없는데도 공부 잘하는 우등생이 되라고 떠미는 건 부모의 지나친 욕심이요, 아이를 불행하게 만드는 지름길이다. 부모는 그것을 아이를 위한 일이라고 말하지만 실은 다른 아이에게 뒤처지지 않도록 나름대로 최선을 다했다고 자위하고 싶은 것이다.

이 문제는 부모의 과욕에서 비롯됐으니 결국 부모가 실타래를 풀어야 한다. 아이에게 문제가 있다며 병명을 덮어씌워 약으로 치료할 일이 아니라 이렇게 잘못된 분위기로 몰고 온 부모들 스스로 문제의식을 가지고 사회를 바르게 고쳐 나가야 한다.

필자의 지인 중에 아이들에게 아주 엄격한 사람이 있다. 그렇다고 아이들을 무섭게 대하거나 매사에 도덕성을 따지는 꽉 막힌 사람은 아니다. 대신 아이들과 한 약속은 정말 칼같이 지키는데 그러다 보니 아이들이 부모를 대단히 어려워하면서도 잘 따른다. 평소에는 잘 지내다가 잘못했을 때는 따끔하게 지적하거나 혼을 내니 아이들이 순순히 받아들이는 것이다. 물론 혼날 일을 해서 혼낸다고는 하지만 그 집 아이들은 부모에게 마치 복종하는 듯 보인다. 특히 외출했을 때 그런 면이 더 잘 나타난다. 아이들은 밖에 나가면 신기한 것들이 많기 때문에 사고를 치는 경우가 있는데 그 집에서는 같은 일을 두고 세 번 이상 야단치지 않는다. 다시 말하자면 그 집 아이들은 세 번 야단치기 전에 잘못을 바로잡는다.

대부분의 부모는 아이들이 사고를 치면 말로만 혼낸다. 그러면서 아이가 유별나 말도 안 듣고 속상해 죽겠다고 아이 탓을 하는데 사실 그렇게 만든 책임은 부모에게 있다. 좀 더 냉정하게 말하면 그런 경우 아이한테 부모의 말은 들어도 그만 안 들어도 그만이다. 그러다 보니 말을 듣게 하기 위해 때리는 횟수가 점점 늘어나는 것이다. 그런데 그 집에서는 같은 잘못을 두고 세 번 경고를 했는데 아이가 말을 듣지 않으면 반드시 권리 박탈이나 체벌을 한다. 그래서 아이들도 한두 번 경고를 들을 때는 긴장하지 않다가 세 번째 야단을 치면 긴장한다. 그 후에 벌어질 일을 아이들도 알고 있기 때문이다.

물론 이 방법이 꼭 옳다는 것도 아니고, 아이의 잘못을 고치기 위한 정답도 아니다. 그러나 부모에게 왜 일관성이 필요한지 보여 주는 좋은 예라는 생각이 든다.

부모가 지양해야 할 또 다른 태도는 아이가 원하는 대로 무조건 해 주는 것이다. 요즘은 아이를 많이 낳지 않다 보니 아이가 원하는 대로 해 주는 경우가 많은데 그렇게 되면 계속 아이에게 끌려갈 수밖에 없다. 부모는 반드시 아이에게 절제하는 법을 가르쳐야 한다. 그래야 아이가 자신의 감정과 욕심을 조절할 수 있다.

그러려면 우선 아이가 원하더라도 옳고 그름과 적합성 여부를 따져 아이의 부탁을 들어줘야 한다. 매스컴을 통해 간혹 등장하는 패륜아들을 보라. 재산을 노리고 자신을 낳고 길러 준 어버이를 죽인 사람, 심하게 잔소리를 하거나 여자 친구와의 만남을 반대한다는 이유로 부모나 친척을 살해한 사람, 거동이 불편한 팔순 노모를 모시기 싫어 굶겨 죽인 사람 등 차마 입에 담기조차 민망한 사건들이 바로 우리 주변에서 일어나고 있다. 물론 일련의 사건은 자식에게 가장 큰 잘못이 있지만 여기에는 부모도 일말의 책임이 있다. 인간의 도의상 할 수 없는 만행을 별다른 양심의 가책 없이 저지르는 사람들은 대체로 감정 절제를 잘 못한다. 어릴 때부터 부모가 원하는 것은 무엇이든 해 주었기 때문이다.

하지만 사회는 그렇지 않다. 사회생활을 하다 보면 마음대로 되지 않는 일도 많고, 때로는 자신이 원하는 것을 포기해야 하는데 어릴 적부터 절제를 배우지 못한 사람은 그럴 때 이성적으로 행동하지 못하고 그 책임을 다른 사람에게 전가하거나 문제를 일으킨다. 따라서 아이에게는 반드시 욕심나는 대로, 마음먹은 대로 할 수 없는 것이 있다는 것을 느끼게 해 주어야 한다. 아이가 원한다는 이유로 부모가 아무렇지도 않게 사 주는 장난감 하나가 아이를 망칠 수도 있음을 명심하라.

거듭 강조하자면 아이의 문제 행동은 부모에게 책임이 있다. 문제 행동은 하루아침에 나타나지 않는다. 그러니 이제부터라도 아이 탓만 하지 말고 자신의 태도와 행동에 문제가 있는지 점검하고 반성하라.

17

〈우리 아이가 달라졌어요〉
〈우리 부모가 달라졌어요〉

평소 즐겨 보는 TV 프로그램 중에 SBS에서 방영하는 〈우리 아이가 달라졌어요〉라는 프로그램이 있다. 시간이 잘 맞지 않아 자주 시청하지는 못하지만 웬만하면 놓치지 않고 보는 프로그램이다. 그리고 부모에게 적극 권하고 싶은 프로그램이다. 이 프로그램을 보라고 권유하면 많은 부모가 이구동성으로 말한다. 우리 아이는 문제가 없기에 볼 필요성을 느끼지 못한다고 말이다. 그럼에도도 불구하고 이 프로그램을 보라고 하는 건 아이가 아니라 부모가 배워야 할 점이 많기 때문이다.

이 프로그램을 보고 있으면 아이들의 심각한 문제가 어떻게 그리 짧은 시간 안에 고쳐지는지 신기할 따름이다. 아울러 저리 쉽게 고쳐지는 아이들의 문제를 부모는 왜 그동안 개선하지 못했는지 안타깝기도 하다.

그럼 이 프로그램에 나오는 아이들은 어떻게 했기에 그리 빨리 달라졌을까? 부모도 아이의 본성에 문제가 있다며 포기했던 아이들이 어떻게 달라질 수 있었을까? 가장 큰 이유는 부모의 태도가 달라졌기 때문이다. 아이가 달라지는 데 가장 큰 역할을 하는 것은 부모다. 이 프로그램은 부모가 전문가의 처방을 철저히 따른다는 것이 키포인트이다. 사실 아이의 문제를 고치는 것보다 부모의 문제를 납득시키기가 더 힘들다.

특히 고학력에 육아관이 확고한 사람인 경우에는 더더욱 그렇다. 부모는 자신에게 문제가 있다는 사실을 어렵게 깨닫고 나서도 몇 번 시도해 보고 효과가 나타나지 않으면 지레 포기하는 경우가 많다. 왜냐하면 아이 버릇은 하루 이틀이 아니라 장기간 공을 들여야 고쳐지는 데다 조금만 방심해도 예전으로 돌아가기 때문이다. 더욱이 자신의 육아 방법이 잘못되었다는 것을 진심으로 인정하지 않기 때문이다. 그런데 이 프로그램에 나오는 부모는 전문가의 조언대로 꾸준히 변화하려고 노력하므로 아이도 달라지는 것이다.

여기서 전문가들이 일러주는 조언이 무엇인가? 전문가들은 아이를 처음에 검사할 때를 제외하곤 참견하지 않는다. 아이에게 어떤 처방을 내리거나 아이 자체를 고치려고 하지 않는다. 대신 부모를 변화시키기 위해 노력한다. 특히 아이와의 관계를 개선할 것을 강조한다. 세상에 아이를 사랑하지 않는 부모가 어디 있겠는가? 그런데 많은 부모가 그 점을 아이에게 잘 전달하지 못한다. 특히 아빠가 그렇다. 아이와 단둘이 있어도 방법을 몰라 아이와 놀아 주지 못하는 아빠, 그래서 아빠와는 잘 어울리지 못하는 아이를 보면 참으로 안타깝다. 좋은 부모가 되기 위해서는 바람직한 육아 방법을 열심히 배워야 하는데, 그런 의미에서 이 프로그램은 상당히 유익하다.

아이에게는 아빠의 양기와 엄마의 음기가 골고루 필요하다

아이와 좋은 관계를 맺기 위한 가장 좋은 방법은 스킨십이다. 아이와 스킨십을 하는 방법은 아빠 엄마가 다르다. 남자는 양기가 더 많고 여자는 음기가 더 많다. 따라서 아이는 아빠의 양기와 엄마의 음기를 골고루 받아야 건강하게 자랄 수 있다.

아빠는 양기가 많아 에너지를 발산하려는 성향이 강하므로 아이와 함께 운동을 하거나 육체를 사용하는 활동적인 놀이를 하면서 스킨십을 나누는 것이 좋다. 아빠가 엄마보다 힘이 세므로 아이와 놀 때도 힘을 이용해 접촉하는 것이 좋다. 원래 무뚝뚝한 성격이면 처음에는 아이와 살갑게 놀아 주기가 쑥스럽겠지만 자꾸 접촉하다 보면 어떻게 놀아 주는 것이 좋은 방법인지 스스로 찾을 수 있다. 예를 들어 아빠는 팔씨름을 하거나 목말을 태워 아이의 양기를 발달시켜 주어야 한다. 양기가 발달할 때 아이에게 나타나는 특징 중 하나가 웃음이 많아지는 것이다. 아이들은 아주 사소한 일로도 까르르 잘 웃는다. 이것은 아이가 순수하고 양기가 넘쳐 나기 때문이다. 따라서 아빠는 평소 아이가 자주 웃을 수 있도록 육체적인 접촉을 많이 가져야 한다.

한편 엄마는 음기가 많으므로 정신적인 접촉을 통해 아이와 교감한다. 자연은 사시사철 성장만 하지는 않는다. 봄과 여름에는 성장을 많이 하지만 가을이 되면 자신에게 필요 없는 부분은 떼어 내고 결실을 맺을 준비를 한다. 이것을 '숙살의 기운'이라고 한다. 필요 없는 부분을 사정없이 베어 버린다는 의미로, 음기의 작용에서 비롯된다. 또 엄마는 아빠에 비해 힘이 약하므로 아이가 자신의 기운을 수렴하고 갈무리할 수 있도록 정신적인 접촉을 많이 나눠야 한다. 그래야 아이가 정신적으로 성숙하고 인성이 좋아진다.

예전에는 아빠가 아이들에게 잔소리를 하지 않았다. 대신 한번 야단칠 때 무섭게 혼내기 때문에 아빠는 항상 두려운 존재였다. 당시의 아빠들은 평소 잔소리를 하지 않을 뿐 아니라 아이가 하고 싶어 하는 대로 내버려 두고, 때로는 엄마 모르게 물심양면으로 지원해 주는 역할도 마다하지 않았다. 반면 엄마는 항상 자식을 따뜻하게 보듬어 주고, 매일 잔소리를 하면서 자식의 잘못된 점을 바로잡아 주는 역할을 담당했다. 또한 아빠는 아이와의 육체적인 접촉을 통해, 엄마는 정신적인 교감을 통해 사랑을 표현했다. 바로 필자가 가장 이상적이라고 생각하는 부모의 모습을 보여 준 것이다.

그렇다고 아빠는 무조건 육체적인 접촉만, 엄마는 정신적인 접촉만 해야 한다는 뜻은 아니다. 엄마와 아빠 모두 육체적인 접촉과 정신적인 접촉을 적절히 병행하되, 각자의 본성에 맞는 방법에 좀 더 치중하면 서로 조화를 이뤄 아이가 더욱 건강해진다는 의미다.

그런데 요즘은 그렇지 않다. 특히 아빠의 경제적 능력이 좋지 않은 경우 아빠를 무시하는 경향이 강해진다. 남편이 무능력하거나 가족과 보내는 시간이 많지 않은 경우 부인은 남편에게 끊임없는 불평을 늘어놓고 결국 아이들마저 아빠를 문제 많은 사람으로 여기게 된다.

이것은 교육적으로도 아이에게 좋지 않은 영향을 준다. 특히 남자는 양기가 많기 때문에 양기를 격려해 주고 도와주면 더 잘하려고 노력하는 반면 조금만 억눌러도 의기소침해지고 약해진다. 그렇기에 집에서 아빠를 무시하면 할수록 아이가 받을 수 있는 양기는 부족해지고, 아이에게마저 문제가 발생하게 된다.

아빠는 아이를 낳아 주고, 함께한다는 자체만으로 존경받아야 할 존재다. 그래서 〈우리 아이가 달라졌어요〉에서도 먼저 아빠에게 "아이와 활동적인 놀이를 많이 하라."는 숙제를 주고, 엄마에게는 교육을 담당하게 한다. 그런데 요즘 아빠들은 어떤가? 직장 일 때문에 아이와 얼굴을 마주할 시간도 별로 없다. 심지어 엄마까지 맞벌이를 하는 경우 아이는 하루 중 대부분의 시간을 낯선 사람들과 지내야 하고 그러다 보니 부작용이 생기는 것이다. 가장 이상적인 방법은 부모가 모두 아이와 충분한 시간을 갖는 것이겠지만 현실적으로 어려움이 있다면 아이와의 시간을 좀 더 효율적으로 써야 한다. 그래야 우리 아이에게 무슨 문제가 있는지 알아내 효율적으로 개선해 줄 수 있다. 필자가 그 프로그램을 추천하는 이유도 거기에 있다.

그리고 아이와의 관계가 개선된 다음에는 앞서 언급했듯이 일관성 있는 양육 태도를 보여 주어야 한다. 필자도 아이에게 문제가 있을 때는 이 두 가지를 바탕으로 아이의 상황에 맞게 처방을 내린다.

다시 한 번 강조하건대 부모가 바뀌어야 아이가 바뀐다. 아이가 달라지지 않는다면 그건 부모의 태도나 문제가 개선되지 않았기 때문이지 아이 탓이 아니다.

부모가 바뀌어야 아이도 바뀐다

앞에서 이야기한 어린이집 원장님의 경우를 다시 한번 살펴보자. 아이는 아주 어릴 때부터 어린이집에서 다른 아이들과 함께 엄마와 시간을 보냈다. 어찌 보면 엄마와 함께 보내지 못하는 다른 아이들보다 행복한 모습이지만 문제는 거기서 비롯됐다. 엄마가 다른 아이들의 식사량과 비교하면서 억지로 밥을 먹이다 보니 아이가 제 손으로 음식을 먹으려고 하지 않았다. 그래서 엄마와 상담해 그 점을 고쳐 주자고 제안했더니 엄마는 한편으로 수긍하면서도 다른 한편으로는 혹여 아이가 더 안 먹어 성장에 지장을 줄까 우려했다. 그 엄마도 아이의 버릇을 고치기 위해 몇 차례 시도했는데 아이가 아무것도 먹으려 하지 않아 끝내 포기했다는 것이었다. 엄마에게 왜 억지로 먹이냐고 했더니 다른 아이들은 잘 먹는데 우리 아이만 먹지 않아 속상해서 그랬다고 한다. 그 말을 옆에서 듣고 있던 아이는 그동안 얼마나 많이 들었는지 먹는 얘기가 나오자마자 풀이 죽어 고개를 숙였다.

이 경우에는 아이가 아니라 강압적으로 먹이는 부모에게 문제가 있다. 식욕은 인간의 본성이다. 이 세상에서 먹는 것을 싫어하는 사람은 아무도 없다. 그것을 기다리지 못하고 엄마가 자꾸 강요를 하다 보니 아이는 태어나서 지금까지 식사의 즐거움을 모르고 살았던 것이다. 차라리 다른 아이들과 비교하지 않았다면 더 좋았을 텐데 하는 안타까운 생각이 들었다. 그런데도 부모는 자신의 문제점을 인정하지 않고 아이가 특이해서 그렇다고 했다. 사실 이런 아이의 습관은 쉽게 고치기 힘들다. 더욱이 부모가 자신의 문제를 제대로 인식하지 못하는 경우에는 더더욱 그렇다. 그래서 그 아이의 잘못된 식습관은 끝내 고칠 수 없었다.

부모의 태도 변화에 따라 아이의 잘못된 습관은 얼마든지 고칠 수 있다. 다만 아이에 따라 시간이 더 걸리기도 하고 빨리 고쳐지기도 하지만, 아이를 변화시키는 힘이 부모에게 있는 것만은 분명하다.

따라서 아이에게 지극히 사소한 문제가 발생하더라도 부모는 자신을 돌아봐야 한다. 문제는 아이에게 있는 것이 아니라 부모에게 있기 때문이다. 모든 부모가 그 프로그램을 보면서 우리 아이에게는 어떤 방법이 적절할지, 나는 무엇이 문제인지를 냉철하게 고민해 봤으면 한다.

누구나 부모가 될 수 있다. 그러나 누구나 좋은 부모가 될 수는 없다. 좋은 부모가 되려면 아이에게 의무만을 강조하지 말고 부모로서 책임과 소명을 다해야 한다. 그것은 일방통행 식으로 강요하거나 억지를 부려서 되는 일이 아니다. 아이들이 다양한 체험을 통

해 견문을 넓히는 것처럼 부모도 열심히 공부하고 연구해서 그것
을 아이의 성향에 맞게 효율적으로 적용해야만 좋은 부모가 될 수
있다.

지금도 늦지 않았다. 아이에게 조기교육이나 과외를 시키기 위해
들이는 시간과 비용을 진정 좋은 부모가 되는 데 투자하라. 그러면
아마도 이 세상에서 가장 값진 결과물을 얻을 수 있을 것이다.

18
부모들이여, 끈기와 인내를 배워라

부모는 누구나 아이가 끈기와 인내심을 갖기를 바란다. 특히 공부할 때는 더욱 그렇다. 우리 아이가 책상에 앉아 진득하게 공부했으면 하는 것이 모든 부모가 바라는 일이 아닌가 싶다. 그러나 대부분의 아이들은 그러지 못한다. 공부를 하는가 싶다가도 어느새 다른 데 정신이 팔려 딴청을 피우기 일쑤다. 이렇게 아이들이 잘 집중하지 못하면 대부분의 부모는 아이에게 왜 그리 인내심이 없냐고 꾸짖는다.

그런데 냉정하게 따져 보면 끈기와 인내심이 없기는 부모도 마찬가지다. 특히 부모가 끈기와 인내심을 제대로 발휘하지 못할 때는 아이를 교육할 때가 아닌가 싶다. 단순히 아이를 공부시키는 문제뿐만 아니라 잘못된 생활 습관이나 행동을 고칠 때도 대부분의 부모는 끈기와 인내심을 잘 발휘하지 못한다. 그중에서도 공부나 숙제를 시킬 때는 더더욱 그렇다. 하지만 부모 입장만 강조하지 말고 아이 입장에서 생각해 보면 그다지 문제 삼을 일도 아니다.

공부 습관은 하루아침에 몸에 배는 것이 아니며 아이들은 공부할 준비가 되어 있지 않다. 더욱이 아이 입장에서는 한자리에 오래 앉아 있는 자체가 상당히 힘든 일이다. 그래서 초등학교에 입학하면 아이들이 가장 힘들어하는 것이 일정 시간 같은 자리에 앉아 있는 것이다. 그러한 습관이 몸에 배면 선생님 말씀을 경청하고 아주 초보적인 공부를 하는데, 요즘 부모들은 아이가 학교에서 차근차근 한 단계씩 배워 나가는 것을 기다리지 못한다. 아주 어릴 때부터 아이에게 영어를 가르치는 것도 하나의 예가 될 수 있다.

언어는 단순히 듣기, 말하기를 일컫는 것이 아니다. 언어에는 그 나라의 문화, 역사, 정체성, 민족성 등이 담겨 있다. 따라서 아이가 어릴 때부터 말을 한다는 것은 바로 그러한 것들을 배워 나가면서 그 민족의 정체성을 키워 나가는 과정이다. 따라서 영어를 배우더라도 우리말인 국어의 기초를 다진 후에 배워야 하는데 요즘 부모들은 국어 교육을 등한시할 뿐 아니라 사고 자체도 미국식으로 하기를 원한다. 또 아이의 영어 교육을 위해 미국 원정 출산을 하는 이들도 점점 늘어나고 있다.

그러나 아이가 살 곳은 결국 우리나라다. 해외로 입양된 아이들과 해외 동포들이 왜 그렇게 힘들어하는가? 바로 본인의 정체성을 찾지 못했기 때문이다. 따라서 언어 교육은 아이가 어느 정도 준비가 될 때까지 참고 기다렸다가 그에 맞게 시켜야지, 아이의 적성과 성향을 무시한 채 남들이 시킨다고 따라 하면 부작용을 낳게 된다.

또 아이가 준비가 돼서 공부를 시작했더라도 바로 성적이 오르는 건 아니다. 낯간지러운 얘기지만 필자는 그런대로 공부를 잘하는 편이었는데 고등학교 1학년 때부터 갑자기 성적이 떨어지기 시작하더니 더 이상 성적이 향상되지 않았다. 그래서 공부 방법을 바꿔 가며 꾸준히 노력한 결과 고등학교 2학년 2학기가 되어서야 가까스로 예전 성적을 회복할 수 있었다. 한창 공부에 열을 올리는 고등학생도 이럴진대 아직 공부에 대한 개념도 정립되지 않은 아이가 어떻게 잠깐 공부를 했다고 성적이 오르겠는가?

그런데 부모는 아이에게 억지로 공부를 시키고 나서 자신의 임무를 다한 듯 뿌듯해하면서 아이의 성적이 오르지 않는다고 나무란다. 아이가 그 공부를 좋아하는지, 또 잘 적응하고 있는지는 전혀 고려하지 않고 다른 아이의 성적과 비교하면서 왜 공부를 못하냐고 닦달한다.

같은 운동을 배워도 사람마다 배우는 속도가 다르다. 또 어떤 사람은 수영에 재능이 있고, 어떤 사람은 스케이트에 재능이 있는 것처럼 사람마다 타고나는 재능이 다르다. 따라서 아이에게 천편일률적으로 공부를 시키고 나서 무조건 성적이 오르지 않는다고 야단을 친다면 아이가 얼마나 답답하겠는가? 이렇게 부모가 아이를 끈기와 인내심을 갖고 대하지 않기 때문에 아이가 자꾸 공부를 포기하거나 억지로 하게 되는 것이다.

또 다른 문제 상황은 아이에게는 나쁜 생활 습관이나 행동을 고치라고 하면서 부모 자신은 모범을 보이지 못하는 경우다. 많은 부모들이 자신의 잘못은 금방 고치지 못하면서 아이들은 한두 번 애기하면 바로 고치기를 바란다. 그렇지 않으면 아이가 자신을 무시한다고 생각하며 혼을 내거나 소리를 친다. 부모의 끈기와 인내심이 부족한 대표적인 케이스다.

이 세상에 자신의 습관을 한두 마디 충고를 들었다고 고치는 사람이 어디 있겠는가? 아마 성인군자라도 그렇게 하기까지는 많은 시간이 필요할 것이다. 그러므로 부모는 아이의 습관이나 태도를 대번에 고치려고 하지 말고 참고 기다리면서 조금씩 변화를 꾀해야 한다. 일례로 휘어진 나무를 바로 세울 때 받침대를 해 주는 경우가 많은데 매일 아침 들여다보면 아무런 변화가 없는 것처럼 보인다. 그런데 시간을 두고 다시 보면 나무가 똑바로 잘 크고 있다는 것을 느낄 수 있다. 우리 아이들의 잘못된 식습관이나 생활 습관을 고칠 때도 마찬가지다.

아이 스스로 꿈을 키울 수 있도록 기다려라

부모는 아이가 꿈을 키울 수 있도록 기다려 줘야 한다. 아이들을 상담하면서 꼭 물어보는 것 중 하나가 장래 희망인데 야무지게 답하는 경우가 별로 없다. 심지어 진로 결정이 임박한 고3 학생들조차 자신이 왜 대학에 가야 하는지, 무슨 학과를 선택해야 하는지, 그리고 대학에 가서 어떻게 생활해야 하는지 잘 모른다. 게다가 요즘에는 대학 입시가 매우 복잡해져서 그런지 자신의 의사를 피력하기보다 부모의 뜻대로 따르는 경우가 많다.

그런 경우를 볼 때마다 필자는 이런 이야기를 해 주고 싶어진다. 운동장에 선을 똑바로 그으려고 할 때 멀리 있는 목적지를 보고 줄을 그으면 똑바로 잘 그어지지만 발밑을 쳐다보고 그으면 목적지로 가지 못할 뿐 아니라 똑바로 긋지도 못한다. 우리 아이들이 이처럼 자신의 목적지조차 스스로 정하지 못하는데, 자신의 삶은 어떻게 스스로 개척해 나갈 수 있겠는가?

필자는 26살에 군에 입대했는데 대부분의 군인들이 자신의 삶에 대해 가장 깊이 고민하는 때가 병장 시절이다. 제대하면 곧바로 복학을 하거나 취직을 해야 하기 때문에 생각이 복잡해지는 것이다. 그래서 밖에서는 전혀 생각하지도 않았는데 군에 그냥 남아 있는 경우도 있다. 그런 사람들과 이야기해 보면 지금껏 아무런 목표 없이 살아온 경우가 많았다. 그저 취직해서 무슨 직업을 갖고 싶다고만 한다. 그들의 생각이 나쁘다는 건 아니다. 다만 간절하게 이루고 싶은 꿈이 없이 살아가다 보면 주위 환경에 휘둘릴 수밖에 없기에 안타까워 꺼낸 얘기다.

사실 꿈이란 하루아침에 만들어지는 것이 아니다. 숱한 생각을 행동으로 옮기는 과정에서 좌절과 실패를 맛보기도 하고 계속 공부하고 노력하면서 조금씩 구체화되는 것이다. 문제는 부모들이 그때까지 기다려 주지 않는 것이다. 무슨 일이든 처음부터 잘할 수는 없고 한 가지 경험만으로는 자신이 무엇을 잘하는지 확신할 수 없다. 그래서 시행착오를 거듭하며 자꾸 새로운 것을 경험해 봐야 하는데 우리 부모들은 아이가 갈 길을 나름의 잣대로 정해 준다. 그리고 아이가 겪는 시행착오는 그저 공부를 방해하는 불필요한 행동으로밖에 보지 않는다. 물론 사회에서 지탄받을 수 있는 행동은 지양하도록 이끌어 주어야겠지만 그렇지 않은 것은 묵묵히 지켜볼 필요가 있다. 아무리 부모 입장에서는 결론이 뻔하고 시시한 일일지라도 아이들이 직접 경험하면서 깨달은 것과 그렇지 않은 것에는 큰 차이가 있다.

그런데 대다수의 부모가 자신이 생각하는 바를 아이를 위한 최선의 방법이라고 믿고 뭐든지 자기 식대로 평가하고 추진한다. 아이들에게는 생각하고 행동하고 반성하고 재고할 기회조차 주지 않고 그야말로 부모의 로봇으로 전락시키려고 한다. 이러한 문제가 우리 사회에 만연한 가장 큰 원인은 부모의 끈기와 인내심이 부족한 탓이다. 개중에는 진짜 문제가 있는 아이도 있다. 그러나 대부분의 아이들은 그렇지 않다. 과거 4·19 군사혁명과 5·18 민주항쟁 때는 고등학생들이 사회를 바로잡고자 노력했다. 요즘 아이들이 그때와 다를 것 같은가? 그저 시대 상황만 다를 뿐 전혀 다르지 않다. 아이들도 그냥 놔두면 알아서 잘한다.

끈기와 인내심이 없으면 일관성도 없어진다

얼마 전에 TV에서 우연히 일본에서 성공한 중소기업을 소개하는 프로그램을 봤다. 거기에 나온 중소기업 사장은 직원들에게 아무런 지시도 하지 않는다고 한다. 그저 잘할 것이라는 믿음을 가지고 지켜보고 있으면 직원들이 다 알아서 한다는 것이다. 그런데 우리 사회는 어떠한가? 서로 믿고 화합하기보다는 불신과 분열이 만연해 있다. 이런 세상에서 누구보다 답답함을 많이 느끼는 사람이 우리 부모들임에도 정작 자식에게는 진정한 믿음과 사랑을 보여 주지 못하고 있으니 이 얼마나 안타까운 일인가?

끈기와 인내심을 가지지 못한 부모는 일관성 있게 행동하지 못한다. 부모의 일관성 있는 태도가 자녀 교육을 위해 얼마나 절실히 필요한 것인지는 앞서 설명했으니 잘 알 것이다. 아이를 잘 키우기 위해서는 우선 부모부터 끈기와 인내심을 길러야 한다. 그러기 위해서는 다른 아이들과 비교하거나 욕심을 부려서는 안 된다. 이것만 지켜도 아이들은 잘 자란다. 물론 모든 아이들이 같은 모습으로 자라지는 않겠지만 최소한 자신의 일은 스스로 책임지는 멋진 아이가 될 것이다.

이때는 부모뿐 아니라 주위 사람들도 도와주어야 한다. 특히 조부모나 외조부모의 도움이 필요하다. 이분들은 집안의 최고 어른들이기 때문에 아이 교육에 큰 역할을 하게 마련이다. 그래서 필자는 아이 한 명을 진찰하기 위해 식구 전체를 오게 한다. 그리고 그들에게 똑같이 욕심을 버리라고 말한다. 아이는 부모의 소유물도 아니고 대리 만족을 시켜 주는 사람도 아니다. 아이들이 나름의 꿈을 키워 활짝 꽃피울 수 있도록 도와주고 싶다면 부모를 비롯해 주위 사람 모두 끈기와 인내심을 가지고 아이를 지켜봐 주어야 한다.

19
어린이집은
되도록 늦게 보내라

요즘 조기교육 열풍을 타고 어린아이들이 몸살을 앓고 있다. 가정에서 이것저것 시키는 것도 모자라 돌이 지나지 않은 아이들까지 어린이집에 보내고 있기 때문이다. 개중에는 부모가 맞벌이를 해서 어쩔 수 없이 가는 아이도 있고, 놀이터에서 함께 놀 친구가 없어 가는 아이도 있다. 그러나 이러한 사정이 없더라도 아이가 어느 정도 크면 어린이집에 보내는 것이 관례처럼 되었다. 그래서 비용을 마련하기 위해 아르바이트를 하는 엄마도 있다. 그러나 이는 부모의 고정관념일 뿐이다. 아이들에게 어린이집이 꼭 거쳐야 할 교육기관은 아니라는 얘기다.

아이들은 생후 8개월이 되기 전에는 낯가림을 하지 않는다. 왜냐하면 그 전에는 부모가 다른 사람과 구분해야 할 만큼 특별한 존재라는 것을 인식하지 못하기 때문에 아이 입장에서는 굳이 부모만 따를 필요가 없는 것이다. 그런데 엄마가 8개월 동안 종일 돌봐 주면 아이는 엄마라는 존재가 특별한 사람임을 깨닫고 애착을 갖게 된다. 그때부터는 부모, 특히 엄마가 아닌 다른 사람에게는 가려고 하지 않는다. 그래서 아이가 생후 8개월이 지나 일정한 시간을 보내기 전에는 부모와 한시도 떨어지지 않으려고 하는 것이다.

그러던 어느 날 갑자기 부모가 낯선 곳에 자기를 보내는 경우를 아이 입장에서 생각해 보자. 필자는 처음 군대에 갔을 때 논산 입소 대대에서 보낸 3일 동안 한숨도 자지 못했다. 경험 많은 성인도 이처럼 낯선 곳에 가면 스트레스를 받아 잠을 이루지 못하거나 음식을 제대로 먹지 못하는데 아이는 어떻겠는가? 특히 집 이외의 장소에는 한 번도 가 본 적이 없는 아이가 어느 날 갑자기 낯선 사람밖에 없는 곳에서 지내게 된다면, 그것도 집과 다른 장소를 구별할 수 없을 정도로 인지능력이 미약한 어린아이라면 어떻겠는가?

아이들은 낯선 곳에 데리고 가면 분리 장애가 생긴다. 분리 장애란 아이가 부모와 떨어지는 것을 두려워하는 증세를 말한다. 그런데 분리 장애도 어느 정도 인지능력이 있는 아이들에게 해당되지, 아주 어린아이에게는 그러한 표현조차 부적절하다. 너무 어려서 부모와 떨어져 낯선 곳에 있다는 사실을 인식하지 못해서가 아니다.

필자가 어릴 적에는 아이가 태어나면 포경수술, 편도선수술, 심지어는 맹장수술까지 해 주는 경우를 볼 수 있었다. 그런데 지금은 하지 않는다. 다른 의학적인 이유도 있지만 아이가 아주 어린 나이에 그런 수술을 받으면 스트레스를 받기 때문이다. 엄마가 임신 중에 시끄럽거나 기분 나쁜 소리를 들으면 태아는 얼굴을 찡그리거나 발버둥을 친다. 반면 엄마나 아빠가 기분 좋은 목소리로 이야기를 해 주면 태아는 편안함을 느끼게 된다. 태아일 때도 이처럼 즉각 반응하는데 하물며 세상 밖으로 나온 아이들은 어떻겠는가? 오히려 더욱 섬세하게 느끼고 반응할 것이다.

원래 분리 장애는 아주 어린 나이에 부모로 인해 생기는 경우가 많다. 엄마들은 아이가 잠깐 잘 때 장을 보거나 볼일을 보곤 하는데, 아이는 엄마가 사라지면 어떻게 아는지 바로 깨어 엄마를 찾으며 운다. 이때 아이는 아직 인지능력이 발달하지 않아 엄마가 잠깐 다녀오는 것을 영원히 사라지는 것으로 생각하기 때문에 불안해서 우는 것이다. 이런 상황이 계속되면 아이는 엄마가 사라지는 것에 대한 두려움이 커져 분리 장애 증세를 보이게 된다. 더군다나 부모가 잠깐 사라지는 것이 아니라 하루 종일 보이지 않고, 그 시간을 계속 낯선 사람과 지내다 보면 아이는 극심한 스트레스를 받게 된다.

집안 분위기도 중요하다. 우리는 집에 가면 다른 어떤 곳에서보다 편안함을 느끼게 된다. 그것은 집과 본인 사이에 기가 편안하게 소통하기 때문이다. 그런데 낯선 어린이집에서 낯선 사람들, 조심성 없는 아이들과 함께 지내면서 과연 편안할 수 있겠는가?

모든 교육은 사랑에서 시작되어야 한다. 아이가 부모로부터 사랑을 받고 안정감을 가져야 어떤 교육을 하더라도 효과가 있다. 아무리 좋은 프로그램이라도 아이에게 스트레스를 준다면 무용지물이나 다름없다. 아이가 스스로 공부하고자 하는 마음이 없으면 아무리 훌륭한 과외 선생님이 지도하거나 일류 학원에 다녀도 성적이 오르지 않는 것과 같은 이치다. 이런 상황에서는 아무리 좋은 프로그램을 적용해도 아이에게는 아무 효과가 없다.

아이에게는 부모의 사랑이 최고의 음식이다

동양철학에서는 하늘의 뜻을 생생부이(生生不已)라고 해서 후손을 낳고 낳아서 생물의 대가 끊어지지 않게 하는 것이라고 한다. 즉 후손을 낳아서 생명을 계속적으로 유지시키는 것이 최고의 선(善)이라는 얘기다. 따라서 아무리 좋은 명분과 목적이 있어도 이것을 어기면 선이 아닌 것이다. 우리 부모가 열심히 일하는 이유도 그 범주에서 벗어나지 않는다. 부모는 아이를 잘 키우기 위해서 열심히 일하는 것이다. 그렇다면 아이를 잘 키운다는 것이 좋은 학교, 학원에 보내는 것인가? 그것은 아닐 것이다. 아이를 잘 키운다는 건 아이가 행복하고 건강하게 자랄 수 있도록 도와주고 좋아하는 일을 하게 해 주는 것이 아닌가 싶다.

아이가 가장 필요로 하는 것은 비싼 장난감이나 책이 아니라 부모의 정성어린 관심과 사랑이다. 이 시기 부모와의 관계는 아이의 정서와 지적 발달뿐 아니라 또래 관계 형성과 학습, 사회생활에까지 영향을 미친다. 그런데 요즘은 아이와 부모와의 관계가 예전처럼 끈끈하지 않고 조금씩 벌어지고 있다. 부모와 자식 간의 관계가 이러할진대 다른 것이 무슨 소용이겠는가?

지금 아이에게 가장 필요한 것은 따뜻한 가족애이다. 그래서 아이들을 어린이집에 보내는 시기를 될 수 있으면 늦추라는 것이다. 아이가 어느 정도 마음의 준비가 되었을 때 어린이집에 보내야만 혼란스러워하지 않고, 스트레스도 덜 받을 것이다. 초등학생 때 분리 장애가 나타나면 스스로 감당할 수 있지만 그보다 어린 유아기에는 그럴 수 없기 때문에 각별히 신경 써야 한다.

육아가 힘들면 조부모나 친척에게 도움을 청하라

만일 여러 가지 여건상 아이를 어린이집에 보내는 일이 불가피할 경우에는 전혀 모르는 남보다는 친척이나 조부모의 도움을 받는 편이 훨씬 낫다. 그중에서도 아이를 맡기기에 가장 좋은 적임자는 조부모나 외조부모다. 대부분의 할아버지 할머니는 손자나 손녀에게 극진한 사랑과 정성을 기울일 뿐 아니라 육아 경험도 풍부하기 때문이다. 이때는 다른 사람에게 아이를 맡길 때처럼 육아비를 드리는 것이 좋다. 어차피 어린이집에 보내면 돈이 들어가므로 그 이상의 경제적인 도움을 드리면서 정중히 부탁해야 한다.

자기 자식을 키우는 것과 손자 손녀를 키우는 일은 분명 다르다. 〈이기적인 유전자〉라는 책에 따르면 "부모와 나는 절반의 유전자를 공유하고 있기 때문에 가장 친숙한 관계다. 그러나 할아버지 할머니가 되면 한 세대를 더 거치기 때문에 그만큼 친밀감이 떨어진다."고 한다. 꼭 그래서만은 아니겠지만 요즘 할아버지 할머니들은 손자 손녀를 보지 않으려고 한다. 특히 할머니들이 더욱 꺼린다. 여기에는 많은 이유가 있는데 무엇보다 아이를 돌보면 여가를 즐길 수 없을 정도로 하루 종일 아이에게 매이기 때문이라고 한다.

이쯤에서 아이의 입장을 생각해 보자. 물론 자식을 위해 평생을 헌신한 부모에게 손자 손녀까지 키워 달라고 하는 것은 좀 뻔뻔스러운 일인지도 모른다. 그렇기 때문에 자식은 부모가 직접 키우는 것이 가장 바람직하지만 그럴 수 없는 상황이라면 할아버지 할머니께 먼저 요청하고, 그마저 여의치 않다면 친척에게 부탁해 보는 것도 한 방법이다. 피 한 방울 섞이지 않은 남보다야 친척에게 맡기는 것이 훨씬 믿음직스럽고 아이도 편안해하지 않겠는가?

그리고 부모에게 아이를 맡길 때는 우선 부득이한 시간에만 맡겨야 한다. 대개 시부모에게는 그렇게 하면서도 친정 부모에게는 그렇지 않은 경우가 많은데 그것은 옳지 않다. 자신은 하고 싶은 것을 다 하면서 친정 부모에게 육아를 전담하게 하는 건 친정 부모에게나 아이에게나 몹쓸 짓이다. 아무리 할아버지 할머니가 잘해 줘도 아이한테는 부모의 손길이 가장 필요하다. 그러니 하고 싶은 일을 다 하면서 아이를 키울 생각은 하지 마라. 아이는 부모가 준 사랑만큼 자라게 되어 있다.

또 조부모에게 아이를 맡길 때는 아이에 대한 모든 권한을 드려야 한다. 단, 아이의 식습관과 생활 습관에 관해서는 부모가 권한을 행사해야 한다. 물론 이때도 조부모와 충분한 상의를 해야 한다. 조부모는 누구보다 육아 경험이 풍부하기 때문이다. 그런데 요즘 신세대 부모들은 조부모의 육아관이 낡았다고 폄하하면서 뭐든 자기 식대로 하려는 경향이 있다. 그러나 설령 조부모의 육아관이 잘못됐더라도 조부모를 설득해 육아 방법에 대해 합의를 해야 한다. 조부모가 자신과 다른 방식으로 아이를 키운다고 눈치를 주거나 자꾸 싫은 내색을 하면 누가 손자 손녀를 돌보고 싶겠는가? 조부모도 아이 키우는 일이 재미있어야 잘 돌봐 준다. 그러려면 조부모가 육아에 주도적으로 참여할 수 있도록 감사 표시를 자주 하고, 조부모의 뜻을 존중해야 한다.

필자의 숱한 상담 경험으로 볼 때 조부모가 손자 손녀를 키우면서 가장 힘들어할 때는 아이가 다치거나 아플 때이다. 이때는 당신들의 과실로 인해 벌어진 일이 아닌 경우에도 사위나 며느리를 볼 낯이 없다고 말한다. 그런 조부모의 심정은 아랑곳하지 않고 잔소리를 하는 이들이 있는데 그로 인해 조부모가 받을 상처를 생각해 보라. 그리고 자신이 키운다고 해서 그런 일이 없겠는가?

부모가 직접 키우더라도 사고는 언제든지 발생할 수 있다. 조부모에게 아이를 맡길 때는 무슨 일이 있어도 조부모를 탓하지 않는다는 자신과의 약속을 지켜야 한다. 아이를 돌봐 주는 만큼 경제적인 보상도 해야 한다. 간혹 어린이집에 보내는 돈을 아끼려고 조부모에게 아이를 맡기는 사람이 있는데 그런 식으로 경제적인 부담까지 지우는 건 바람직하지 않다. 조부모는 우리를 위해 평생을 헌신한 분들이다. 이제야 여유를 찾은 그분들의 소중한 시간을 아이를 위해 빌리고자 한다면 그만한 보상을 해야 마땅하다. 그래야 부모도 그 돈으로 여생을 즐기는 데 쓸 수 있지 않은가? 과거 부모들은 노후 대책이라는 개념이 없었기 때문에 따로 모아 둔 노후 자금도 없다. 그러므로 이렇게라도 해서 조부모가 여생을 좀 더 보람차고 풍요롭게 보낼 수 있도록 도와드려야 한다.

조부모에게 가장 좋은 보상은 진심으로 감사한 마음을 전하는 것이다. 그런데 요즘 부모들은 조부모의 육아 방식이 비위생적이고 비교육적이라며 좋지 않게 보는 경우가 많다. 물론 그럴 수 있다. 성장 배경과 자라 온 환경이 서로 다르므로 어찌 보면 당연한 일이다. 그렇다고 이를 정당화해서는 안 된다. 이때는 무엇보다 뜨거운 가족애를 발휘해 아무런 조건 없이 서로를 감싸고 보듬고 이해해 주어야 한다.

예전에는 함께 살다 보면 가족애가 자연스럽게 생겨났다. 그도 그럴 것이 당시에는 대가족이 모여 살거나 친척들이 근처에 살았기 때문에 사랑을 주고받는 일이 자연스럽게 이루어졌다. 그런데 지금은 아이에게 그런 절대적인 사랑을 줄 수 있는 사람이 부모와 조부모뿐이다. 따라서 절대적인 사랑을 주는 할아버지 할머니가 함께 시간을 보내 주는 것만으로도 아이는 행복하고 든든할 것이다.

그동안 필자는 부모보다 할아버지와 할머니를 더 좋아하는 아이들을 적잖이 만났다. 조부모의 손에서 자란 그 아이들은 주말에 모처럼 부모를 만나도 즐거운 내색을 하기는커녕 보채고 잘 먹지도 않았다. 조부모가 아무리 잘해 주더라도 아이에게는 무엇보다 부모의 사랑이 절실히 필요하기에 그런 아이들도 일주일만 부모하고 지내면 부모를 잘 따르게 되어 있다. 그런데도 바쁘다는 이유로 아이에게 시간을 할애하는 것을 힘들어하는 부모를 보면 참으로 안타깝고 가슴 아프다. 부모는 아이가 어리니 아무런 감정을 느끼지 못할 거라고 생각하지만 아이들은 순수한 순양지체이기 때문에 상대방의 감정을 아주 민감하게 받아들인다.

엄마들이여! 자신을 슈퍼우먼이라고 착각하지 마라. 아이를 키우기가 힘들면 어린이집에 맡기기 전에 조부모나 친척들에게 도움을 요청하라. 그리고 아이가 어느 정도 준비가 되었을 때 교육기관에 보내라. 아주 어릴 때 어린이집에 보내는 것이 아이의 정서 함양과 인격 형성을 저해할 수도 있음을 잊지 말자.

20
청결이 아이에게
무조건 좋다는 편견은 버려라

요즘 부모들은 아이들에게 살균을 넘어 멸균의 세상, 즉 미생물이나 세균이 전혀 없는 세상을 만들어 주고 싶은 모양이다. 그래서 그런지 마트에 가면 세균이나 곰팡이를 제거하는 화학제품이 수십 종에 이른다. 모 광고에는 아이들이 손에 있는 세균을 죽이기 위해 화학제품을 사용하여 손을 씻는 장면이 나온다. 그 제품이 요즘 부모들 사이에서 인기라고 한다.

그뿐이 아니다. 예전에는 아이들이 밖에서 흙먼지를 날리며 뛰어놀고 흙을 만지며 놀았기 때문에 세균이나 미생물을 접할 기회가 많았으나 지금은 어디를 가도 그렇게 노는 아이들을 찾아보기 힘들다. 아이가 조금만 지저분한 것을 만져도 소스라치게 놀라고 그런 것과는 아예 접촉조차 못하게 하는 부모가 많기 때문이다. 물론 아이들은 면역력이 약해 질병에 걸릴 확률이 높으므로 주변 환경을 깨끗하게 해 줄 필요가 있다. 그렇다고 미생물과 세균이 전혀 없는 환경이 아이에게 꼭 좋은 것만도 아니다.

옛 어르신들은 아이에게 밥을 먹이기 시작할 때 직접 씹어 잘게 만든 후 먹인다. 젊은 부모는 이를 싫어하지만 여기에는 두 가지 이점이 있다.

첫째, 아이가 씹기 편하다. 처음 고형식을 할 때 아이는 씹어 먹는 일을 굉장히 힘들어하며 잘 씹지 않으려고 하는데 이렇게 잘게 만들어 주면 한결 수월하게 씹는 연습을 할 수 있고 소화도 더 잘 된다.

둘째, 면역력이 강해진다. 아기가 태어나면 한동안 엄마에게서 물려받은 면역력으로 살아가고, 또 모유에 들어 있는 면역 성분의 도움을 받아 생명을 보존한다. 그러나 엄마를 통해 얻은 면역력은 시간이 지나면서 약해진다. 아이들이 생후 6개월이 지나면 감기 같은 질병에 자주 걸리는 것도 그 때문이다. 이때 아이에게 음식을 씹어 먹이면 침에 든 수많은 면역 세포가 전해져 자연스럽게 면역력이 증강한다.

동물들이 새끼에게 음식을 씹어 먹이는 건 자연의 생존 법칙이다. 사실 음식을 씹어 먹이는 일이 불필요한 시대는 지금이 아니라 예전이었다. 예전에는 굳이 음식을 씹어 먹이지 않더라도 세균이나 미생물과 자연스럽게 접할 기회가 많았다. 미생물이나 세균 중에는 인간에게 이로운 것도 많다. 장을 튼튼하게 만들어 주는 유산

균이나 폐렴 치료제인 페니실린을 발견하게 해 준 푸른곰팡이 등
이 그 대표적인 예다.

예전에는 아이들이 자연을 벗 삼아 놀면서 그런 세균이나 미생물
을 자연스럽게 접했기 때문에 면역력을 키울 수 있었다. 그러나 지
금은 그럴 기회가 없다. 더욱이 음식물조차 항생제 등에 오염되거나
가공 처리돼 있어 아이들이 면역력을 키울 기회가 더더욱 없다. 이
런 때야말로 아이들한테 음식을 씹어 먹여야 하지 않을까 싶다.

산술적으로 보면 이 세상의 주인은 동식물이 아니라 미생물이
나 박테리아다. 인간이 가장 위대하다고 생각할지 모르지만 그 숫
자나 번식능력, 환경 적응력으로 따지면 미생물이나 박테리아가
동식물보다 우위를 차지하고 있다. 우리 인체를 들여다봐도 마찬
가지다. 인체를 구성하는 세포 수보다 더 많은 수의 박테리아와 미
생물이 우리 인간의 몸속에 존재하고 있다.

이 세상 어떤 곳에서도 혼자 살아갈 수 있는 생물은 없다. 우리
는 자연 시간에 진화가 가장 덜 된 생물부터 가장 많이 된 인간에
이르기까지 저마다의 역할이 있다고 배웠다. 예를 들어 인간 사회
에서 굉장히 천대받고 지저분한 직업일지라도 그 직업이 없으면
사회가 돌아가지 않는 것과 같은 이치다. 미생물이나 박테리아의
경우도 마찬가지다. 그것들은 생물이 죽으면 이를 분해해 다시 자
연으로 돌려보내는 역할을 담당한다. 그러면 다른 생명체들이 거
기서 영양분을 얻는 것이다. 그러한 과정 속에서 인간에게 질병이
생길 수 있지만 그렇다고 모든 세균이나 박테리아를 없앨 필요는
없다. 또 완전히 없애는 것도 불가능하다.

그럼에도 인간은 그렇게 하기 위해 노력하고 있다. 그것은 인간만이 이 세상의 주인이라는 이기적이고 어리석은 생각에서 비롯됐을 것이다. 인간은 점점 세균이나 미생물과 공존하는 능력을 잃어가고 있다. 현대인들에게 알레르기 질환이 급증하는 것은 그 좋은 예다. 알레르기는 일종의 방어 기능이 진화돼 생기는 질환이다. 예전에는 다양한 경로로 면역력을 키울 수 있었기 때문에 인체에 해로운 물질을 접해도 인간에게 큰 해를 끼치지 않았지만 지금은 면역력을 키울 방법이 없기 때문에 그 물질을 접하면 위험하다는 것을 경고하기 위해 인체가 과잉 반응을 나타내는데 이것이 바로 알레르기다. 그래서 알레르기를 면역 과민 반응이라고 하는 것이다.

알레르기는 가난한 나라에서는 생기지 않는 선진병이요, 문명병이다. 한국에서도 강남이나 일산 같은 도심에서 많이 생기고 시골에 가면 오히려 질병이 치료되고 생기지도 않는다고 한다. 이러한 문제로 항생제가 남용되고 있는 것이다. 지금 우리 사회는 항생제에 대한 내성이 심각한 수준이다. 이 모두가 미생물과 생물을 모조리 죽이려고 하는 인간들의 어리석음 탓이다.

생태계는 서로 죽고 죽이는 먹이사슬로 이루어져 있다. 따라서 멸종하지 않고 살아남으려면 진화를 통해 환경에 적응해야만 한다. 항생제 내성균도 항생제를 과다 사용하다 보니 미생물이 살아남기 위해 진화한 것이다. 그래서 예전에는 듣던 항생제가 듣지 않아 점점 더 약성이 강한 항생제를 사용하는 악순환이 거듭되는 것이다.

생명체가 진화하기 위해 가장 중요한 요소는 개체 수와 번식 속도다. 우리 인간은 최소 20년은 지나야 새로운 세대를 낳을 수 있고 세균이나 미생물에 비해 수가 아주 적다. 그런데 세균이나 박테리아는 단 하루 만에도 번식을 하고 개체 수도 기하급수적으로 늘어난다. 새로운 항생제를 사용하면 처음에는 효과를 볼지 몰라도 인간이 수백 년을 들여 적응하는 것을 세균은 며칠 만에 적응해 가장 적합한 형태로 진화를 거듭한다. 눈치 챘겠지만 사실 이 싸움에서 인간은 이길 수 없다. 인간이 아무리 좋은 항생제를 만들어 내도 세균이나 미생물의 번식력과 진화 속도를 따라잡을 수 없기 때문이다. 요즘은 그나마 병원이나 약국에서 감기, 비염, 축농증 같은 소아질환에 항생제를 전보다 덜 사용한다니 참으로 다행이다. 그러나 지금도 여전히 일부에서는 항생제가 남용되고 있다. 감기에 걸렸을 때 항생제나 주사를 맞지 않으면 차도가 없다고 생각하는 사람이 의외로 많기 때문이다.

그런데 약으로 사용하는 항생제 못지않게 경계해야 할 것이 항생제를 먹고 자란 축산물과 수산물이다. 예전에는 축산물과 수산물을 그냥 풀어 놓고 자연스럽게 길렀지만 지금은 어떻게든 빨리 크게 키워 많은 수익을 내기에 급급하다 보니 비정상적인 방법들이 동원되고 있다. 예를 들어 빛이 있으면 닭이 계속 달걀을 낳는다는 점을 이용해 24시간 내내 양계장에 불을 켜 놓고, 또 닭을 살찌우기 위해 움직이지 못하도록 가둬 키우는 식으로 말이다. 그러다 보니 동물들의 수명이 점점 짧아지고 스트레스를 받아 각종 질병이 발생하고 있다. 문제는 이로 인해 커다란 경제적 손실이 생길 것을 우려해 병에 걸리지 않은 가축에게까지 항생제가 든 사료를 먹이는 경우가 많다는 사실이다. 결국 우리가 굳이 항생제를 사용하지 않더라도 이러한 동물성 식품을 통해 상당량의 항생제를 섭취하고 있는 상황이므로 자신도 모르게 내성이 생기는 것이다.

따라서 근본적인 문제점은 바로 세균이나 미생물을 공존의 대상이 아니라 박멸의 대상으로 보는 것이다. 이제 이러한 인식부터 버려야 한다. 서양철학에서는 인간은 위대하므로 자연을 이용할 수 있다고 생각하지만 동양철학에서는 자연과의 공존을 모색한다. 왜냐하면 모든 자연에 정신이 있다고 보기 때문이다. 유학에서는 인간이 자연보다 더 위대한 정신을 갖고 있다고 보지만 어쨌든 모든 생명체는 정신을 가지고 있고 이 정신은 하늘로 연결된다는 것이 동양철학의 근간이다.

이러한 원리를 적용하면 모든 만물은 서로 연결되어 있고 기들은 서로 순환한다. 내 손끝에 있던 기운이 어느 순간 집 안의 식물에게 갈 수도 있고, 지나가는 개한테 갈 수도 있는 것이다. 그래서 동양철학에서는 부득이한 경우를 제외하고는 인간만이 살기 위해 다른 생명체를 죽이는 일이 없도록 할 뿐 아니라 만물에는 신령스런 기운이 있다고 보기 때문에 성황당을 지어 산신령을 모시기도 하고, 조상에게 제사를 지내고, 기복을 하는 것이다. 이것은 절대 미신이 아니다. 한의학도 마찬가지다. 한의학에서도 인간은 소우주다. 그러므로 자연과 더불어 살아야 하는 존재다. 이런 환경에서 인간이 생존하기 위해서는 스스로를 지킬 힘이 강해야 하는데, 이를 한의학에서는 정기(正氣)라고 한다.

여기서 '정기'는 바른 기운으로 면역력, 순환 능력, 소화력 등 인간의 생명 유지를 위해 필요한 모든 능력을 말한다. 이러한 정기가 강하면 인간은 아무리 강한 세균이나 박테리아가 침투하거나 환경이 급격하게 변하더라도 질병에 걸리지 않는다. 다만 나이가 들거나 잘못된 생활 습관으로 몸이 약해지면 병에 걸리게 되는 것이다. 그래서 한의학에서는 인체가 허약해지거나 노쇠하면 정기를 강하게 하는 데 초점을 맞추는데 그때 사용하는 약이 바로 보약이다. 보약은 단순히 기운을 북돋아 주고 정력을 강하게 만들어 주는 약이 아니라 약한 정기를 보충해 주는 약이다. 그래서 감기에 걸렸을 때 한약을 먹으면 치료는 물론 예방 효과까지 볼 수 있다. 한의학에서는 양방에서처럼 인체 외부에서 질병을 일으킬 수 있는 생물체를 죽이기보다는 이를 막고 이겨 낼 수 있도록 인간 스스로 면역력을 강하게 키우는 것을 중요시한다.

다시 한 번 강조하건대 세균이나 박테리아를 다 죽이고 인간만 깨끗하게 살 수는 없다. 생물 시간에 배웠듯이 자연의 생태계는 어느 것 하나만 문제가 발생해도 전체 먹이사슬이 무너지게 된다. 인간과 세균도 마찬가지다. 당장은 이런 세균이나 박테리아를 죽이면 모든 문제가 해결될 것처럼 생각하지만 결국 인간에게도 피해가 돌아가게 된다. 또한 앞에서 설명했듯이 박멸하는 것도 불가능하다. 인간이 세균을 죽이려고 하면 할수록 더욱 진화된 강한 놈들이 엄청난 번식력을 자랑하며 인간을 위협할 것이기 때문이다. 따라서 무조건 깨끗하게 하는 것만이 아이를 위한 일은 아니다.

여기서 또 하나 짚고 넘어가야 할 점은 세균이나 박테리아, 미생물을 죽이는 물질이 화학물질이라는 사실이다. 이런 생물체를 죽이는 물질은 인간에게도 해를 입힐 수 있다. 물론 허용치 이내에서 사용한다고는 하지만 장기간 사용하면 인간에게 영향을 주지 않을 수 없다. 한의학에서는 이런 생물체를 죽이는 약이 인간도 죽일 수 있다고 본다. 더욱이 이런 물질은 자연적으로 생겨난 자연 물질이 아니기에 인간이 적응하기 힘들뿐더러 큰 해를 입을 수 있다.

얼마 전 SBS에서 여성의 생리통에 대해 방영하는 프로그램을 본 적이 있다. 이 프로그램에 의하면 결혼하지 않은 젊은 여성 중에 생리통이 심한 사람이 많은데 자궁내막증이 주된 원인이라고 한다. 자궁내막증이란 자궁내막에만 있어야 하는 세포가 다른 장기나 다른 부위에 있는 증상을 말한다. 자궁내막은 여성호르몬이 분비되면 반응해 출혈, 즉 생리를 하게 하는데 자궁내막에 있어야 할 세포가 다른 장기나 장소에 있으면 그야말로 생살을 뜯어내는 고통이 따른다고 한다. 그 프로그램에서는 이러한 생리통을 치료하기 위해 진통제 같은 약을 사용하는 대신 합성세제, 합성 비누, 샴푸, 플라스틱 그릇을 사용하지 못하게 하는 장면이 나온다. 이러한 화학물질이 생리통 유발과 밀접한 관련이 있기 때문이다. 그래서 일정 기간 이러한 화학물질 사용을 최대한 자제시켰더니 신기하게도 이 실험에 참여한 모든 여성의 생리통이 사라졌다. 이처럼 화학물질은 당장은 아니더라도 언제 어떻게 인간에게 해를 끼칠지 모른다. 손에 붙은 세균을 없애 준다는 살균용 비누나 세제 또한 그런 화학물질임을 간과해선 안 된다.

결론적으로 세균은 죽일 수도 없고 죽이려고 하면 할수록 인간에게 더 큰 해악을 끼칠 수 있다. 그렇다고 세균을 그대로 두자는 애기가 아니다. 우선 아이가 자연과 접하면서 자연스럽게 면역력을 키우게 해야 한다. 그리고 가벼운 질병에 걸렸을 때는 성급하게 양약을 사용하지 말고 아이가 스스로 이겨 낼 수 있도록 좀 더 지켜보자.

또한 현명한 부모가 되고자 한다면 아이를 너무 깨끗하게 키우려고 하지 마라. 아이 손이 아무리 깨끗해도 우리가 사는 곳곳에는 엄청나게 많은 세균이 살고 있다. 그러니 그것들을 죽이려고 괜한 힘을 빼지 말고 아이가 면역력을 키우고 건강해질 수 있도록 좋은 식품을 먹고 자연과 접하며 즐겁게 뛰어놀게 해 주자.

21

인스턴트식품과 패스트푸드는 '독'이다

요즘 TV 광고를 보면 인스턴트식품이나 패스트푸드 광고가 갈수록 많이 나온다. 특히 요즘에 나오는 가공식품 광고는 몸에 좋은 성분을 첨가한 점이나 자연 친화적이고 신선한 음식을 원료로 사용했다는 점을 부각해 왠지 그것을 먹으면 아이의 건강이 더욱 좋아질 것 같은 느낌이 들게 하는 특징이 있다. 그래서 일부 부모들은 그런 식품이 우리 몸에 그다지 해롭지 않을 거라는 생각을 갖고 있다. 물론 예전보다는 제품의 질이 많이 좋아진 건 사실이다. 그것은 가공식품에 문제가 많다는 인식이 많이 확산된 덕분이다.

예전에는 인스턴트식품이나 패스트푸드의 문제점을 환자들에게 설명해도 부모들이 별다른 반응을 보이지 않았는데, 그사이 방송과 언론 매체를 통해 환경호르몬이나 트랜스지방, 식품첨가물에 대한 문제가 대대적으로 보도되면서 친환경식품이나 유기농산물을 찾는 사람이 많이 늘어나고, 가공식품을 고를 때도 유통기한과 식품첨가물 목록을 꼼꼼히 살펴보면서 까다롭게 선택하는 경우가 많아졌다.

그래도 패밀리 레스토랑이나 패스트푸드 체인점은 여전히 아이들로 북적인다. 특히 이곳은 아이의 생일잔치 장소로 쓰이는 경우가 많다. 생일잔치가 열리면 점원들이 노래도 불러 주고 사진도 찍어 주면서 파티 분위기를 한껏 돋우기 때문이다. 그런 모습을 볼 때면 과연 부모는 무슨 생각으로 저 음식을 아이들에게 주는지 의문이 들곤 한다.

필자가 아이들과 상담하면서 가장 많이 하는 이야기 중의 하나가 군것질을 하지 말라는 것이다. 그때마다 부모들은 아이가 원하는데 어떻게 안 해 주느냐, 요즘 아이들 중에 군것질을 안 하는 아이가 어느 있느냐는 식으로 항변하곤 한다.

그러나 그건 불가능한 일이 아니다. 실제로 그동안 필자와 상담한 많은 아이들이 군것질을 완전히 끊었다. 그것을 끊느냐, 못 끊느냐는 부모의 의지에 달렸다. 부모가 군것질을 끊겠다는 단호한 태도를 취하면 아이들은 절로 따라오게 된다. 오히려 나이가 들면 이런 군것질 습관을 고치기가 더욱 힘들어지므로 어릴 때 개선하는 것이 좋다.

그러려면 무엇보다 부모가 가공식품에 대한 심각성을 제대로 알고 있어야 한다. 필자가 보기에는 아직도 부모들이 그 심각성을 모르기 때문에 아이들이 원하거나 어떤 행동에 대한 보상으로 또는 생활의 편리를 위해 그런 음식물을 먹이는 것이 아닌가 싶다.

아이들은 간식을 찾을 수밖에 없다. 소양지기가 강해서 지속적인 성장이 이루어지는 데다 양기가 계속 발산되기 때문에 연료로 쓸 음식물을 계속 섭취해야 한다. 그래서 옛 어른들이 아이는 돌도 소화시킨다고 말한 것이다. 이때 간식을 자연식품 위주로 만들어 주려면 부모의 시간과 노력이 필요하다. 그 시간이 아깝거나 귀찮아서 그냥 사 먹이는 경우도 많을 것이다. 또 부모가 만들어 주면 잘 먹지 않아 사 먹이는 경우도 있을 것이다. 하지만 이유야 어찌 됐든 간식은 시중에서 파는 패스트푸드나 인스턴트식품이 아니라 자연식품으로 만들어 먹여야 한다.

조미료 맛에 길들여진 어른들이 조미료를 넣지 않은 음식의 맛을 잘 모르듯이 아이도 마찬가지다. 어릴 때부터 단것 위주로 군것질을 하게 두면 아이는 자연식품의 고유한 맛을 느끼지 못한다. 어른들이야 각자 알아서 식사 메뉴를 선택할 수 있지만 아이들은 부모가 선택한 음식을 먹게 된다. 따라서 부모는 아이들에게 그 선택권을 주어야 한다. 대신 음식은 반드시 자연식품 위주여야 한다. 그것이 습관이 되면 오히려 군것질을 싫어할 수도 있다.

필자는 지금도 군것질을 좋아하지 않는다. 몸에 나쁘기 때문에 안 먹는 것이 아니고 너무 단 음식이 싫어서 안 먹는 것이다. 이는 순전히 모친 덕이다. 따라서 아이들이 태어났을 때, 그리고 처음 간식을 먹일 때 어떤 음식을 주느냐가 매우 중요하다. 모유 수유를 처음부터 하지 않으면 분유를 먹이다 모유로 바꾸려고 해도 실패할 가능성이 높은 것처럼 처음 간식으로 무엇을 먹느냐가 아이의 식성을 좌우하게 된다.

따라서 적어도 5세 이전에는 인스턴트식품과 패스트푸드를 먹이지 않는 것이 좋다. 그러면 엄마들은 다른 아이들이 다 그런 음식을 먹는데 우리 아이만 안 먹으면 따돌림받지 않겠냐고 반문하곤 한다. 만일 그렇다면 우선 군것질을 시키는 부모들을 설득해야 한다. 그리고 우리 아이에게는 군것질을 시키지 않는다고 자랑스럽게 말하라. 또 어린이집이나 유치원에서 그런 음식을 먹인다면 과감하게 거부하라. 차라리 아이의 간식거리를 따로 챙겨 주어라. 유난스럽다는 이야기를 들을 수도 있지만 이런 음식의 폐해를 생각한다면 오히려 유난스러운 것이 나을 것이다. 그래서 다른 아이들도 건강을 지킬 수 있게 도와주자. 우리 사회가 아이들에게 좀 더 좋은 음식을 제공할 수 있도록 부모들이 나서서 문제의식을 일깨워 주자.

그럼 지금부터 인스턴트음식과 패스트푸드가 왜 아이들에게 좋지 않은지 차근차근 살펴보겠다.

가공식품에는 생명 에너지가 없다

한의원으로 종종 한약을 즐겨 먹는다는 사람들이 찾아오곤 한다. 그러나 그들 중에도 일 년에 몇 개월씩 한약을 먹는 경우는 극히 드물다. 반면에 음식은 하루에 세 차례 이상 먹는다. 인스턴트 식품이든 패스트푸드든 가리지 않고 먹는다. 이렇게 좋지 않은 음식을 먹으면서 몸이 건강해지길 바라는 건 지나친 욕심이다. 그래서 필자가 가장 강조하는 부분도 바로 음식에 대한 것이다.

우선 이런 식품이 안 좋은 이유는 자연식품이 아니기 때문이다. 요즘 TV를 보면 야채를 농축하거나 식이섬유만 모아서 만들었다는 음료 광고가 심심찮게 나온다. 그런 류의 광고들은 가공해서 만든 과일 주스를 마셔도 과일을 통째로 먹는 것과 같은 효과가 있거나 오히려 더 간편하고 좋을 것 같은 생각이 들게 한다.

그런데 여기서 우리가 한 가지 눈여겨볼 것이 있다. 각종 음료에 붙은 성분 라벨이다. 여기에는 대부분 'Ca(칼슘)' 나 다른 물질을 첨가했다고 되어 있다. 얼핏 보면 이런 성분까지 들어 있으니 우리 아이에게 얼마나 좋을까 하고 생각할 수도 있다. 게다가 이런 식품은 다른 것보다 가격도 비싸기 때문에 더욱 그러한 믿음을 가지는 것인지도 모른다. 하지만 칼슘은 뼈째 먹는 생선이나 유제품에만 들어 있는 것이 아니고 우리가 먹는 자연식품에는 함량의 차이가 있긴 하지만 다 들어 있다. 따라서 자연식품을 먹게 되면 굳이 그런 식품을 따로 먹을 필요가 없는 셈이다.

사실 가공식품 중에는 식품첨가물을 적당히 포장해 상술로 이용하는 경우가 많다. 그 예 중 하나가 탄산칼슘이다. 대부분의 가공면류에는 탄산칼슘이 들어가는데 그러면 면발이 쫄깃해지기 때문이다. 그런데 이것을 가지고 이 면에는 칼슘이 들어 있다고 말할 수 있다. 안 넣어도 되는 식품첨가물이 몸에 좋은 성분인 양 포장하는 것이다. 따라서 칼슘이 들어 있다는 식품을 살 때는 어떤 종류의 칼슘인지 따져 볼 필요가 있다.

가공식품은 자연식품을 그대로 농축하거나 즙을 짜낸 정도라할지라도 영양적인 가치가 자연식품보다 떨어진다. 예를 들어 사과를 먹는 방법을 생각해 보자. 아마 사과를 통째로 먹는 방법과갈아 먹는 방법, 즙을 내 먹는 방법 정도가 생각날 것이다. 서양과학에서는 이 세 가지 사과의 열량과 성분이 모두 동일하므로 같은식품으로 취급할 테지만 한의학에서는 각기 다른 음식으로 본다.

또 최근 들어 일반 초콜릿보다 당분을 대폭 줄인 '다크 초콜릿'이 각광받고 있는데 그 이유가 코코아 함량이 높아 건강에 좋기 때문이라고 한다. 이 점을 이용해 제조회사마다 경쟁적으로 다크 초콜릿의 포장지에 코코아 함량을 크게 표시하고 있다. 이런 제품들은 서양식으로 따지면 코코아 함량이 다르더라도 성분과 열량이비슷하므로 영양가는 거의 차이가 없을 것이다. 하지만 한의학에서는 다크 초콜릿도 자연식품인 카카오 열매를 가공한 식품이므로코코아 함량이 많든 적든 간에 카카오 열매만큼 좋은 식품이라고는 보지 않는다. 다크 초콜릿은 코코아 함량을 늘리고 설탕 함량을크게 줄였으므로 일반 초콜릿보다는 좋은 식품일수 있지만, 이 역시 가공식품이기는 마찬가지기 때문이다.

이처럼 성분과 열량이 같으면 형태나 가공 방법을 달리하더라도 기본적으로는 같은 식품으로 보는 것이 서양식 사고다. 그러나한의학에서는 전혀 다른 식품으로 본다. 왜냐하면 자연식품은 가공하면 할수록 생명 에너지가 줄어들기 때문이다.

우리가 왜 생선을 먹을 때 자연산을 찾고 닭을 먹을 때는 토종닭을 찾겠는가? 단순히 더 맛있어서일까? 물론 그럴 수도 있다. 자연산 생선이나 토종닭이 인공적으로 키운 생선이나 닭보다 맛있는 건 사실이다. 그러면 왜 맛있을까? 서양과학에서는 운동성에 따른 근육과 지방의 비율, 스트레스에 의한 물질의 생성 등 여러 가지 이야기를 하고 있다. 그런데 한의학에서는 이것을 자연의 기운, 즉 생명 에너지로 본다. 우리가 음식을 먹는 것은 단순히 영양분만을 섭취하는 것이 아니다.

천지자연에는 수많은 기운이 존재하는데 그 기운 중에는 자연에 순응하면서 만물을 건강하게 하는 기운도 있고 자연에 역행하고 만물을 아프게 하는 기운도 있다. 우리가 도시 생활을 하면서 접하는 대부분의 물건이나 현상, 지금 먹는 음식들은 대부분 안 좋은 기운을 가지고 있다. 그래서 여름만 되면 차가 막히는데도 휴가를 가는 것이고, 삼림욕을 하면 기분이 좋아지는 것이다.

이것은 바로 자연에서 생명 에너지를 섭취한 덕분이다. 음식의 경우도 마찬가지다. 하늘의 뜻은 생명을 살리는 것이기에 자연식품에는 바로 그런 에너지가 들어 있다. 우리는 그 에너지를 영양분과 함께 섭취해 인체를 구성하거나 활동할 때 사용하는 것이다. 그런데 이런 음식을 갈거나 즙을 내면 한의학적으로는 생명 에너지가 파괴돼 그만큼 손해를 보게 된다. 그래도 이처럼 형태만 바꿨을 때는 어느 정도의 생명 에너지가 존재하지만, 형태도 성질도 완전히 다른 가공식품으로 만든다면 얼마나 많은 생명 에너지가 사라지겠는가? 거기다가 이런저런 식품첨가물까지 첨가하게 되면 이

식품은 그야말로 죽은 식품이나 다름없어진다.

따라서 서양과학에서는 성분과 열량이 같은 자연식품과 가공식품을 비슷한 식품으로 취급할지 몰라도 한의학에서는 생명 에너지가 넘쳐 나는 식품과 죽은 식품으로 구분할 정도로 큰 차이를 두기 때문에, 또 가공식품에는 몸에 좋지 않은 여러 가지 식품첨가물까지 들어가기 때문에 패스트푸드와 인스턴트식품을 먹지 못하게 하는 것이다.

가공식품은 비만을 유발하고 성장과 건강을 해친다

앞에서 언급한 사과를 먹는 세 가지 방법을 다시 살펴보자. 통째로 된 사과, 갈아 놓은 사과, 즙을 낸 사과, 이 세 가지 음식은 같은 사과로 만들었지만 섭취 방법이 각기 다를 뿐 아니라 몸에서 흡수되는 방법도 저마다 다르다.

그 이유를 구체적으로 설명하기에 앞서 비만에 대한 재미있는 학설을 소개할까 한다. 비만이 진화론적으로 발전해 왔다는 학설인데 예전에 두 유전자가 있었다고 한다. 한 유전자는 지방을 저장하는 유전자였고 다른 유전자는 지방을 소모하는 유전자였다. 지방을 저장하는 유전자는 지방을 맛있게 느꼈고, 소모하는 유전자는 맛있게 느끼지 못했다. 그런데 그 당시에는 먹을 것이 부족했다. 과일이나 곡식, 육류를 먹기 위해서는 채집이나 수렵을 해야 했기 때문에 먹을 것이 아주 귀했다. 그때는 음식을 많이 먹는 것이 생존의 법칙이었으니 지방을 맛있게 느끼는 유전자가 기세등등했을 것이다. 왜냐하면 지방만큼 많은 에너지를 저장할 수 있는 영양소가 없기 때문이다. 그러다 보니 지방으로 에너지를 축적해 둔 유전자는 살아남고 그렇지 않은 유전자는 도태되었다. 이런 시간이 오래 지속되다가 현대에 들어서 갑자기 먹을 것이 풍요로워지니 지방을 저장하는 유전자가 오히려 생존을 방해하는 존재로 전락하고 말았다.

여기에 해당하는 예가 있다. 경제력이 없고 먹을 것이 부족했던 사람이 풍요로운 나라로 갔을 경우 원래부터 풍요로운 나라에 살았던 사람보다 더 빨리, 더 심한 비만에 걸린다는 것이다. 인간은 한 세대가 상당히 긴 동물이다. 그러다 보니 이런 환경에 진화론적으로 적응하기 위해서는 상당한 시간이 필요하다. 이를테면 맛있는 음식을 먹으면 꼭 살이 찌는 것이 아니라 인체가 지방을 저장하기 위해 지방질이 많은 음식을 맛있게 느끼는 것이고 그런 음식을 먹다 보니 지방이 저장되는 것이다. 따라서 이때는 식습관을 조절해야만 하다. 지방을 저장하는 데 익숙해진 몸의 적응 상태가 바뀌려면 상당히 많은 시간이 필요하기 때문이다.

당분의 경우도 마찬가지다. 지방보다는 못하지만 포도당도 상당히 좋은 에너지 저장원이다. 더욱이 우리 뇌는 에너지원으로 포도당 이외에는 사용하지 않는다. 지방이나 단백질은 에너지를 만들면서 찌꺼기가 생길 수 있기 때문이다. 그래서 우리 몸은 당분을 맛있게 느끼고 조금이라도 더 많이 흡수할 수 있는 기전으로 진화됐다. 게다가 예전 음식들은 질감이 거칠었다. 요즘처럼 고농도의 당분으로 이루어진 음식이 아니라 식이섬유나 다른 영양소와 결합된 자연식품이 대부분이었기 때문이다. 그러다 보니 인체는 그 속에서 포도당을 흡수하기가 더 힘들었을 것이고, 같은 음식에서도 포도당이 잘 흡수하는 기전으로 진화됐을 것이다. 반면에 식물들은 이런 포도당을 지켜 내기 위해 식이섬유나 껍질로 방어 작용을 했을 터다. 이런 식으로 인간과 식물은 오랜 세월 동안 서로 영양분을 뺏고 뺏기면서 균형을 맞춰 왔다. 그런데 현대에 들어 갑자기 당분이 많은 음식을 접하다 보니 예전에는 적당히 흡수했던 당분을 지금은 과잉 흡수하고 있다. 과잉 흡수된 당분은 혈액순환을 방해해 당뇨나 비만 같은 질병을 유발한다. 또 몸에서 쓰고 남은 당분은 지방으로 변환, 축적되어 여러 가지 문제를 일으킨다. 예전에는 당분을 좋아하게 만드는 유전자의 활약으로 생명을 연장할 수 있었다면 지금은 당분을 너무 많이 흡수해 생명이 위협받고 있는 셈이다.

　바로 그런 이유로 사과를 먹을 때는 통째로 먹는 것이 가장 좋다고 하는 것이다. 사과를 통째로 먹으면 식이섬유나 펙틴 같은 성분이 인체가 당분을 과잉 흡수하지 않도록 적절히 조절해 주지만 갈거나 즙을 내면 그런 성분이 손실되므로 당분을 더 많이 흡수하게 된다. 그래도 그 정도는 자연식품의 형태만 조금 바꿔 만든 천연 음료이니 그나마 낫다. 하지만 여기에 액상 과당이나 올리고당, 구연산 같은 식품첨가물을 넣어 만든 가공 음료는 천연 음료보다 몇 배, 또는 수십 배 더 많은 당분이 농축돼 있기에 문제가 되는 것이다. 그래서 자연식품인 카카오 열매는 우리 몸에 이로워도 이를 가공해 만든 초콜릿은 건강에 좋지 않다. 게다가 가공식품에는 당분이 인공적으로 첨가된다. 또 이런 과정을 거치면서 당분은 흡수력이 가장 좋은 포도당 형태로 변한다. 그래서 가공식품을 먹으면 당분이 과잉 흡수돼 많은 문제를 야기하는 것이다.

그중 하나가 아이의 식습관이 나빠지는 것인데 더 큰 문제는 아이의 신체 기능이 아직 완전치 않다는 점이다. 이런 상태에서 당분을 과잉 섭취하면 어른보다 더 심각한 문제가 발생한다. 최근 들어 소아 비만 환자가 급증하는 것도 그 때문이다. 요즘 초등학생들 중에는 어른보다 몸집이 큰 아이가 꽤 많은 편이다. 개중에는 영화 〈미녀는 괴로워〉에 나오는 주인공의 성형 전 모습처럼 보기 안쓰러울 정도로 비대한 아이도 있다. 어린아이가 이처럼 어른들이나 걸리던 성인병에 걸리다니, 참으로 안타까운 현실이 아닐 수 없다. 그렇다면 왜 요즘 소아 비만 환자가 늘어나는 것일까? 가장 큰 원인은 당분의 과잉 섭취라고 해도 과언이 아닐 것이다.

뇌는 에너지원으로 포도당밖에 사용하지 않기 때문에 포도당을 아주 손쉽게 얻을 수 있다면 굳이 힘들게 음식을 소화하려고 하지 않는다. 그래서 씹을 필요도 없고, 당도도 높은 초콜릿 우유나 과일 주스, 두유 같은 음식으로 배를 채우는 아이가 생기는 것이다. 당분이 많은 음식은 조금만 먹어도 인체가 필요로 하는 활동 에너지를 얻을 수 있기 때문이다. 게다가 이런 음식을 많이 먹으면 인체가 거기에 길들여져 상대적으로 단맛이 약한 자연식품이 몸에 들어오면 맛있게 느끼지 못한다. 이러한 폐해는 아이가 어릴수록 더 심하게 나타난다. 그래서 평생의 식습관이 형성되는 만 5세 이

전에는 무조건 군것질을 삼가게 해야 하고, 이후에도 될 수 있으면 시키지 않는 것이 좋다. 이 습관이 10대까지만 유지되면 식습관이 이미 형성됐기 때문에 나중에 군것질을 해도 스스로 양을 조절하거나 아예 먹지 않게 된다.

한의학적으로 단맛은 비위를 도와주는 역할을 한다. 그 대표적인 예가 꿀인데, 이렇게 비위를(소화기를) 도와주는 단 음식도 많이 먹으면 오히려 비위가 상하게 된다. 그래서 단 음식을 많이 먹는 아이들이 편식이 심하고 입이 짧은 것이다. 이것은 성장과 건강에도 나쁜 영향을 미치게 된다. 수렵이나 채집을 통해 먹을거리를 구했던 선사시대에는 키가 큰 것이 생존과 밀접한 관련이 있었지만 지금은 그렇지 않다. 키보다는 아이가 잔병치레 없이 튼튼하게 자라는 것이 생존에 직접적인 영향을 미치므로 더 중요한 가치를 지닌다. 예를 들어 감기에 자주 걸리는 아이는 잘 크지 못한다. 감기는 생명에 직접적인 영향을 주므로 체내의 에너지가 감기 바이러스와 싸우는 데 집중적으로 쓰이다 보니 성장에 필요한 에너지가 부족해 잘 크지 못하는 것이다. 앞에서도 말했듯이 잘 먹고, 잘 자고, 잘 놀고, 또 잔병치레를 안 해야 체내의 에너지가 성장에 충분히 사용될 수 있다. 특히 잘 크려면 무엇보다 잘 먹는 것이 중요하다.

지금까지 패스트푸드나 인스턴트식품이 왜 아이들에게 좋지 않은지 개략적으로 살펴보았는데 이제부터는 그 부분에 대해 좀 더 심도 있게 알아보자.

첫째, 혈당 조절에 문제가 생긴다

우리 몸에는 인슐린이라는 호르몬이 있다. 인슐린은 혈액의 당분 농도를 조절하는 역할을 한다. 이런 호르몬의 작용은 하루아침에 변하는 것이 아니다. 앞에서 설명했듯이 인간은 선사시대부터 현대에 이르기 전까지는 식생활에 큰 변화가 없었다. 물론 경제력과 생산성이 커지면 커질수록 영양 섭취 상태가 좋아졌지만 인간이 감당할 수 있는 속도로 발전했기에 별 문제없이 적응하며 살 수 있었다. 인간이 요즘처럼 잘 먹기 시작한 건 100년도 채 안 된다. 100년은 인간 개개인에게는 긴 시간일지 모르지만 인류 역사 전체로 봤을 때는 아주 짧은 시간이다. 인슐린도 마찬가지다. 오랜 세월 동안 당분 섭취량이 아주 조금씩 늘었기 때문에 비슷한 패턴으로 작용해 왔는데 현대에 들어서 당분 섭취량이 갑자기 늘었기 때문에 문제가 발생한 것이다.

인슐린의 활동에 영향을 미치는 것은 당분의 양과 당의 형태다. 다시 말해 당분이 많이 들어올수록, 당의 형태가 단순할수록 인슐린이 많이 분비된다는 얘기다. 그래서 우리 몸에 갑자기 너무 많은 당분이 들어오면 인체는 비상에 걸린다. 특히 가장 흡수가 빠른 포도당이 갑자기 많이 들어오면 심각한 비상사태이므로 인슐린이 혈당을 조절하기 위해 과다 분비된다. 이런 상황이 한두 번으로 끝난다면 인슐린이 혈당을 잘 조절해 인체가 원 상태로 회복되겠지만 요즘처럼 당분을 과잉 섭취하는 일이 습관화되면 문제가 발생한다. 우선 인슐린이 매번 과다 분비되어야 하므로 몸이 스트레스를 받게 된다. 또 스트레스를 받으면 단것이 자꾸 당기게 된다. 단것을 먹으면 마음을 안정시키는 호르몬이 분비되기 때문이다. 몇 년 전 비와 송혜교가 주연한 〈풀하우스〉라는 드라마에서 스트레스를 받을 때마다 아이스크림을 먹는 장면이 나왔는데 그렇게 하면 어느 정도 효과가 있기는 하다. 하지만 그처럼 당분이 많은 음식을 계속 섭취할 경우에는 위와 같은 악순환이 반복되므로 스트레스도 증가하고, 몸도 비만해질 수밖에 없다.

또한 당분을 과잉 섭취하는 일이 오랜 세월에 걸쳐 지속되면 인슐린에 대한 내성이 생겨 인슐린이 분비돼도 인체가 더 이상 반응을 하지 않게 된다. 이러한 증상을 인슐린 비의존성 당뇨병, 즉 인체에 인슐린은 충분한데 혈당 조절 효과가 떨어져 당뇨가 발생하는 기전이라고 설명하는 학설도 있다. 이런 경우는 인슐린이 부족한 것이 아니므로 완치가 안 돼 평생 관리해야 한다.

예전에는 당분을 많이 섭취할 수 없었으므로 노화가 진행되는 40대 이후에야 안 좋은 생활 습관의 영향으로 당뇨가 발생하곤 했다. 그런데 요새 아이들은 인체의 기능도 완전치 않은 상태에서 단것을 입에 달고 살다 보니 인슐린 대사에 문제가 생겨 소아 비만이 소아 당뇨로 쉽게 악화되는 것이다. 게다가 요즘 아이들은 예전에 비해 스트레스를 많이 받는 데다 운동량이 많지 않아 당분 덩어리인 패스트푸드나 인스턴트를 먹으면 더욱 쉽게 소아 비만이나 소아 당뇨로 발전하는 것이다. 또 어릴 때 당분을 과잉 섭취하는 습관이 몸에 밴 아이들은 당장은 소아 비만이나 소아 당뇨에 걸리지 않더라도 나중에 어른이 되었을 때 비만, 당뇨 같은 성인병에 걸릴 가능성이 높다. 요즘은 예전처럼 인슐린 주사에만 의존하지 않고 유전자를 조절해 당뇨병을 고친다고 한다. 하지만 그러한 방법으로 인슐린 의존성 당뇨병은 고칠 수 있어도 인슐린 비의존성 당뇨병을 고치기는 쉽지 않다. 정말 아찔한 일이다.

둘째, 포도당 대사에 엄청난 부담을 준다

같은 당분이라도 포도당이 얼마나 복잡하게 얽혀 있느냐에 따라 몸에서 흡수되는 속도가 다르다. 이 속도를 전문용어로 '당 지수'라고 하는데 과일에 들어 있는 과당이나 사탕수수로 만든 설탕은 포도당이 간단히 얽혀 있기 때문에 당 지수가 아주 높다. 또 껍질을 도정하거나 곱게 갈아 만든 백미나 밀가루의 경우는 현미나 통밀보다 당 지수가 훨씬 높기 때문에 포도당 대사에 부담을 준다. 그런데 이보다 더 큰 문제는 가공식품을 섭취할 때 발생한다.

가공식품은 얼마나 빨리 먹을 수 있느냐가 관건이므로 일차적으로 고온에서 익힌다. 아울러 이 과정에서 음식의 맛을 좋게 하고 유통기한을 늘리기 위해 당분을 더 첨가하다 보니 당 지수가 높아져 자연식품으로 먹을 때보다 인체에 훨씬 빨리 흡수된다. 어떤 식품은 이런 가공 공정을 몇 차례 더 거쳐 생산되기 때문에 당 지수가 상당히 높아져 당 대사에 커다란 부담을 주게 된다. 가공식품은 주원료인 밀가루도 당 지수가 높은데 여기다 당분을 농축시켜 추가로 더 넣었으니 이런 식품을 먹으면 우리 몸이 얼마나 힘들겠는가? 당분 하나만 놓고 보더라도 가공식품은 아이들에게 해를 끼칠 뿐이다.

셋째, 트랜스지방이 건강을 위협한다

요즘 들어 패스트푸드나 인스턴트식품에 대한 경계심이 더욱 커진 건 트랜스지방의 유해성이 만천하에 알려졌기 때문일 것이다. 트랜스지방은 패스트푸드점에서 파는 음식이나 튀겨서 만든 가공식품에 많이 들어 있다. 그동안 식품업체에서 트랜스지방을 많이 사용한 이유는 이것으로 튀기면 색깔이 더 잘 나오고 맛도 더 고소하기 때문이다.

일례로 같은 감자튀김이라도 집에서 튀긴 것과 패스트푸드점에서 파는 것은 색깔부터 다르다. 패스트푸드점에서는 감자를 트랜스지방에 튀겼기 때문에 색깔도 먹음직스러울 뿐 아니라 좀 더 바삭하고 고소한 맛이 난다. 요즘 아이들은 이런 음식에 입맛이 길들여져 패스트푸드점에서 파는 음식은 잘 먹으면서 집에서 해 주는 음식은 잘 안 먹으려고 하는 것이다.

더군다나 트랜스지방은 보관하기도 좋다. 트랜스지방은 액체 기름에 수소를 첨가해 만든 것으로 쇼트닝, 마가린 등이 대표적인데 액체 기름을 고체 상태로 만들었기 때문에 여러 모로 편리하다. 이런 이유로 최근까지 우리나라에서는 트랜스지방을 많이 사용해 왔다.

선진국에서는 이미 오래 전부터 트랜스지방의 유해성을 파악해 그 함량을 줄이는 것은 물론 제품에 반드시 표시하게 했다. 특히 아이들에게는 트랜스지방을 절대 먹이지 않으려고 노력해 왔다. 그래서 일부 패스트푸드 업체에서는 자국에서는 대체 지방을 사용해 왔지만 우리나라에서는 트랜스지방을 크게 문제 삼지 않았기 때문에 최근까지 계속 사용해 왔다.

그래서 부모들이 그런 내용을 잘 알아야만 건강을 해치는 음식으로부터 우리 아이를 지켜 낼 수 있다. 다행히 우리나라도 재작년부터 식품첨가물 표시제를 시행하고, 트랜스지방에 대한 유해성이 널리 알려지면서 많은 패스트푸드 업체와 음식점들이 대체 지방으로 바꿨지만 지금도 여전히 트랜스지방을 사용하는 곳이 적지 않으므로 부모는 항상 긴장해야 한다. 그렇지 않으면 우리 아이의 입으로 그런 유해 물질이 언제 어떤 식으로 들어갈지 알 수 없는 일이다.

그렇다면 트랜스지방이 우리 몸에 얼마나 나쁜 영향을 미치는 것일까? 트랜스지방은 우선 알레르기를 일으키는 원인 중 하나로 알려져 있다. 또한 각종 성인병의 원인인 콜레스테롤 수치를 높이고 비만을 유발하는 등 다른 어떤 지방보다 인체에 더 안 좋은 영향을 끼친다. 더욱이 지방은 중독성이 있어 한번 맛을 들이면 계속 찾게 된다. 앞에서 사람들이 지방질이 많은 음식을 찾게 되는 이유에 대해 진화론적으로 설명한 바 있는데 다시 한 번 그 학설을 정리하자면, 예전에는 먹을 것이 부족해 최고의 에너지원인 지방을 맛있게 느끼는 유전자의 활약이 두드러져 우리 인체는 오랜 세월에 걸쳐 지방을 좋아하도록 적응이 되어 지방질이 많은 음식을 끊지 못한다는 것이다. 그리고 그 때문에 우리 인간이 가장 맛있어하는 것 중에 하나가 지방이라고 한다. 사실 음식을 먹을 때 부드럽고 고소하게 느낄 수 있는 것은 바로 지방 때문이다. 그래서 지방에 한번 입맛이 길들여지면 그 맛을 잊지 못해 자꾸 그런 음식을 찾게 된다. 특히 이러한 현상은 어릴수록 그 정도가 더 심하다. 아이들이 패스트푸드나 군것질에 맛을 들이면 자꾸 그 음식을 찾는 것도 그 때문이다. 특히 그런 음식에는 일반 식용유나 지방이 아니라 트랜스지방을 사용하기 때문에 중독성이 더 심하다. 트랜스지방은 지방의 맛을 더 고소하고 감칠맛 나게 만들어 아이들의 입맛을 대번에 사로잡을 뿐 아니라 계속 먹게 함으로써 인체에 여러 가지 문제를 일으킨다.

그래서 트랜스지방 대용으로 요즘 많이 쓰이고 있는 것이 팜유인데 팜유는 식물성기름이긴 하지만 다른 식물성기름과는 다르다. 대부분의 식물성기름은 불포화지방산을 많이 함유하고 있어 인체에 이롭지만 팜유는 포화지방을 동물성기름 못지않게 많이 가지고 있다. 포화지방은 쉽게 말해 삼겹살 불판이 식으면 하얗게 굳는 기름이나 고깃국이 식으면 하얗게 뜨는 기름 덩어리를 생각하면 된다. 팜유는 식물성기름인데도 이런 포화지방이 많기 때문에 팜유로 가공하면 다른 식물성기름을 쓸 때보다 음식이 더 맛있게 느껴진다. 하지만 포화지방이 우리 몸에 좋지 않다는 것은 잘 알고 있을 터이므로 팜유를 쓴다고 해서 결코 안심해서는 안 된다.

요즘은 영양 과잉이 문제가 되고 있으므로 예전처럼 지방을 많이 섭취할 필요가 없다. 그래서 육식보다는 채식 위주의 식사를 하도록 권장하고 있는데 고기만 덜 먹는다고 해서 그런 문제가 해소되지는 않는다. 정작 우리가 줄여야 할 것은 군것질이다. 군것질거리로 즐겨 먹는 패스트푸드나 인스턴트식품에는 당분뿐 아니라 지방도 많은 양이 들어 있기 때문에 이를 줄이지 못하면 결국에는 지방 과잉 섭취로 인한 고혈압, 소아 비만, 고지혈증 같은 질병이 발생하게 된다.

여기서 우리가 한 가지 짚고 넘어가야 할 것이 있다. 지방은 식은 후에 다시 열을 가하면 문제가 생길 수 있다는 점이다. 예를 들어 튀김을 만들어 처음 먹을 때는 괜찮지만 식은 후에 다시 튀기게 되면 그사이 산화된 지방이 연소하면서 발암물질을 생성하므로 인체에 나쁜 영향을 주게 된다. 그래서 튀김은 한 번에 먹을 만큼만 튀겨 먹는 것이 좋다. 그런데 대부분의 패스트푸드나 인스턴트식품은 빨리 먹을 수 있도록 익혀 나오기 때문에 기름에 튀긴 유탕 처리 식품인 경우에는 다시 데울 때 문제가 생길 수 있다. 양질의 지방 섭취는 자연식품만으로도 충분히 가능하다. 따라서 기름진 패스트푸드나 유탕 처리한 인스턴트식품은 가급적 먹지 않는 것이 좋다.

넷째, 식품첨가물이 많이 들어 있다

재작년에 홍콩에서 요즘 아이들이 왜 이렇게 감기에 자주 걸리고 알레르기 질환을 많이 앓고 있는지에 대한 역학조사를 실시했다. 필자도 처음에는 환경오염이나 편식, 운동 부족 등이 주요 원인일 것이라고 예상했다. 그런데 뜻밖에도 패스트푸드가 가장 큰 원인이라는 얘기를 듣고 그 속에 든 식품첨가물이 인체의 면역 기능을 교란시킬 거라는 의심이 들었다. 그리고 얼마 후 〈추적 60분〉이라는 시사 고발 프로그램에서 그것을 확인시켜 주었다. 방송의 주요 내용은 아토피가 있는 아이가 과자를 먹더니 일정한 시간 후에 증상이 갑자기 심해진 것이었다. 아마 밤새 아이가 긁는 모습을 보면서 많은 부모들이 가슴 아팠을 것이다.

알레르기 질환은 면역 과민 반응이다. 어떤 물질에 원래는 1 정도 반응해야 하는데 그 이상으로 반응하기 때문에 나타나는 증상이 알레르기다. 그런데 한의학적인 관점은 조금 다르다. 우선 몸에 열이 많은 경우 식품첨가물과 같은 독소가 인체에 조금만 들어가도 이런 문제가 발생할 수 있다고 본다. 그 한 예가 태열이다. 또한 우리 몸에 해로운 물질이 체내에 들어왔을 때 사람마다 다른 반응을 보이는데, 이런 물질에 좀 더 치명적인 영향을 받는 경우나 몸에 독소가 너무 많아서 조금만 더 섭취해도 악영향이 미칠 것 같은 경우에는 그 물질을 몸 밖으로 배출하기 위해 과민 반응을 나타낸다고 본다. 그래서 한의학에서는 알레르기성 비염에 의한 기침, 콧물, 재채기 같은 증상이나 아토피 질환에 의한 피부 발진 등은 이런 독소를 내보내려는 면역반응일 뿐 아니라 이런 음식이 인체에 악영향을 준다는 것을 알리기 위한 신호라고 여긴다. 다시 말해 요즘 알레르기 질환을 앓는 아이가 많아진 것은 새집 증후군이나 환경오염 때문이기도 하지만 음식 문제, 특히 가공식품이나 패스트푸드에 들어 있는 식품첨가물도 그 원인 중 하나라는 것이다.

이처럼 우리 몸에 나쁜 영향을 끼치는 식품첨가물의 폐단을 막기 위해 우리나라에서도 재작년부터 식품첨가물 표시제를 시행하고 있다. 그 전에는 제조자 마음대로 대충 표시하는 수준이었는데 지금은 그 덕분에 세세한 부분까지 표시하고 있다. 물론 아직 미흡한 점이 있기는 하지만 아이들에게 가공식품을 사 줄 때는 반드시 어떤 식품첨가물이 들어가 있는지 살펴봐야 한다. 문제는 그 내용이 상당히 어려운 말로 적혀 있는 점이다. 그래서 전문 지식이 없는 일반인들은 보고도 모를 수밖에 없을 것이다. 그럴 땐 설탕, 간장, 소금과 같이 부엌에서 쓰는 조미료는 식품첨가물이 아니고 구연산, 황색 색소, 증점제처럼 부엌에서 쓰지 않는 생소한 물질은 식품첨가물로 보면 된다.

아울러 식품첨가물 목록에 있는 것이 그 식품에 들어간 식품첨가물의 전부가 아니라는 점을 주지해야 한다. 예를 들어 증점제나 바나나 맛 향이라고 적혀 있으면 이것은 한 가지 물질일 수도 있지만 여러 가지 물질이 섞여 있는 것일 수도 있다. 아직 우리나라에서는 이렇게 같은 역할을 하는 물질이 여러 종류가 들어 있을 경우에는 대표적인 물질이나 그 중 하나를 표시해도 허용해 주고 있다. 이를테면 바나나 맛 향과 같은 향료를 만들기 위해 들어가는 많은 물질을 바나나 맛 향이라는 이름 하나로 표시하므로 거기에 어떤 물질이 들어갔는지는 소비가가 알 수 없는 것이다.

필자도 이온 음료의 식품첨가물 목록을 살펴본 적이 있는데, 물에다가 몇 가지 무기질을 섞어 놓은 정도로 생각했던 이온 음료에도 무려 16가지의 식품첨가물이 들어 있었다. 물론 음료의 맛을 좋게 하거나 이온의 흡수를 돕기 위해 첨가했겠지만 그중에는 다른 용도로 넣었을 것 같은 물질도 많이 들어 있었다. 이처럼 우리는 그런 식품들을 통해 알게 모르게 많은 식품첨가물을 섭취하고 있다. 식품 회사에서는 분명히 나라에서 정한 대로만 사용했겠지만 그것들이 우리 인체, 특히 아이들에게 어떤 영향을 미칠지는 알 수 없다. 과자가 아이들의 아토피 질환에 나쁜 영향을 준다는 것도 최근에야 알려진 사실이 아닌가?

또 아이들이 좋아하는 아이스크림과 초콜릿 우유, 바나나 우유에 들어가는 식품첨가물도 살펴보았다. 우선 아이스크림은 시원하고 달콤하고 부드러워 남녀노소 모두가 좋아한다. 아이스크림의 부드러운 질감은 유지방이 들어 있기 때문인데 아이스크림이 녹으면 왜 물이 떨어지는지 의아했다. 우리는 지방과 물은 섞이지 않고 섞이더라도 금방 분리되는 성질이 있다고 배우지 않았는가? 그래서 알아봤더니 아이스크림에는 지방과 물이 섞이게 하는 화학물질이 첨가돼 있었다. 단순히 당분과 색소가 많아서 건강에 좋지 않다고 생각했는데 그런 뜻밖의 물질이 들어 있었던 것이다. 초콜릿 우유와 바나나 우유에도 많은 식품첨가물이 들어가기는 마찬가지였다. 초콜릿 우유와 바나나 우유는 아이들이 굉장히 좋아해 우유를 싫어하는 아이에게 부모들이 우유 대용으로 많이 먹이는 식품이다. 그런데 이상한 점은 우리가 우유에다 초콜릿 가루를 타면 제대로 녹지 않을뿐더러 잘 녹은 것 같더라도 다 마시고 보면 바닥에 침전물 같은 것이 남는데 초콜릿 우유를 마시면 그런 것이 전혀 남지 않았다. 그래서 식품첨가물 목록을 살펴보니 초콜릿 가루가 우유에 잘 용해되고 바닥에 가라앉지 않게 하는 물질이 들어 있었다. 더욱 놀라운 점은 바나나 우유에 바나나가 조금도 들어가지 않는다는 사실이었다. 대신 바나나 향이 들어가는데 이것이 어떤 성분으로 만들어지는지는 전혀 알 수가 없었다. 이처럼 우리가 먹는 가공식품에는 우리가 모르는 식품첨가물이 생각보다 상당히 많이 들어가 있다.

그동안 상담한 아이들 중에는 아토피 환자도 많았는데 필자의 경험상 아토피 환자가 꼭 피해야 할 것 중 하나가 라면이다. 왜냐하면 라면을 먹고 나서 아토피가 심해지는 아이들이 많았기 때문이다. 그래서 일본 서적들을 뒤져 라면에 대해 좀 더 자세히 살펴본 결과 새로운 사실을 알아낼 수 있었다. 돼지고기 맛 라면이나 일본의 간장 맛 라면에 돼지고기 국물이나 간장은 한 방울도 들어가지 않고 대신 그러한 맛을 내는 파우더가 들어간다는 점이다. 그뿐만이 아니다. 우리 부모들은 라면이 몸에 좋지 않다는 건 알고 있지만 국물 맛을 내는 라면 스프나 육수가 인체에 어떤 영향을 미치는지는 잘 모르는 것 같다.

얼마 전에 KBS 〈스펀지〉라는 프로그램에 재미있는 내용이 나왔다. 바로 라면에 새우깡을 넣으면 새우 맛 라면이 된다는 것이다. 모두들 그것을 신기해했는데 실은 굉장히 무서운 이야기다. 시판하는 면류에 들어 있는 라면 스프나 육수가 감칠맛을 내는 건 여러 가지 화학조미료가 섞여 있기 때문이다. 이것들은 기본 성분이 서로 비슷해서 어떤 맛 파우더를 넣느냐에 따라 그 맛이 강해진다. 그래서 새우 맛 파우더를 넣은 조미료를 과자에 넣으면 새우깡이 되는 거고, 라면에 넣으면 새우 맛 라면이 되는 것이다. 또한 그 기본 성분에 멸치 국물 맛을 내는 파우더를 넣으면 멸치 국물 맛 육수가 되는 것이고 쇠고기 맛을 내는 파우더를 넣으면 쇠고기 맛 육수가 되는 것이다. 이렇게 따지면 컵라면에 새우깡을 넣었을 때 새우 맛 라면이 되는 건 당연하다. 따라서 굳이 라면을 먹지 않더라도 조미료나 가공 육수, 과자 등을 많이 먹으면 라면을 먹는 것과 다를 게 없다.

마지막으로 우리가 즐겨 씹는 껌에 대해서도 알아보자. 아이 문제로 부모들을 상담하다 보면 의외로 껌에 대해서는 참으로 관대하다는 느낌을 받곤 한다. 개중에는 아이의 치아 건강을 위해 껌을 자주 씹게 하는 것이 좋지 않으냐고 하는 부모도 있다. 그러나 우리가 씹는 껌에도 수많은 식품첨가물이 들어가 있다. 일례로 자일리톨 껌은 자일리톨 성분이 들어 있어 충치를 예방한다고 하는 광고만 보면 마치 자일리톨로만 만든 껌이라는 인상을 주지만 실제로는 그 외에도 많은 화학물질이 들어 있다. 진정 아이의 치아 건강이 걱정된다면 열심히 양치질을 시키거나 치실을 이용해 치아를 청결하게 관리해 주면 될 일이다.

이처럼 우리가 무심코 먹는 음식에는 상당히 많은 식품첨가물이 들어 있다. 물론 각각의 식품첨가물은 나라에서 정한 기준을 통과한 것이라고 한다. 그러나 그런 물질을 장기간 섭취하거나 여러 가지 물질을 함께 섭취할 때 인체에 어떤 영향을 줄지는 아무도 모른다. 그것들은 인체의 면역 기능을 떨어뜨리는 요인일 수도 있고, 요즘 아이들이 많이 앓고 있는 질병의 원인일 수도 있고, 아이들의 잘못된 식습관과 연관이 있을 수도 있다. 왜냐하면 우리 인체가 아직 그런 물질에 적응할 만한 준비가 안 돼 있기 때문이다. 게다가 매년 수많은 식품첨가물이 새로 만들어지고 있다. 따라서 40년은 지나야 한 세대가 바뀌는 우리 인간으로서는 적응하기가 쉽지 않다. 특히 어린아이의 경우에는 더더욱 그럴 것이다.

　이처럼 패스트푸드와 인스턴트식품에는 우리 몸에 안 좋은 물질들이 많이 들어 있다. 그래서 한 저자는 "아이에게 과자를 먹일 바에는 담배를 피우게 하겠다."고 말하였는지도 모른다. 아직도 인간의 몸은 선사시대 프로그램으로 되어 있다. 인간의 먹을거리가 이렇게 비약적으로 발전한 것은 인류 역사로 봤을 때는 얼마 안 되는 기간이기 때문이다. 그래서 우리 인체가 자연식품에는 쉽게 적응하는 반면 인스턴트식품이나 패스트푸드에는 잘 적응하지 못하는 것이다. 그래도 우리 아이들에게 이런 음식을 계속 먹이겠는가? 그 결정은 부모의 몫으로 남겨 두겠다.

22
아이 재능은
자랑하지 말고 숨겨라

요즘 부모들은 영재교육에 관심이 많은 것 같다. 영재교육기관에 들여보내기 위해 과외를 시키는 부모까지 있다고 하니 참 딱하기도 하고 아이가 가엾기도 하다. 이 정도는 아니지만 부모라면 누구나 혹시 우리 아이가 영재일까 싶어 유심히 살펴본 경험이 있을 것이다. 그런데 영재는 생각보다 많지 않다.

TV를 보다 보면 영재라는 아이들이 많이 나온다. 달력을 손바닥 들여다보듯 훤히 꿰뚫는 아이, 국가나 국기 이름을 척척 알아맞히는 아이, 영어나 한문을 잘하는 아이, 심지어 춤을 잘 추거나 트로트 같은 노래를 잘하는 아이도 영재나 신동이라는 타이틀을 달고 나온다. 물론 이 중에는 정말 영재인 아이도 있고, 나중에 그 방면에서 재능을 꽃피우는 아이도 있을 것이다. 그러나 안타깝게도 대부분 그렇지 못하다.

여기에는 크게 두 가지 이유가 있다. 우선 아이들은 순수한 소양지기를 지니고 있어 어떤 일에 재미가 붙으면 정신이 팔릴 정도로 집중하는 경우를 많이 볼 수 있다. 그래서 특정 분야에 대한 재능이 또래 아이들에 비해 뛰어난 것처럼 보인다. 하지만 아이가 계속 그 일에 관심을 갖고 재능을 보일 거라고 속단하면 안 된다. 아이들의 관심사는 아주 쉽게 변하기 때문에 하나를 좋아하다가도 다른 것에 금방 빠진다. 아이들이 진정으로 잘하고 좋아하는 특기가 무엇인지는 시간이 지나야 확연해진다.

아이를 키운다는 건 그릇을 크게 빚는 것과 같다. 그릇은 쉽게 커지지 않는다. 또한 그릇을 빚을 때 한쪽만 크거나 작거나 하면 그 그릇은 쓸모가 없을 것이다. 아이들이 커 가는 것도 마찬가지다. 한쪽에 흥미가 있다는 것은 그릇 한쪽이 커지는 것과 같다. 따라서 흥미가 자주 바뀌는 것은 그릇이 여기저기 커지는 것과 같고 그러다 보면 예쁜 그릇이 되는 것이다. 그런데 한쪽에 흥미를 가진다고 해서 그것을 강요하는 것은 한쪽만 커져 있는 쓸모없는 그릇을 만드는 것과 같다. 아울러 이 그릇이 얼마나 커지느냐에 따라 아이가 성인이 될 때까지 보여 줄 능력의 크기가 결정되는 것이다. 그리고 그릇을 크게 만드는 윤활유는 바로 호기심이다. 다시 말하면 아이들은 호기심을 통해 자신의 그릇을 키워 가는 것이다. 그래서 부모에게 아이의 호기심을 억누르지 말고 충족시켜 주라고 하는 것이다.

아이들 중에는 어떤 재능이 두드러지게 발달하고 나머지 재능은 더디게 발달하는 아이도 있고, 모든 분야의 재능이 조금씩 골고루 발달하는 아이도 있다. 우리는 흔히 전자의 경우를 영재로 보는 경향이 있는데 이는 아이가 능력과 그릇을 키워 나가는 과정에서 단편적인 면만을 보고 성급하게 내린 판단일 뿐이다. 물론 한 분야에 정말 특출한 재능을 가진 아이도 있기는 하지만 그런 경우는 그리 많지 않다. 또 이것이 병적인 증상으로 나타나는 경우도 있다. 자폐증이 하나의 예가 될수 있을 것이다. 자폐증은 자신만의 세계에 갇혀 외부와 소통하지 않는 병이다. 대신 외부와의 단절 속에서 자신의 능력을 특정 부분에 집중시킨다. 다리를 쓰지 못하게 되면 상체가 발달하는 것처럼 말이다. 그래서 자폐아들은 한 분야에 탁월한 능력을 보이는 경우가 많지만 천재라고 하지 않는다. 한쪽 부분만 비정상적으로 커진 그릇과 같기 때문이다. 아이들은 그릇이 어느 정도 커지고 나면 지식, 학습 능력, 감정, 인성 등의 내용물을 담게 된다. 따라서 이 그릇에 내용을 담는 것을 보면 대부분의 사람은 한쪽 분야에서만 뛰어난 능력을 보이는 것이 아니라 모든 분야에서 고른 능력을 보이되 특정 분야에서 약간 더 뛰어난 능력을 보인다. 다시 말해서 어렸을 때 영재라고 생각한 아이들의 대부분이 성인이 되었을때는 그렇지 않다는 것이다. 그리고 조금 다른 이야기지만 이처럼 재능이 서로 다른 아이들의 능력을 수능 시험이라는 하나의 잣대로 평가하는 것은 바람직하지 않다.

또한 어릴 때는 영재였던 아이를 부모가 둔재로 만드는 경우가 있다. 부모는 아이가 한 분야에서 남보다 조금 뛰어난 능력을 발휘하면 너무나 기쁜 나머지 그것을 자랑삼아 떠들고 다닌다. 심지어는 TV에까지 출연시켜 다른 부모들의 부러움을 사기도 한다. 그러나 이는 결코 바람직한 방법이 아니다. 외국에서는 아이가 특출한 능력을 보이더라도 다른 사람들에게 이야기하지 않는다. 아이가 그로 인해 부담을 가질 것을 우려해서다.

앞에서도 언급했듯이 유아기는 그릇을 키우는 시기이며 그 원동력은 호기심과 재미다. 아이들은 재미를 느끼는 분야에 집중하는 성향이 강해서 또래 아이들보다 뛰어난 능력을 보일 수도 있다. 그러나 이러한 관심은 금세 다른 분야로 옮겨지므로 무엇을 좋아하든 부모가 개입해서는 안 된다.

아이들은 자신이 한 행동을 계속하려는 성향을 보인다. 특히 이때 부모나 주위 사람들이 기뻐하거나 칭찬하면 더더욱 열심히 한다. 신과 같은 존재인 부모에게서 칭찬을 받았기 때문이다. 그러나 아이들의 호기심은 쉽게 변하기 때문에 한 가지를 진득하게 하지 못한다. 다만 다른 것을 하고 싶어도 부모가 좋아하는 행동을 하지 않으면 사랑을 잃을까 두려워 억지로 하는 것이다. 그러다 보면 어느 순간에는 그런 행동이 부담스럽고 싫어지게 되는 것이다. 만일 부모가 아이의 그런 속내를 눈치 채지 못하고 사람들에게 자랑하기 위해 주위 사람들에게 떠들고 다니거나 TV에까지 내보내면 아이는 점점 더 그 일에 질릴 것이다.

문제는 그 일을 싫어하는 것으로 끝나지 않고 학습 자체에 흥미를 잃는 것이다. 학습에서 가장 중요한 것은 흥미다. 그런데 부모의 섣부른 자랑으로 결국 학습에 흥미를 잃어버리면 더 큰 문제가 생긴다. 아이들은 호기심을 원동력으로 해서 그릇을 키워 나가는데 이런 아이들은 그릇을 키우는 데 쓸 에너지를 하기 싫은 일을 하는 데 쏟아 붓게 되므로 정작 자신의 그릇은 키우지 못하는 우를 범하게 된다. 그래서 소위 천재라는 아이들이 어른이 돼서는 평범해지거나 오히려 더 불행해지는 것이 아닌가 싶다.

얼마 전에 한 천재 아이가 아주 어린 나이에 대학에 입학했다는 기사를 본 적이 있다. 그런데 흥미로운 것은 그 사실보다 부모의 육아법이었다. 그 부모는 아이에게 어떤 것도 강요하지 않고 아이가 하고 싶어 하는 대로 내버려 두었다고 한다. 필자기 보기에 그러한 교육 방식이 아이가 그릇을 키우는 데 큰 도움을 주었고, 덕분에 아이도 그만한 능력을 발휘할 수 있었던 것 같다. 물론 그 아이는 특수한 경우이므로 모든 아이들이 그렇게 한다고 해서 놀라운 성과를 보이는 건 아니겠지만 적어도 부모가 강요나 억압 속에서 키울 때보다는 훨씬 좋은 결과를 가져다줄 것이다.

그런데 강요나 억압으로 억지 교육을 시키는 것보다 더욱 한심한 일은 아이를 영재로 만들기 위해 과외를 시키는 것이다. 그 부모들에게 묻고 싶다. 왜 아이에게 영재교육을 시키느냐고 말이다. 나중에 좋은 대학에 보내기 위해서인가? 아니면 본인의 만족을 위해서인가? 만일 그렇다면 둘 다 타당하고 현명한 이유는 아닌 듯하다.

부모들이여, 만일 아이에게 뛰어난 재능이 있어 보이면 외부에 알리지 말고 철저히 숨겨라. 정말로 아이가 그 일에 재능이 있고 흥미가 있는지, 아니면 잠시 두각을 나타냈을 뿐인지는 시간을 두고 지켜보면서 판단하라. 아이가 나중에 출중한 재능을 살려 훌륭하게 자라면 그것으로 충분하지 않은가?

　동양철학에서는 사람이 오행(五行, 천지만물을 구성하는 다섯 가지 대표적인 요소)의 성품을 가지고 태어난다고 한다. 개중에는 오행을 모두 골고루 타고나는 사람도 있지만 특정 부분을 더 많이 가지고 태어나는 사람도 있다. 이 중 후자의 경우가 요즘 말하는 영재의 개념과 일맥상통하는데, 사실 가장 바람직한 경우는 오행을 골고루 타고난 사람이다. 이런 사람은 모든 면에서 조화를 이루기 때문이다. 조화는 만물이 원만하게 살아가게 하는 힘이자 자연과 생태계를 유지하는 원동력이다. 그래서 동양에서는 조화로운 사람을 으뜸으로 친다.

23
선행 학습이
과연 **올바른 조기교육**인가

요즘 부모들은 조기교육에 굉장한 관심을 가지고 있다. 조기교육은 말 그대로 아이의 잠재 능력을 어릴 때부터 끌어내는 교육을 말한다. 사람은 어느 정도 나이가 들면 잠재 능력보다는 그동안 사용했던 능력을 가지고 생활하기 때문에 순수하고 변화가 많은 어린 시절에 잠재 능력을 깨워 줌으로써 아이의 인생을 좀 더 행복하고 보람차게 만들어 주고자 하는 것이 조기교육의 목적이다. 따라서 조기교육은 우리가 알고 있는 소위 정규교육과는 달라야 한다. 왜냐하면 정규교육은 맞춤형 교육이 될 수 없다. 아무리 교사 대 학생의 수를 줄이더라도 학생 수가 교사보다 많은 경우 교사는 한 아이를 위해 교육하는 것이 아니라 모든 아이들을 상대로 교육해야 하므로 평균치에 맞출 수밖에 없는 것이다.

어쨌든 이 시기에는 아이의 숨은 능력을 끌어내 줘야 하기 때문에 우리 아이에게 맞는 학습 방법을 찾아야 한다. 전 세계에 얼굴이 같은 사람이 하나도 없듯이 아이가 타고나는 재능과 관심을 가지는 분야도 저마다 다르기 때문이다. 그런데 아이는 이런 것들을 찾을 만한 능력이 없으므로 부모가 찾아 주는 것이 마땅하다.

그런데 현재 우리나라의 조기교육 실태를 보면 부모에게 남다른 교육철학이 있어서가 아니라 유행처럼 남들이 하니까 분위기에 휩쓸려 조기교육을 시키고 있다. 아이에게 잠재 능력을 키워 주는 방법은 수없이 많은데 작금의 조기교육은 모두 비슷하다. 그저 나중에 배울 것을 미리 배우는 선행 학습 수준에 불과하다. 그것도 다른 아이들이 하니 우리 아이만 뒤처지게 둘 수 없다는 생각으로 똑같이 시킨다. 시간이 지나 정규교육을 받으면 어차피 알게 될 내용을 성적을 올리기 위해 먼저 배우게 하는 셈이다. 그러다 보니 아이의 흥미나 관심에는 아랑곳하지 않고 부모의 욕심을 앞세워 아이들에게 단순 암기를 시키거나 학교에서 배울 공부를 그저 앞당겨 시키는 정도에 그치고 있다. 정작 조기교육의 목표인 창의성, 인성, 잠재력을 키우는 교육에는 미치지 못하는 것이다.

그러면 어떻게 하는 것이 올바른 조기교육일까?

필자는 자연과 함께 생활하는 것이라고 말하고 싶다. 그러면 부모들 중에는 도심에서 어떻게 자연과 함께하느냐고 반문하는 이들이 있을 것이다. 필자의 얘기는 굳이 산이나 바다와 같은 한적한 곳에서 살라는 뜻이 아니다. 물론 그런 곳에서 살면 더 좋은 효과를 보겠지만 현실적으로 힘들기 때문에 차선책으로 자연스럽게 살라는 것이다. 이는 다시 말해 아이가 흥미로워하고 원하는 대로 생각과 행동의 나래를 펴도록 해 주라는 의미다. 시간만 나면 TV를 보거나 게임을 한다고 아이들을 꾸짖기 전에 부모로서 아이와 그동안 얼마나 제대로 놀아 주었는지 반성해 보라. 그러면 아이들의 행동이 조금이나마 이해될 것이다.

얼마 전 신문에 인터넷에 심하게 중독된 아이들을 대상으로 며칠 동안 캠핑을 한 모임이 소개됐다. 캠핑 첫날에는 불러도 대답이 없고 신경질만 내더라는 것이다. 또 축구 시합을 해도 20분 이상 뛴 적이 없고 20분 이상은 뛰지도 못하더란다. 그런데 그 다음 날부터 자연 속에서 축구하기, 그림 그리기, 물 썰매 타기 같은 놀이에 푹 빠져 그리도 움직이기 싫어하던 아이들이 먼저 뛰어놀자고 졸랐다고 한다. 결론은 부모가 아이와 자연스럽게 놀거나 시간을 보내는 방법을 모르기 때문에, 또 아이도 다른 사람과 어울려 놀거나 함께하는 즐거움을 모르기 때문에 인터넷에 빠진다는 것이다.

이처럼 부모가 조금만 노력하면 아이들이 자연에 흥미를 갖고 마음껏 뛰어놀 수 있다. 그 안에서 무궁무진한 상상력과 창의력, 호기심을 키울 수 있음은 물론이다. 이 세상에 자연만큼 훌륭한 교사가 없다. 동양철학에는 주역이라는 책이 있는데 이 책은 많은 사람들이 오해하듯 단순히 점치는 책이 아니다. 천지자연의 변화 법칙을 정리해 인간사, 자연사 등 모든 일에 대입한 것이 바로 주역이다. 다만 주역을 열심히 배워 천지자연의 변화 법칙을 깨우치다 보면 앞으로 일어날 일까지 내다볼 수 있으므로 점을 치는 것처럼 보일 뿐이다. 주역은 문왕, 공자 같은 동양의 옛 성현들이 지어 놓은 것인데 지금은 오히려 서양에서 더 많은 홍미를 가지고 물리학과 결합시키기도 하고 생물학과 연관 짓기도 하는 등 많은 연구를 하고 있다. 옛 성현들은 이 법칙을 자연을 관찰하면서 알아냈다. 그들은 자연의 변화무쌍한 움직임을 관찰하면서 그 속에서 반복되는 법칙과 질서를 찾아내 주역이라는 책으로 엮은 것이다. 물론 이것은 인간 사회에도 그대로 적용될 수 있다. 인간은 소우주이기 때문이다.

아이들도 이런 조기교육을 받아야 한다. 예를 들어 "바람이 왜 부는가?"라는 물음을 던져 놓고 "기압 차가 나니 바람이 분다."는 식으로 대답을 알려 주지 말고 아이가 충분히 상상해서 답할 수 있도록 두라는 것이다. 강을 바라보면 강물과 사귀어서 따라가다 보니 바람이 분다고 할 수도 있고, 식물을 보면 식물이 더울까 봐 시원하게 해 주려고 바람이 분다고도 할 수 있고, 쓰레기가 날리는 것을 보면 더러운 쓰레기를 치우려고 바람이 분다고 말할 수 있도록 말이다.

예전에 TV에서 아이들이 자신의 눈높이에서 문제를 설명하면 어른들이 맞히는 프로그램을 방영한 적이 있다. 그 프로그램을 보고 있노라면 아이들의 순진무구하고도 기발한 표현에 놀라곤 했다. 또 언젠가 '나무야, 나무야, 하루 종일 서 있으니 다리 아프지? 누워서 자라.'는 내용의 아이가 쓴 시를 보면서 아이들의 생각은 참으로 자유롭구나 하고 새삼 느낀 적이 있다. 아이들은 바로 그런 식으로 꿈을 키워 간다.

아이들은 소양지기가 충만하다. 또한 소양지기의 원천인 양기는 어디든 뻗어 나가고 뻗다가 막히면 다시 다른 방향으로 뻗어 나가는 성질이 있다. 그러므로 어른들은 아이의 상상력, 사물에 대한 관심, 판단력 등을 어른들의 고정관념으로 재단하지 말고 묵묵히 지켜볼 필요가 있다.

아이의 호기심과 창의력을 억누르지 마라

얼마 전 언론에 남다른 어린이집이 소개됐다. 그 어린이집에는 여느 어린이집처럼 영어나 수학을 가르치는 교육과정이 없었다. 그저 아이들이 어린이집에 오기 전에 있었던 일에 대해 친구들 앞에서 발표할 수 있는 분위기를 만들어 줄 뿐이었다. 그리고 아이들이 그 과정에서 흥미를 갖거나 재미있어하는 부분에 대해 책을 읽히거나 그림을 그리거나 인터넷을 뒤져 자료를 찾게 했다. 더욱이 야외 학습 시간에도 어린이집에서 지정한 박물관이나 체험 학습장에 가는 것이 아니라 그러한 과정에서 아이들이 가고 싶어 하는 곳이 생기면 그곳으로 간다고 한다. 필자는 이야말로 우리 아이들에게 필요한 조기교육이 아닐까 싶다.

앞에서 조기교육을 하는 시기는 아이의 그릇을 키우는 시기라고 언급한 바 있는데 이 그릇은 아이가 주체적으로 키워야 효과가 있다. 부모 입장에서는 하찮게 느껴질지라도 아이들의 호기심과 상상력, 창의력은 그런 사소한 관심과 흥미에서 출발한다.

그런데 요즘 부모들은 상상력과 창의력을 키워 준답시고 "바람이 왜 부느냐?"고 물은 다음 "기압 차 때문이요."라고 말해야만 기뻐하지, 다르게 말하면 조금의 주저함도 없이 "그것도 모르냐? 쓸데없는 생각 말고 공부나 해라." 하는 식으로 몰아치거나 무시한다. 또 아이들이 뭔가에 호기심을 보이면 충분히 설명해 주려고 노력하기보다는 귀찮아하거나 나중으로 미루고, 나중에도 역시 별말을 해 주지 않는다. 그런 일이 몇 차례 반복되다 보면 아이들은 궁금한 게 생겨도 더 이상 부모에게 물어보지 않는다. 부모가 어떤 반응을 보일지 알기 때문이다.

아이들은 물이 가득 담긴 대야를 보고도 혼자 중얼거리며 놀 정도로 생각이 말랑말랑하고 창의적이다. 그렇다면 사시사철 변하는 자연의 모습에서는 얼마나 많은 영감과 지식을 얻겠는가? 그 효과가 당장 확연히 드러나지는 않겠지만 아마도 닫힌 공간에서 영어, 수학을 배우는 것보다는 훨씬 많은 것을 느끼고 배울 것이다. 그렇다고 해서 시간과 경비를 들여 멀리 있는 산이나 바다를 찾을 필요는 없다. 집 앞에 핀 이름 모를 꽃이나 귓가를 간질이는 바람, 보슬보슬 내리는 비, 겨울 하늘에서 떨어지는 하얀 눈꽃 송이, 유유히 흐르는 강물 등 아이들에게 좋은 스승이 되어 줄 자연이 우리 주변에도 얼마든지 있기 때문이다. 그 속에서 아이들이 자신의 그릇을 키워 나가게 해 주는 것이 진정한 조기교육이 아니겠는가? 나중에 학교에 가서 배울 내용을 미리 배워 좋은 성적을 내고자 하는 교육은 아이들의 창의력과 상상력을 키우기 위한 조기교육이라고 할 수 없다.

이쯤에서 반드시 짚고 넘어갈 점은 아이들이 어린이집은 물론 학교에 처음 들어가면 굉장히 힘들어한다는 사실이다. 그건 공부가 싫어서가 아니다. 일정한 시간 동안 선생님 말씀을 들으며 가만히 앉아 있는 자체가 아이들에게는 스트레스요, 곤욕이다. 더군다나 선생님의 수업 내용을 이미 다 알고 있는 경우에는 더더욱 그렇다. 수업 중에 흥미를 유발할 만한 새로운 내용이 없으니 지루하게 느껴질 수밖에 없고, 또 아는 대로 표현하면 선생님의 수업 진행을 방해한다는 인상을 주어 핀잔을 들을 수밖에 없기 때문이다. 그런 선생님에게 왜 아이를 이해하지 못하냐고 항의하는 것도 어불성설이다. 선생님은 아이들이 모른다는 전제 하에 수업을 진행하는 것이므로 그 아이 하나를 위해 좀 더 수준 높은 내용을 가르칠 수는 없는 입장이다. 그러다 보니 아이가 자신의 독창적인 생각을 표현하는 것도 아니고 선생님보다 앞서 수업 내용을 자꾸 말해 버리면 모르는 아이들을 제대로 가르칠 수 없으므로 아이의 말을 저지하게 된다. 문제는 그로 인해 아이가 자칫 수업에 흥미를 잃고 학교생활에도 잘 적응하지 못하는 것이다. 내용도 뻔히 알고 있는 데다 그걸 마음대로 표현할 수도 없으니 아이 입장에서는 수업이 재미없을 만도 하다. 앉아 있는 것도 힘든데 수업까지 재미없다면 그 아이가 학교생활에 잘 적응할 수 있겠는가?

나중에 성적을 올리기 위해 지금 당장 더 많은 것을 미리 배워 두는 선행 학습은 학습에 대한 흥미를 떨어뜨릴 뿐 아니라 학교생활도 재미없게 만든다. 그러다 보면 성적이 오히려 더 나쁘게 나올 수도 있다. 조기교육의 근본적인 목적 중 하나는 아이들이 학습에 대한 흥미와 욕구를 갖게 하는 것이다.

24
컴퓨터·TV·비디오,
아이를 망치는 '판도라의 상자'

요즘 아이들이 가장 재미있는 것이 무엇이냐는 물음에 컴퓨터와 TV, 비디오 등을 손꼽는 것을 보면 격세지감을 느낀다. 필자의 대학 생활 초기에는 컴퓨터가 많이 보급되지도 못했을 뿐더러 PC방도 없었기 때문에 지금처럼 컴퓨터게임이 유행하지 않았다. 그런데 군대를 제대하고 후배들을 만나 보니 그사이 캠퍼스 문화가 많이 바뀌어 있었다. 우리 세대는 술자리를 파하면 노래방이나 캠퍼스에서 2차를 했는데 후배들은 PC방에 가서 게임을 하다 헤어졌다. 그때 문득 대학생들도 이러할진대 아이들은 어떨까 하는 생각이 들었다.

이처럼 컴퓨터게임과 TV, 비디오는 한번 빠지면 쉽게 헤어날 수 없는 중독성이 있다. 그래서 요즘 그런 것들에 대한 중독성이 사회문제가 됐는데 한편으로는 오죽하면 청소년들이 부모 몰래 PC방을 찾아 인터넷 게임을 즐길까 싶다. 집에도 엄연히 컴퓨터가 있을 텐데 말이다. 그렇다고 그 아이들을 두둔하려는 건 아니다. 컴퓨터게임과 TV, 비디오는 폭력적이고 외설적인 내용을 별다른 여과 없이 보여 주는 것도 문제지만, 그밖에도 수많은 문제들을 안고 있다.

인간은 어떤 자극을 받으면 처음에는 반응을 보이지만 이내 내성이 생기게 되어 있다. 음식을 보더라도 처음에는 설탕 한 스푼만 들어가도 달고 맛있었는데 시간이 지나면 그 정도로는 맛이 없어져 두 스푼, 세 스푼을 넣어야 한다. 개인적으로 아이스크림을 좋아하지 않는데 우연치 않게 '배스킨라빈스 31'이라는 아이스크림 전문점에 가게 됐다. 거기서 아이스크림을 먹고 너무 놀랐다. 그냥 단 정도가 아니라 혀를 마비시킬 정도로 단맛이 강했기 때문이다. 그런데 그곳을 자주 찾는 사람들에게 물어보니 그다지 달다고 하지 않았다.

이처럼 인간은 어떤 자극에 대해 시간이 지나면 무감각해지게 된다. 그렇기 때문에 어른들이 컴퓨터와 TV, 비디오가 주는 폭력성과 선정성 같은 자극이 아이들에게 미치지 못하도록 경계하는 것이다. 1970, 80년대에는 TV에서 〈전설의 고향〉만 나와도 무서웠는데 요즘은 그 정도로는 무섭지도 않을 것이다. 그래서 요즘 컴퓨터게임이나 TV, 비디오를 보면 사람을 죽이거나 건물을 부수는 정도는 예사고, 장면 묘사까지 실감 나 보는 이들을 더욱 흥분시킨다. 그러다 보니 그런 데 무감각해진 아이들이 실제와 게임 속 가상 세계를 구분하지 못하고 아무렇지 않게 폭력을 휘두르거나 문제를 일으키는 일이 잦아졌다. 선정성에 있어서도 마찬가지다. 얼마 전 교내에서 한 여학생을 남학생들이 집단으로 성폭행하고 성추행한 사건이 있었다. 그런데 그 아이들은 자신의 잘못을 뉘우치기는커녕 그저 컴퓨터와 TV, 비디오에 나오는 대로 한번 해 보고 싶었다는 것이다. 문제는 이러한 자극을 접하고 무감각해진 아이들은 더 폭력적이고 선정적인 자극을 원하는 악순환이 거듭된다는 사실이다.

더 큰 문제는 아이들이 여기서 그치지 않고 현실에서 직접 실행해 보는 것이다. 미국의 한 드라마에 아이들이 게임에서처럼 사람들을 살해한 후 점수로 환산하는 장면이 나온 적이 있다. 그것이 단지 허구에 불과한 드라마일지라도 아이들에게 좋은 영향을 주지 않을 것이란 사실은 누구나 짐작할 수 있다. 그래서 부모들은 아이가 컴퓨터게임, TV, 비디오를 즐기더라도 폭력적이지 않은 내용만 보여 주려고 노력한다. 그러나 현실은 그리 녹록하지 않다. 부모가 조금만 눈을 떼도 아이들은 그런 자극을 쉽게 접할 수 있기 때문이다. 따라서 컴퓨터게임과 TV, 비디오는 아주 어릴 때부터 많이 해서는 안 되는 것으로 인식시킬 필요가 있다. 정 원할 경우에는 하루에 20, 30분 정도만 할 수 있도록 허락하고 이를 지키지 않을 경우에는 다음에 그만큼의 시간을 차감하는 식으로 원칙을 세우는 것도 한 방법이다.

컴퓨터게임과 TV, 비디오의 또 다른 문제는 일방적으로 자극을 전달한다는 점이다. 사람들은 TV를 흔히 바보상자라고 부른다. 처음에는 그 말이 이해되지 않았는데 아이들을 상담하다 보면 참으로 맞는 말이지 싶다. 얼마 전 한 TV 프로그램에 이런 이야기가 나왔다. 엄마가 생후 100일 정도 된 아이에게 우연히 영어 비디오를 틀어 주었는데 신기하게도 뚫어져라 봤다고 한다. 그 일이 있은 후부터 아이는 비디오를 틀어 주지 않으면 울고불고 난리를 쳤다. 처음에 엄마는 아이가 영어에 소질이 있는 줄 알았다. 그것이 너무 기쁘고 대견한 생각이 들어 여러 종류의 영어 비디오를 사 주었는데 아이가 조금씩 이상해지더니 6살이 되도록 다른 사람들과 의사소통을 전혀 못한다는 내용이었다. 검사 결과 아이는 유사 자폐증이라는 진단이 나왔다.

영·유아기의 아이들이 비디오 같은 영상 매체를 좋아하는 이유는 화면의 변화가 심하기 때문이다. 아이들은 내용을 몰라도 화면이 자꾸 바뀌면 흥미를 갖는다. 그런데 비디오는 시각과 청각밖에 자극하지 못한다. 더구나 지극히 일방적인 자극이다. 엄마나 또래 아이들과 놀거나 책을 읽을 때는 생각하고, 느끼고, 상호자극과 반응을 주고받을 수 있다. 그러나 컴퓨터와 TV, 비디오는 아이를 일방적으로 자극할 뿐, 아이의 반응 따위는 상관하지도 궁금해하지도 않는다. 그러다 보니 이런 상황이 오래 지속되면 극단적인 경우 아이에게 유사 자폐증 같은 증상이 나타나는 것이다.

부모들 중에는 산만한 아이에게 컴퓨터나 TV, 비디오를 틀어 주면 집중을 잘한다며 집중력을 키워 주기 위해 보여 준다는 이들도 있다. 하지만 그런 아이들은 다른 일에 잘 집중하지 못한다. 아이들이 그런 매체에 집중하는 것은 화면의 변화가 많기 때문이지, 절대적인 집중력이 좋아서가 아니다. 아이에게 다른 놀이나 책과 같은 것은 컴퓨터와 TV, 비디오처럼 빨리 변화할 수 없으므로 금방 싫증을 낸다. 그러다 보면 집중력이 떨어져 다시 컴퓨터와 TV, 비디오를 찾는 악순환이 계속된다. 따라서 아이에게 일방적인 자극을 주지 않으려면 컴퓨터와 TV, 비디오는 되도록 접하지 않게 해야 한다.

컴퓨터와 TV, 비디오의 또 다른 문제점은 운동 부족과 비만을 야기한다는 것이다. 비만 아동들은 대체로 움직이기를 싫어한다. 아이가 가만히 앉아서 컴퓨터와 TV, 비디오를 보면 움직임이 없으므로 자연히 살이 찔 수밖에 없다. 또 살이 찌면 움직이기가 더욱 싫어지므로 몸이 비만해지는 악순환이 거듭된다. 아이들은 소양지기를 타고났으므로 많이 움직여야 하는데 그렇지 못하면 성인보다 오히려 더 살이 찌고, 더 스트레스를 받게 된다.

일반적으로 성인의 비만을 치료할 때 엘리베이터 대신 계단을 이용하고 자가용 대신 대중교통을 이용하라고 한다. 왜냐하면 운동을 하지 않는 것은 둘째 치고 일상생활에서조차 움직임이 적어 비만에 이르는 것이기 때문이다. 그런데 요즘 아이들은 책상 앞에 앉아 있는 시간이 많다 보니 어른들보다 운동량이 부족하다. 게다가 여가의 대부분을 컴퓨터와 TV, 비디오로 때우는 경우에는 더욱 심할 것이다.

물론 이것은 아이들의 잘못이 아니다. 인터넷에 중독된 아이도 부모가 잘 놀아 주면 며칠 만에 달라진다. 지금이라도 돌이켜 그동안 놀아 주는 방법을 알지 못해서 또는 심신이 피곤해서 아이를 컴퓨터나 TV, 비디오 같은 매체에 맡겨 둔 건 아닌지 생각해 보라. 만일 그렇다면 아이가 몸을 움직여 노는 즐거움을 모르고 있는 건 아닐까? 참고로 컴퓨터와 TV, 비디오 같은 매체에 중독된 아이들의 습관을 개선해 주는 캠프에 가면 엄청난 양의 소화제가 준비돼 있다고 한다. 그런 매체에 빠져 식사를 제때 하지 못하다가 거기서는 하루 세끼를 꼬박꼬박 챙겨 먹다 보니 소화불량이 잘 발생하기 때문이란다. 돌을 씹어 먹어도 소화시켜야 할 아이들의 건강 상태가 고작 이 정도라면 무엇을 더 바랄 수 있겠는가? 지금이라도 늦지 않았다. 부모들의 진심 어린 각성이 필요할 때다.

사실 아이들이 컴퓨터, TV, 비디오 같은 기계에 빠진 가장 근본적인 원인은 가족 간의 대화 단절이다. 요즘은 각자 생활이 바쁘다 보니 가족 전체가 한자리에 모이는 것은 물론 한 끼를 다 같이 먹기도 쉽지 않다. 이러한 상황에서 가족이 뿔뿔이 흩어져 컴퓨터와 TV, 비디오를 즐긴다면 문제는 더욱 심각해진다. 아이는 방에서 컴퓨터게임을 하고, 부모는 거실에서 TV나 비디오를 보면서 여가를 보내는데 부부간, 부모와 자식 간에 무슨 대화를 할 수 있겠는가? 현대인들은 집에 들어가면 습관적으로 TV부터 켜는 경향이 있다. 멀뚱히 TV만 쳐다보면서 웃고 떠들며 시간을 보내는 것이다. 물론 그런 외중에 가족끼리 대화를 나누기도 하지만 그조차도 자신들의 이야기가 아니라 TV 내용에 대한 이야기다. 그러다 보니 서로 얼굴을 맞대고 눈동자를 응시하며 진솔한 대화를 할 시간이 점점 줄어들고 있는 게 오늘날의 현실이다.

그래서 아이 문제로 부모와 상담할 때는 먼저 거실에 있는 TV를 없애거나 안방으로 치우라고 말한다. 아울러 케이블 TV는 끊어 버리고 거실에 컴퓨터와 책상, 책장 등을 들여놓아 서재처럼 꾸미라고 일러준다. 집안 분위기가 그렇게 바뀌면 처음에는 낯설고 어색하지만 시간이 지나면 점점 좋아진다. 특히 아이와 부모 모두 심심해지기 때문에 함께 놀고 어울리면서 서로 조금씩 마음을 열고 대화를 나누게 된다. 다시 말하면 아이와 놀고 대화하는 방법을 차츰 배우게 되는 것이다. 이때 주위 사람이나 책을 통해 아이와 대화하거나 노는 방법을 조금만 배워 두면 여가 시간을 아주 즐겁고 유익하게 활용할 수 있다.

이것은 부부간에도 마찬가지다. 요즘 부부들은 서로 대화가 없다고들 하는데 그 역시 컴퓨터나 TV, 비디오 때문이 아닌가 싶다. 만일 그런 것들이 없다면 자연스럽게 대화하는 시간도 많아지고, 둘 사이도 좀 더 가까워질 것이다. 부모나 아이가 원래부터 말수가 적은 편이라 해도 상관없다. 아이들은 부모를 보고 그대로 배운다. 그러므로 부모가 거실에서 신문이나 책을 보고 있으면 아이들도 본받아 책을 읽으려고 할 것이다. 부모가 공부하라고 백번 말하는 것보다 책을 읽거나 공부하는 모습을 직접 보여 주는 것이 더 큰 자극이 된다는 것을 잊지 마라. 따라서 이제부터는 거실을 TV나 비디오가 아니라 책이나 신문을 보는 공간으로 활용하라. 그것만으로도 아이에게는 충분한 교육이 될 것이다.

이처럼 컴퓨터와 TV, 비디오는 바보상자가 맞다. 아무리 잘 쓰고 적당히 활용하려고 해도 일단 켜면 머릿속을 멍하게 만들 뿐 아니라 쉽게 끊기도 힘들다. 그러므로 부모는 아이가 컴퓨터와 TV, 비디오를 합쳐 하루 한 시간 이상 하게 둬서는 안 된다. 만약에 집을 비우거나 오랫동안 외출할 경우에는 몰래 하지 못하도록 전원을 끄고 코드라도 뽑아 가라. 아니면 컴퓨터와 TV, 비디오를 일절할 수 없도록 내다 버려라. 진심으로 가족이 행복하고 아이가 잘 자라길 바란다면 말이다.

25
장난감과 놀이, 부모가 정하지 마라

문방구나 완구점에 가 보면 아이와 같이 온 부모를 많이 볼 수 있다. 장난감 종류도 저 중에서 어떻게 고를까 싶을 정도로 많다. 아니나 다를까? 한 귀퉁이에서 아이와 부모가 장난감을 고르며 실랑이를 벌이는 소리가 들린다. 아이가 선택한 장난감이 부모는 내키지 않는지 "된다.", "안 된다." 하며 입씨름을 한다.

물론 아이가 고른 장난감을 부모가 사 주지 않을 때는, 또 아이에게 꼭 사 주려고 할 때는 그만한 이유가 있을 것이다. 만일 아이가 끝이 날카로운 총이나 칼 같은 장난감을 갖고 싶어 할 때는 얼마나 위험한 물건인지를 충분히 설명해 다음에 사도록 유도하거나 사 주더라도 조심스럽게 다루도록 별도의 교육을 해야 한다. 하지만 아이가 항상 위험한 장난감을 고집하는 건 아니다.

아이들이 장난감을 고르는 기준은 재미가 최우선이다. 그러다 보니 아이가 선택한 장난감이 엄마의 마음에도 쏙 들 만큼 교육적인 효과가 있거나 고급스럽게 만든 것일 수도 있지만 돈을 주고 사기에는 아까울 정도로 하찮아 보이는 것일 수도 있다. 아이들 입장에서는 지금 당장 재미있게 가지고 놀 수 있는 것이 최고의 장난감이므로 무엇이든 상관없는 것이다. 그렇지만 부모들은 가격이 좀 비싸더라도 아이에게 해가 없는 친환경 소재로 만들어졌거나 디자인이 고급스럽거나 무엇보다 교육적인 효과가 있는 장난감을 선호하는 경향이 있다.

예전에는 우리 주변에서 쉽게 구할 수 있는 것을 장난감처럼 가지고 놀았다. 또한 장난감이 없더라도 숨바꼭질, 사방치기, 무궁화 꽃이 피었습니다 등을 하면서 놀 수 있었고 신발 한 짝, 고무줄 하나, 고무공 하나만 가지고도 얼마든지 재미있게 놀 수 있었다. 그리고 그때는 교육적인 효과를 염두에 두고 놀이를 하지도 않았다. 그런데 요즘 부모들은 IQ나 EQ 발달에 도움이 되는지, 학습 효과가 있는지를 따져 장난감을 고른다.

그러나 장난감을 통해 그러한 효과를 얻고자 하는 것은 부모의 욕심일 뿐이다. 아무리 교육적이고 근사한 장난감이라도 아이들이 재미를 느끼지 못하면 값어치를 다할 수 없다. 아이들에게 장난감은 놀이를 위한 도구일 뿐 아니라 학습을 위한 기초 도구인 건 사실이지만 그러한 효과는 아이가 흥미를 가질 때만 얻을 수 있다.

그럼에도 부모들은 아이가 장난감을 고르는 것을 좋아하지 않는다. 장난감을 아이의 눈높이에서 보지 않고 자신의 시각으로 보기 때문에 마음에 들지 않는 것이다. 또한 또래 아이들이 교육적인 장난감을 가지고 놀면 무조건 따라 사 주는 경향이 있다. 그렇지 않으면 우리 아이만 그 효과를 보지 못할까 봐 우려하는 마음에서다. 그러나 그렇지 않다. 아이들은 발달 상태가 저마다 다르기 때문에 어휘력이 먼저 발달하는 아이도 있고, 수리력이 먼저 발달하는 아이도 있고, 그림 그리는 실력이 먼저 발달하는 아이도 있다. 따라서 다른 아이가 흥미로워하는 것을 우리 아이도 재미있어할 것이라고 섣불리 판단해서는 안 된다.

놀이를 할 때도 마찬가지다. 아이들은 엄마가 책을 읽어 주거나 놀 때는 좋아하는데 아빠가 해 주면 재미없어하는 경우가 많다. 그것은 아이의 눈높이에 맞추지 않기 때문이다. 놀이 방법은 부모가 흔히 생각하듯이 전형적으로 정해져 있는 게 아니라 아이의 결정에 따라 얼마든지 달라질 수 있다. 아이들이 하는 놀이가 어설퍼 보이면 부모가 이를 교정해 주는 경우가 있는데 그것은 아이들이 결정할 일이다. 부모가 자꾸 참견하면서 놀이를 주도하려고 하면 아이들은 재미를 못 느낄 뿐만 아니라 수동적인 태도를 고수하게 된다. 그러므로 놀이는 아이가 주도하고 부모가 따라 주는 식으로 진행되어야 한다.

무슨 일이든 한 가지 해석만 있을 수는 없다. 보는 이의 시각에 따라 다양한 해석이 나오기 때문이다. 놀이를 할 때도 한 가지 방식만 고집하지 말고 아이 스스로 규칙과 방법을 마음대로 정할 수 있게 해 주어야 능동적이고 창의적인 아이가 된다. 만일 아이가 부

모와 놀기를 꺼린다면 혹시 그동안 아이의 눈높이에 맞추지 못한
건 아닌지, 그래서 자꾸 컴퓨터나 TV, 비디오에 빠지는 건 아닌지
곰곰이 생각해 볼 필요가 있다.

책도 장난감처럼 갖고 놀게 하라

또한 아이를 낳으면 부모는 위인전, 세계명작동화 등 많은 책을
사지만 대부분 장식용으로 끝나지 실제로 아이가 찾아 읽는 경우
는 아주 드물다. 왜 그럴까?

우선 책에 접근하기가 힘들다. 부모는 책을 차분히 앉아 읽어야
지, 그것을 가지고 장난을 쳐서는 안 된다고 생각한다. 그러나 아
이 입장에서 책은 그저 장난감의 하나일 뿐이다. 그래서 처음 책을
접하는 아이들은 그것으로 성을 쌓기도 하고 북처럼 두드리기도
하는 등 장난감처럼 가지고 논다. 이때 부모가 가로막거나 책을 함
부로 다루지 말고 무조건 읽으라고 강요하면 도리어 역효과가 나
게 된다. 부모에게 꾸중을 들어 가면서까지 책과 놀고 싶은 아이는
없을 테니까 말이다.

아이가 책 읽기를 좋아하기를 바란다면 책과 친해질 수 있도록
도와주어야 한다. 그래서 어린이 도서관에서는 아이들이 뛰어놀
공간을 많이 확보해 마음껏 뛰어놀 수 있게 용인해 준다. 아이들이
도서관이라는 곳에 친숙해지면 그 안에 있는 책에 자연스럽게 관
심이 생겨 스스로 책을 보는 단계로 이어지기 때문이다.

아이가 책을 잘 읽게 만들려면 그것으로 기차놀이를 하든, 베개로 쓰든 내버려 두어야 한다. 다만 책을 찢거나 훼손하는 행동만 규제하면 된다. 그러한 과정을 통해 책에 흥미가 생기면 아이들은 누가 시키지 않아도 책을 들여다보면서 차츰 읽는 재미를 느낄 것이다. 이때 부모가 아이가 읽을 책을 정해 줘서는 안 된다. 또래 아이들이 다 읽는 책이거나 교육적으로 훌륭한 책일지라도 아이가 관심을 갖기 전에 무조건 읽으라고 강요해서는 절대 안 된다. 독서 습관은 아이가 읽는 재미를 느껴야 생길 수 있다. 그러므로 부모는 아이가 좋아하는 책을 마음대로 볼 수 있게 해 주어야 한다. 아이가 궁금해하는 것들을 책을 통해 해소할 수 있도록 도와주어야 한다. 그렇다고 아이에게 필요한 책을 다 사 줄 수는 없으므로 주말이나 휴일에는 어린이 도서관이나 대형 서점에 데려가 마음대로 골라 볼 수 있게 하라. 처음에는 아이들이 뛰어놀고 정신이 없을 것이다. 그런데 오히려 어린이 도서관에는 아이들이 뛰어 놀 수 있는 공간이 마련되어 있다. 왜냐하면 도서관 자체에 흥미가 생겨야 언젠가 와서 책을 읽기 때문이다. 더군다나 그곳에서 부모와 함께 바닥에 앉아 열심히 책을 읽는 아이들을 보면 부모가 시키지 않아도 따라 할 것이다.

그리고 부모가 책을 많이 읽어 주어야 아이도 자연스럽게 관심을 갖는데 아빠들은 몇 번 읽어 주다 포기하는 경우가 많다. 아이는 재미가 있는 경우 같은 책을 계속 읽어 달라고 하지만 아빠는 그것이 재미없기 때문이다. 아이들은 상상력이 풍부하고 감수성이 예민해서 좋아하는 책을 계속 반복해서 읽는 습성이 있다. 또 책을 읽어 줄 때는 아이들의 눈높이에 맞춰 재미있게 읽어 줘야지 어른들의 눈높이에 맞춰 무미건조하게 읽어주면 어떻게 재미있다고 생각하겠는가?

부모는 아이가 놀이를 하든 책을 읽든 간에 아이 스스로 선택하게 해야 한다. 아울러 그 선택을 믿고 기다려야 한다. 그렇게 자율적으로 자신의 일을 선택하고 책임을 다하는 습관이 몸에 밴 아이들은 당장은 다른 아이들에 비해 좀 뒤처지는 것 같더라도 마음만 먹으면 무엇이든 잘 해낸다.

부모는 우리 아이가 다른 아이들에게 뒤처지는 것을 못 견뎌하는 경향이 있다. 좋은 장난감이나 교육적인 놀이를 아이에게 강요하는 것도 그 때문일 것이다. 그러나 놀이를 하거나 장난감을 가지고 노는 주체는 결국 아이들이지, 부모가 아니다. 부모의 잦은 참견이나 강요로 인해 놀이나 장난감, 책에 흥미를 잃은 아이는 학습은 물론 부모와의 접촉도 꺼리게 되고 컴퓨터, TV, 비디오 같은 매체에 쉽게 빠지게 된다.

진정 아이가 행복하기를 바란다면 충분히 놀아 주어라. 그 방법은 아이들이 결정하도록 내버려 두고 시키는 대로 따라 주어라. 그러면서 아이의 말과 행동을 지켜보라. 아마도 깜짝 놀랄 만큼 기발한 생각과 적극적인 태도를 보일 것이다.

요즘은 자녀를 많이 두지 않아서 그런지 아이를 위해 쓰는 건 아까워하지 않는다. 그래서 장난감이나 교구, 의상, 신발 등 아이에 관한 것이면 무조건 명품을 고집하는 부모가 있다. 그것은 개인적인 취향이니 나쁘다고 할 수는 없다. 다만 명품이기 때문에 아이들이 함부로 다루거나 흠집을 내지 않도록 주의를 주는 경우가 있는데 그럴 거면 사 주지 않는 편이 낫다. 명품은 어른들이 인정하는 가치일 뿐이다. 아이들에게는 자기가 좋아하는 것이 바로 명품이다. 또 값비싼 명품을 자꾸 사 줘 버릇하면 자칫 아이들에게 잘못된 경제관념과 허영심을 심어 줄 수 있다. 그러니 아무리 하찮아 보여도 아이가 원하는 장난감을 사 주어라. 그럼 아이는 진심으로 기뻐하고 고마워할 것이다.

26
아이를 **자주 안아** 주어라

요즘 아이들은 부모 세대가 어렸을 때보다 훨씬 더 많은 스트레스를 받으며 살고 있다. 그럼에도 불구하고 핵가족화, 부모의 맞벌이, 조기교육 열풍 등으로 인해 오히려 사랑은 예전보다 덜 받는다. 예전에는 부모가 바쁘더라도 같이 사는 식구들이나 근처에 사는 친척들, 또래 친구들, 동네 사람들이 모자란 사랑을 보충해 주었기에 지금보다는 덜 외롭고 덜 힘들었다. 그러나 지금은 식구도 별로 없고 가족들도 각기 바빠서 서로 얼굴 보기도 힘들다. 또 친척들은 멀리 떨어져 있고 서로 왕래도 없으며 놀이터에 가 봤자 함께 놀 아이가 없다. 그러다 보니 경제적으로는 좀 더 윤택해졌지만 사랑에 굶주린 아이들이 많다.

가족은 서로 잘못이 있어도 감싸 주고 용기를 북돋아 주는, 이 세상에서 가장 든든하고 따뜻한 울타리다. 특히 어릴 때는 그런 가족의 무조건적인 사랑이 필요하다. 이 시기에 부모나 주위 사람들과 긍정적인 인간관계를 형성해야만 또래 아이들이나 다른 사람들과도 긍정적이고 원만한 관계를 맺을 수 있다. 그런데 지금은 아주 어릴 때부터 조기교육이나 선행 학습을 위해 낯선 어린이집에 가야 하고, 집에서도 무조건적인 사랑을 주기보다는 아이의 잘못을 비판하고 야단치며 어린 가슴에 상처를 내기 일쑤다. 이러한 교육 방식은 당장은 효과를 볼 수 있을지라도 장기적으로는 결코 바람직하지 않다.

그뿐만이 아니다. 요즘 부모들은 일상 속에서 아이에게 사랑을 표현하는 방법을 잘 모른다. 아이의 잘못을 날카롭게 지적하고 큰 소리로 야단칠 줄만 알았지, 아이의 입장을 헤아리거나 이해하는 데는 인색하다. 아이들은 부모가 안아 주거나 쓰다듬어 줄 때 더 많은 사랑을 느끼고 더 잘해야겠다는 생각을 한다. 그러므로 포옹이나 뽀뽀를 하기가 쑥스럽더라도 아이들을 위해서는 신체적인 접촉을 자주 가져야 한다. 특히 무뚝뚝하고 가부장적인 아빠들에게 신신당부하고 싶다.

한의학에서는 피부에 주리(腠理)라는 구멍이 있어서 그곳을 통해 기가 왕래한다고 본다. 그래서 사람이 누군가를 사랑하면 그 기가 주리로 분출돼 더 예뻐진다는 것이다. 아이와의 스킨십이 필요한 것도 그 때문이다. 아이를 자꾸 안아 주면 안아 줄수록 더 많은 사랑 에너지가 주리를 통해 전해지므로 아이는 생명 에너지로 충만한 부모의 사랑을 느끼며 더욱 밝고 건강하게 자라날 것이다. 이처럼 자주 안아 주는 것만으로도 아이들이 놀라거나 화가 났을 때는 진정이 되고 기쁠 때는 더욱 기쁘고 행복해지는 것이다.

그런데 이보다 더 중요한 것은 아이의 행동에 대한 부모의 반응이다. 아이들은 어린이집이나 유치원, 학교에 다녀오면 침통해하거나 화를 내는 등 급격한 감정 변화를 보인다. 몸과 마음 모두 순수 그 자체이기 때문에 외부 자극을 민감하고 빠르게 받아들이기 때문이다. 이러한 경우 대부분의 부모는 아이에게 그 이유를 물어보지만 아이는 아직 표현력이 부족해 충분히 설명하지 못하는 경우가 많다. 다 큰 어른들도 별다른 이유 없이 괜스레 우울해지거나 감정 변화가 심할 때가 있다. 그때 다른 사람이 이유를 물으면 딱히 설명할 방법도 없거니와 오히려 더 짜증이 나게 된다. 어른들도 이러할진대 그보다 더 표현력이 떨어지는 아이들이 어떻게 매번 이유를 설명할 수 있겠는가? 그런데 부모들은 아이의 모든 행동에는 이유가 있고 그 이유를 부모가 반드시 알아야 한다는 생각을 가지고 있다. 예를 들어 어린이집이나 학교에 다녀온 후 아이가 울거나 우울해하면 부모는 일단 그곳에서 무슨 일이 있었을 거라고 생각한다. 물론 부모의 짐작이 맞을 수도 있지만 그렇지 않을 수도 있다. 또 설령 부모의 짐작이 맞더라도 아이 입장에서 부모에게 말하기 힘든 문제일 수도 있다. 그때 대부분의 부모는 우선 어린이집이나 학교에서 무슨 일이 있었느냐고 물어본다. 그리고 아이가 말하기를 싫어하면 꼬치꼬치 캐묻다가 그래도 제대로 대답하지 못하면 아이를 다그치거나 혼낸다. 그러면 아이는 부모와 다시는 대화를 하지 않으려고 할 것이다. 또 자신의 고민이나 속내를 절대로 털어놓지 않을 것이다.

엄마와 아이가 주고받은 다음의 대화를 살펴보자.

이때는 우선 아이에게 절대적인 지지를 보여 주어야 한다. 즉 이성적인 대화가 아니라 감성적인 대화로 아이를 이해해 주는 자세가 필요하다. 그러므로 다음과 같은 방식으로 대화를 이끌어야 한다.

아이: 응.

엄마: 무슨 일이 있었을까? 점심시간에 무슨 일 있었어?

아이: 아니.

엄마: 그럼 언젤까? 점심시간 전이야?

아이: 아니, 점심 먹고.

엄마: 왜? 친구가 때렸어?

아이: 아니.

엄마: 그럼 다쳤어?

아이: 응. 제일 친한 친구가 넘어져서 다쳤어.

엄마: 그럼 넌 왜 울었어?

아이: 응. 친구가 다친 게 속상해서 눈물이 나.

엄마: 이렇게 걱정해 주는 친구가 있으니 빨리 나을 거야.
　　　너무 걱정하지 마.

　이것은 하나의 예일 뿐이지만 아이들은 표현력이 부족할 뿐만 아니라 부모가 화를 내면 놀라서 대답을 더 못하게 된다. 아이에게 무슨 일이 있어 보이면 먼저 아이를 이해하고 다독여 주는 것이 중요하다. 그래서 아이의 생각이나 입장을 이해해 주는 방향으로 대화를 이끌어 가야지, 이성적으로 따지거나 다그쳐서는 대화가 진전되지 않는다.

아이를 먼저 이해해 주어라

아이에게 문제가 생긴 것 같으면 아이를 무조건 안아 주어라. 안아 주는 것만큼 아이 마음을 편안하게 만들어 주는 것은 없다. 그러고 나서 아이에게 "무슨 일이 있었니?" 하고 막연하게 묻지 말고 좀 더 구체적으로 물어본다면 아이들은 자연스럽게 이야기를 할 것이다. 만일 부모가 계속 이해해 주지는 않고 막연한 질문만 되풀이하면 아이는 더 이상 부모와 대화하기를 싫어할 것이고 이런 일이 자꾸 반복되면 둘 사이마저 멀어질 것이다.

2007년 1월 27일자 〈조선일보〉에 다음과 같은 내용의 기사가 실렸다.

어린이 스트레스를 줄이려면

1. 아이가 하는 말을 비판 없이 들어 주어라.

2. 작은 일에도 아이와 대화하는 습관을 가져라.

3. 사소한 일도 칭찬하고 격려해 주어라.

4. 몸을 써서 즐겁게 할 수 있는 놀이를 찾아라.

5. 가족이 큰 소리로 함께 노래를 불러라.

6. 힘들 땐 엄마 품에 안겨 실컷 울게 해라.

7. 일주일에 한 번 이상 뭐가 힘든지 물어보아라.

8. 자주 안아 주고 사랑하는 마음을 보여 주어라.

자료제공: 대한소아청소년정신의학회, 강남연세아동발달연구소 박자영 상담사

여기서 가장 중요한 것은 바로 아이에 대한 절대적인 이해다. 그 것이 전제되어야 아이에게 교육을 시키거나 지시를 해도 효과가 있다. 그런데 우리 부모들은 아이를 먼저 이해하려고 하기보다는 빨리 가르쳐야 한다는 성급한 마음을 앞세울 때가 많다. 만일 아이 가 부모와 대화하기를 싫어하거나 함께 노는 것을 불편해한다면 아이의 생각을 무시하고 내 얘기만 하고 있는 건 아닌지 자신의 말 과 행동을 냉정하게 들여다봐야 한다.

아이가 어릴 때 많은 대화와 신체적인 접촉을 통해 돈독하고 친 밀한 관계를 다져 놓으면 한창 방황하는 사춘기에도 대화가 끊기 는 일이 없을 것이다. 부모들이여, 아이를 자주 안아 주어라. 아이 가 잘했건 못했건 간에 아무것도 묻지 말고 따뜻한 가슴으로 안아 주면 아이는 굳이 묻지 않더라도 마음을 터놓을 것이다.

27
아이의 **수다**에 **감사**하라

 아이들은 소양지기가 가득하다. 이는 곧 양기가 충만하다는 뜻으로 양기가 충만하면 무엇이든 감추지 못하고 전부 발산한다. 그래서 아이들을 보면 참을성도 별로 없고 즉흥적으로 말하고 행동하는 것처럼 보인다. 하지만 생각나는 대로 행동하고 솔직하게 표현하는 것이 아이들의 천성인데 어쩌겠는가?

우리나라는 유교 사상이 뿌리 깊게 자리하고 있어 아이가 예의 바르고 얌전하기를 바라는 경향이 있다. 물론 선천적으로 그런 아이도 있기는 하지만 전체의 10% 정도에 지나지 않는다. 대부분의 아이들은 수다스럽고 산만하고 때로는 지극히 사소한 일로도 다른 아이들과 경쟁을 벌여 이기려고 한다. 아이들과 이야기하다 보면 그런 습성이 은연중에 나타난다. 아이들은 다른 아이의 말을 귀담아 들어 주기보다는 어떻게 해서든지 자기가 많은 이야기를 하려고 애를 쓴다. 그래서 여러 아이들을 모아 놓으면 한 사람씩 돌아가면서 의견을 밝히는 게 아니라 서너 명이 동시에 큰 소리로 말하면서 주도권을 잡으려고 하는 것을 볼 수 있다. 때로는 칭찬받기 위해서 그럴 수도 있지만 대부분 양기가 충만해서 그러는 것이니 지극히 정상적인 행동이다. 오히려 아이가 항상 얌전하고 시키는 대로만 하는 것이 이상 신호일 수 있다. 아이가 집중력이 없거나 산만해 보이더라도 그 정도가 심하지 않다면 지나치게 조용하고 얌전한 것보다 낫다. 오히려 아이가 너무 얌전하고 조용한 경우에는 이상 징후가 아닌지 잘 살펴볼 필요가 있다.

아이들의 눈에는 세상에 신기한 것투성이다. 아이들의 행동반경이 커지고 지적 수준이 높아질수록 아이들이 접하는 세상의 범위가 넓어지므로 보는 것마다 신기할 수밖에 없다. 그래서 끊임없이 샘솟는 호기심을 충족하기 위해 부모에게 계속 질문을 토해 낸다. 어떤 때는 똑같은 질문을 반복하기도 하고 어떤 때는 대답을 하기도 전에 또 다른 질문을 던지기도 한다. 그때마다 아이에게 성의껏 답변해 주기란 결코 쉬운 일이 아니지만 그렇더라도 무조건 대답해 주어야 한다. 잘 모를 경우에는 백과사전이나 인터넷을 동원해서라도 궁금증을 최대한 풀어 주어야 한다. 언뜻 대수롭지 않은 질문일지라도 그 질문에 어떤 반응을 보이느냐에 따라 아이의 호기심과 창의력, 상상력이 계속 발전할 수도 있고 쇠퇴할 수도 있다. 아이들은 자신보다 많이 아는 부모나 주변 사람에게 궁금한 점을 물어봄으로써 탐구와 학습의 즐거움을 알게 되기 때문이다. 만일 부모가 대답하기를 귀찮아하거나 질문이 사리에 맞지 않다고 무시하면 아이들은 더 이상 부모에게 질문하고 싶지 않을 것이다. 또한 이는 아이들이 배움의 즐거움을 느낄 수 있는 기회를 원천봉쇄하는 것이나 다름없다.

만일 아이의 질문에 일일이 답변해 주기가 버거우면 차라리 솔직하게 양해를 구하라. 아이가 어느 정도 말을 알아들을 수 있는 나이라면 부모가 "지금은 바로 답변해 주기가 힘드니 시간을 두고 알아보자."고 양해를 구했을 때 충분히 이해하고 받아들일 것이다. 그러나 그 말이 임기응변이 되어서는 안 된다. 반드시 적절한 해답을 찾아 알려 주어야 한다. 아니면 백과사전 등을 통하여 아이들이 스스로 찾아보게 하는 것도 하나의 방법이다. 아이의 질문에는 최대한 성심성의껏 대답해 주는 것이 좋다. 이때 질문에 대한 정답을 정해 놓고 그것을 받아들이라고 강요해서는 안 된다. 또 아이가 정답을 맞히지 못한다고 화를 내서도 안 된다. 그러면 아이는 자유롭고 창의적으로 생각하지 못하고 부모가 원하는 정답을 맞히는 데만 연연하게 된다. 그런 아이는 로봇처럼 수동적으로 행동할 수밖에 없다.

아이가 보기에 학교나 어린이집에 가면 신기한 것이 참 많다. 교실, 선생님, 친구들, 수업, 장난감 등 모든 것이 새롭기 때문에 호기심 많은 아이들 입장에서는 신기할 수밖에 없다. 그래서 집에 돌아오면 아이가 엄마 아빠에게는 물론 사람들을 볼 때마다 많은 이야기를 하는 것이다. 어떻게 저렇게 쉬지 않고 떠들 수 있을까 싶을 정도로 말이다. 그때는 귀찮더라도 아이의 이야기를 경청해야 한다. 나이가 들수록 아이의 이런 모습은 차츰 줄어들게 된다. 특히 남자 아이나 성격이 내성적인 아이는 이런 모습을 거의 보이지 않는다. 아이들이 자라면서 이성적인 판단력과 또래들 간의 비밀이 생기면 말수가 많이 줄어들지만 그래도 초등학교 때까지는 학교에서나 친구 간에 있었던 일을 부모, 특히 엄마에게 시시콜콜하게 들려준다. 이때 아이의 이야기를 건성으로 듣거나 그다지 흥미로워하지 않으면 아이는 부모와 대화하는 것이 점점 재미없어지게 된다.

아이와 대화할 때는 귀를 열고 경청하라

요즘 아이들은 부모와 대화하는 것을 그다지 좋아하지 않는다. 부모가 자신의 이야기를 충분히 들어 주려고 하지 않기 때문이다. 부모에게 어떤 이야기를 했는데 자꾸 캐묻거나 야단만 치고 제대로 끝까지 들어 주지 않으면 아이에게는 부모와의 대화가 유쾌하지 않은 기억으로 남게 된다. 그래서 부모와의 대화를 점점 꺼리고 고민이 생겨도 부모한테는 털어놓지 않는다.

물론 평소 부모와 대화를 많이 나누던 아이도 사춘기에 접어들면 대화의 빈도가 줄어든다. 이때는 정신적으로도 힘들지만 육체적인 변화를 감당하기도 쉽지 않기 때문에 주위를 돌아볼 여유가 없을 뿐 아니라 주위 사람으로부터 간섭받는 것도 싫어하게 된다. 그래서 주위 환경으로부터 독립적인 생활을 시도하고 그러다 좌절을 맛보면 상처를 입고 방황하는 시기이므로 부모까지 신경 쓸 여력이 없는 것이다. 그러다 보니 부모와의 대화는 점점 줄고 고민이 생겨도 또래 친구들에게 털어놓게 된다. 사춘기 이전에 부모와의 대화가 충분치 않았던 아이 중에는 사춘기가 되면 아예 입을 닫아 버리는 경우도 많다. 부모들은 상황이 이렇게 심각해져서야 뒤늦게 대화를 시도하려고 하지만 굳게 닫힌 아이의 마음은 좀처럼 열리지 않는다. 그런 아이에게 문제가 있다고 몰아세우지 마라. 아이를 그렇게 만든 장본인은 바로 부모다.

이제 아이의 이야기를 열심히 들어 주는 일이 얼마나 중요한지 알았을 것이다. 하지만 현실적으로 그것이 쉽지만은 않으므로 적절한 방법을 강구해야 한다.

우선 아이와 대화하는 방법을 잘 모르거나 시간적인 여유가 없는 부모는 대화 노트를 활용하라. 말은 한 번 내뱉으면 되돌릴 수 없지만 글은 생각을 정리하고 순화해 표현할 수 있으므로 대화하기가 한결 수월하고 상대방을 더 깊이 이해하게 된다. 대화 노트를 사용하는 방법은 먼저 부모가 노트에 궁금한 점을 물어본 후 아이가 기록한 이야기를 아이의 입장에서 찬찬히 들여다봐야 한다. 그러다 보면 아이도 부모가 자신의 고민과 처지를 이해하려고 애쓴다는 것을 알고 마음의 빗장을 열 것이다. 아울러 자신의 이야기를 열심히 들어 준 보답으로 부모의 고충을 헤아리려고 노력할 것이다.

또 대화 노트를 이용하면 문제에 대한 해결책을 함께 찾을 수 있다. 모든 문제는 실타래처럼 엉켜 있게 마련이다. 그것을 한 번에 풀기는 어렵지만 여러 번에 걸쳐 시도하다 보면 오히려 쉽게 해결책을 찾을 수 있다. 그런 면에서 대화 노트는 아주 유용하다. 서로의 생각을 글로 정리하다 보면 문제 상황을 논리적으로 분석하게 되므로 말로 대화를 나눌 때보다 좀 더 빨리 해결책을 찾을 수 있다.

사실 부모의 심중에는 아이의 말을 잘 들어 주어야겠다는 생각보다 학습을 시키고 문제를 제기해야 한다는 생각이 앞서기 때문에 자꾸 잔소리를 하고 지시와 회유를 반복하는 것이다. 그러다 보니 아이의 이야기를 열심히 들어 줘야 한다는 것을 알면서도 잘 실천하지 못하는 경우가 많다. 필자가 전에 읽은 〈창가의 토토〉라는 책에 일본의 한 대안 학교에 대한 이야기가 나온다. 주인공은 하루에도 수없이 많은 생각을 하고, 그 생각을 즉시 행동으로 옮기는 아이여서 일반 학교에서는 적응하지 못하고 대안 학교로 전학을 간다. 전학 첫날 아이는 교장선생님과 인사를 나누는 자리에서 역시 하염없는 이야기를 쏟아냈는데 교장선생님은 그 이야기를 끊지 않고 아주 재미있게 끝까지 들어 준다. 그 아이는 바로 이 글을 쓴 작가인데 당시를 회상해 보면 시간이 어떻게 가는 줄도 몰랐다고 한다. 그리고 이후에는 학교와 교장선생님에 대한 무한한 신뢰와 애정이 생겼단다.

요즘 아이들은 자신의 생각을 말하고 싶어도 들어 줄 사람이 없다. 공교육이든 사교육이든 아이들이 무슨 이야기를 하면 귀 기울여 들어 주기보다는 쓸데없는 소리라고 윽박지르거나 야단을 치기 때문이다.

따라서 이것을 해 줄 사람은 부모밖에 없다. 아이가 이야기를 하면 그냥 들어 주어라. 아무런 이유도 조건도 달지 말고 그냥 들어 주어라. 그리고 아이가 수다스러운 것을 감사하게 생각하라. 양기가 충만한 아이가 수다스러운 건 그만큼 건강하고 활기차게 자라고 있다는 증거다. 반면에 아이가 너무 조용하거나 학교 이야기를 전혀 하지 않는 경우에는 부모와의 대화에 문제가 생겼다는 신호이므로 아이의 말과 행동을 유심히 살펴봐야 한다. 아이가 이야기를 하면서 부모의 눈치를 보거나 부모와 대화하는 것을 싫어한다면 더 늦기 전에 바로잡아야 한다. 그래야 사춘기로 접어들었을 때 후회하는 일이 없을 것이다.

28
나이에 맞는 교육이 중요하다

요즘은 자녀 교육에 대한 관심이 지나칠 정도로 많다 보니 아이가 태어나자마자 클래식 음악이나 영어를 들려주기 시작한다. 심지어 돌이 막 지나면 본격적인 조기교육에 돌입하는 경우도 있다. 예전에는 영어 교육이 주를 이뤘지만 요즘은 음악, 미술, 영재 교육 등 종류도 가지가지다. 물론 아이의 두뇌는 스펀지 같아서 뭐든 빠르게 흡수한다. 많은 부모들이 조기교육에 열을 올리는 것도 그 때문일 것이다. 그러나 아직 서지도 못하는 아이에게 뛰라고 강요한다면 어떻게 되겠는가? 아마 걷지도 못할 뿐만 아니라 서거나 걷는 데 흥미를 잃어 서는 것조차 포기하거나 서는 시기가 다른 아이들보다 늦어질 것이다.

이처럼 교육에도 시기가 있고 단계가 있는 것이다. 우선 학교에 들어가기 전에는 학습에 대해 흥미를 갖는 단계다. 그리고 초등학교 저학년 때는 단순 암기를, 고학년 때는 논리적인 학습을 해야 하는 단계다.

초등학교에 들어가기 전에 아이가 학습하는 방법에 대해서는 앞에서도 설명한 바 있다. 처음에 아이는 만지고 부수고 먹고 핥아 보면서 신기한 물건이나 사람을 탐구한다. 그러다 혼자 움직일 수 있게 되면 서랍, 옷장 등 집 안 구석구석을 뒤지면서 더욱 탐구에 열을 올린다. 아이가 걷기 시작하면 집 안은 전쟁터처럼 어지럽혀지고, 말을 하기 시작하면 그때부터는 부모와 대화하면서 학습의 기초를 닦게 된다. 이 시기에 부모는 아이의 질문에 답해 주는 데 대부분의 시간을 보낸다.

이 단계는 기실 중요한 교육과정의 하나지만 대부분의 부모는 그렇게 생각하지 않는다. 부모들은 선생님 앞에 얌전히 앉아 공부하는 것이 교육이라는 인식을 갖고 있기 때문이다. 그러나 그것은 잘못된 생각이다. 초등학교에 들어가면 아이들이 가장 힘들어하는 게 일정 시간 동안 앉아 있어야 하는 점이다. 초등학생이 이 정도이니 그보다 어린 육아에게 일정 시간 동안 앉아 있으라고 하면 한시도 가만있지 못하는 것이 당연하다.

그런데 아이의 이런 모습을 보고 지레짐작으로 주의력 결핍이나 ADHD(주의력 결핍 과잉행동장애)를 의심해 한의원을 찾아오는 부모가 의외로 많다. 이들은 아이가 지극히 정상인 경우에도 공부에 집중하지 못한다는 이유만으로 문제시한다. 그러나 그것은 아이에게 맞는 교육 방법이 아니기 때문에 나타나는 현상이지, 치료를 해야 할 만한 문제가 아니다.

부모는 아이가 부모의 지시에 따라 아주 어릴 때부터 차분히 앉아 열심히 공부하기를 바라지만 실현 가능성은 매우 희박하다. 부모가 보기에는 아이의 행동이 만족스럽지 않겠지만 아이는 제 나이에 알맞은 방법으로 나름대로 공부하고 있는 것이다. 따라서 초등학교에 들어가기 이전에는 아이가 나이에 맞는 방법을 통해 학습에 대한 흥미를 가질 수 있게 해 주는 것이 중요하다. 이때 부모의 역할은 어떤 교재나 교육기관보다 중요하다. 아이는 우선 부모의 사랑을 충분히 받아야 다른 사람들과의 관계나 학습에 긍정적이고 능동적으로 임하게 된다. 또한 집에서도 적극적인 말과 행동을 통해 끊임없이 배우려는 의지를 보인다.

이때 부모가 아이의 그러한 태도를 귀찮아하거나 억누르면 아이는 학습에 대한 흥미를 잃어버리게 된다. 더군다나 조기교육이라는 미명하에 아이에게 맞지 않거나 소화하기 힘든 내용을 가르치면 점점 더 학습에 대한 흥미가 사라져 정작 스스로 공부해야 할 시기에는 학습 자체를 외면할 수도 있다. 그래서 초등학교에 들어가기 전에는 아이들이 놀면서 시간을 낭비하는 것처럼 보일지라도 걱정하지 말고 학습에 대한 흥미를 잃지 않도록 수준에 맞는 교육을 시켜야 한다.

초등학교에 들어가면 아이들은 단순 암기를 하게 된다. 이 시기에는 암기를 잘하고 기억력이 좋은 아이가 공부를 잘한다. 그러나 이것을 너무 자랑하거나 거기에만 몰두하면 아이 스스로 능력을 키우는 데 장애가 되므로 주의해야 한다. 또 이 시기에 몇 단계를 앞서 생각해야 하거나 논리적인 사고를 요하는 공부를 선행 학습이라는 명분으로 시키면 아이는 다시 학습에 대한 흥미를 잃을 것이다. 아이는 하얀 도화지와 같아서 억지로라도 암기시키면 처음에는 곧잘 외운다. 그러나 이것을 아이에게 그런 재능이 있는 것으로 착각하면 안 된다. 특히 이 시기에는 논리적인 공부를 시켜서는 안 된다. 우리가 비로소 공부라고 할 만한 공부는 초등학교 고학년이 돼야 할 수 있다. 그때는 아이가 논리적이고 추상적인 생각을 할 수 있으므로 공부하는 만큼 효과가 나타난다. 다만 아무리 고학년이라도 아이라는 사실을 간과해서는 안 된다. 고학년이 됐다고 해서 너무 어려운 공부를 시키면 학습에 대한 흥미가 떨어진다. 요새는 초등학교 때부터 토익, 토플 시험에 대비할 뿐 아니라 자립형 사립고나 특목고, 외고를 목표로 어려운 공부를 하는 경우가 많은데 그중에서 과연 자발적으로 공부하는 아이가 몇이나 될까 싶다. 공부는 누가 시켜서가 아니라 스스로 의욕을 가지고 할 때 효과가 나타나는데 만일 부모가 시켜 억지로 하고 있다면 어떤 식으로든 아이에게 악영향을 끼치게 될 것이다.

결국 어렸을 때 학습에 대한 흥미를 얼마나 잘 유지하느냐에 따라 정말 중요한 시기에 능동적으로 즐겁게 공부하는 아이가 될 수도 있고, 엄청난 스트레스를 감당하며 억지스럽게 공부하는 아이가 될 수도 있고, 공부를 끔찍이 싫어하는 아이가 될 수도 있다. 특히 초등학교 때 학습에 대한 흥미를 잃으면 중·고등학교 때는 정말로 공부를 안 하게 된다.

전공이나 진로는 아이 스스로 선택하게 하라

대다수의 부모가 우리나라 공교육에 문제가 많다고 생각한다. 한 마디로 요약하자면 학교교육의 수준이 학원보다 떨어진다는 것이다. 그 말이 맞을 수도 있다. 학교는 학원처럼 몇 명의 우등생이나 몇 명의 열등생을 위한 맞춤 교육이 불가능하다. 왜냐하면 성적에 상관없이 한 명의 낙오자도 버리고 갈 수 없기에 모든 아이를 아우를 수 있는 평균 수준의 교육을 하는 것이다. 게다가 학원 교육은 지식 전달이 유일한 목적이지만 공교육은 그것만이 목적이 아니다.

일각에서는 선생님의 자질을 비판하는 목소리도 나오고 있지만 그래도 학교는 학원에서 할 수 없는 많은 일을 한다. 이를테면 아이에게 꿈을 심어 주고 협동성, 단결성, 사회성, 윤리성, 도덕성, 문제해결능력, 갈등해결능력 등 우리가 살아가는 데 꼭 필요한 기본 소양을 가르치고 있다. 사실 학교에서 배운 교과서 내용을 어른이 돼서도 기억하는 사람은 별로 없을 것이다. 학창 시절에는 필자도 왜 이런 쓸데없는 과목을 배워야 하는지 의아할 때가 많았는데 어른이 되고 보니 그 교과 과목들은 단순히 지식만 전달해 준 것이 아니었다. 우선 아이들이 나중에 어떤 꿈을 키워 가든 그 바탕을 만들어 준다. 대학에 들어가거나 직업을 갖게 되면 자신의 분야에만 관심을 갖는 경우가 대부분이다. 필자도 한의사가 되고부터는 다른 것보다 의학 관련 서적에 더 손이 간다. 그런데 과연 내가 무슨 공부를 하고 어떤 직업을 가져야 할지를 판단하는 기준은 무엇인가? 대개의 경우 아이의 성적을 판단 기준으로 삼아 부모가 대학이나 전공학과, 진로를 결정해 줄 것이다. 그러나 그것은 옳지 않다. 아이의 적성이나 재능은 전혀 고려하지 않고 성적만을 가지고 그런 중대사를 결정하는 것도 문제이거니와 결정의 주체가 부모라는 점도 문제다. 대학이나 학과, 직업은 아이의 미래에 커다란 영향을 주므로 아이 스스로 선택하게 해야 한다.

비록 학창 시절에는 공부하기가 싫었지만 돌이켜보면 그때만큼 여러 분야에 걸쳐 폭넓게 공부하고 고민한 시기는 없는 것 같다. 따라서 고등학교 때까지는 다양한 학문을 두루 배우고 경험하면서 자신의 꿈을 정해야 한다. 또한 대학에 들어가거나 사회에 나오면 직업이나 관심사가 비슷한 사람만 만나게 되지만 고등학교 때까지는 저마다 관심사가 다른 여러 아이들과 생활하므로 그 속에서 갈등을 해결하고 폭넓은 인간관계를 형성하면서 사회인이 되기 위한 준비를 해야 한다.

우리나라 교육의 가장 큰 문제는 부적절한 공부 시기가 아닐까 싶다. 고등학교 때까지는 우리나라 학생들이 세계 어느 학생보다 더 뛰어난 능력을 발휘하지만 대학에 들어가면 판도가 달라진다. 우리나라 대학이 다른 나라의 대학보다 경쟁력이 떨어진다는 건 주지의 사실이다. 여기에는 제도적인 결함과 주입식 공부 방법, 경제적인 지원 부족 등 여러 원인이 있겠지만 무엇보다 대학에 들어가면 학생들의 공부 의욕이 저하된다는 것이 문제다.

한때 대학생들을 일컬어 '먹고 놀자 대학생'이라고 부르던 시절이 있었다. 고등학교 때까지 밤잠을 설쳐가며 공부했으니 대학에 들어가면 실컷 놀아야 한다는 생각이 팽배했기 때문이다. 그러나 이것을 어찌 학생 탓으로만 돌릴 수 있겠는가? 인간은 누구나 편안하게 지내고 싶은 욕구를 가지고 있다. 그래서 한번 말초적인 즐거움에 빠지면 거기서 헤어나기가 정말 힘든 것이다. 우리나라 학생들이 대학에 들어가 정작 해야 할 공부는 등한시하고 노는 데 급급했던 것도 고등학교 때까지 죽을힘을 다해 공부하느라 스스로에게, 그리고 가족들도 대학에 들어갈 때까지만 하고 싶은 것이 있어도 참으라고 강요한 탓이다.

하지만 본격적인 공부는 고등학교가 아니라 대학에 가서야 비로소 제대로 할 수 있다. 대학에서는 한 분야를 깊이 파고들기 때문이다. 그래서 세계적인 교육 선진국들은 고등학교 때까지는 공부뿐 아니라 운동, 사회생활, 봉사 활동을 통해 기본적인 소양과 체력을 기르게 하고, 대학에 가서는 학문에 매진할 수 있도록 혹독하게 공부를 시킨다. 그런데 우리나라는 정반대다. 오히려 대학에 가면 공부에서 해방되는 것처럼 생각한다.

안타깝게도 요즘은 극심한 취업난 때문에 그런 해방감마저 누리기 힘든 실정이다. 그러다 보니 대학에 가더라도 전공 공부에 매진하는 것이 아니라 영어, 상식 등 취업에 도움이 되는 공부에만 치중하고, 그러다 취직이 되면 그때부터는 공부에 담을 쌓는다. 상황이 이렇다 보니 당장은 쓸모없어 보이는 고등학교 때까지의 공부가 더 중요해졌다.

그런데 부모들은 고등학교 때까지는 아이들을 들들 볶아 댄다. 우리 아이가 다른 아이들보다 더 많이 알아야 성적을 올릴 수 있다는 일념으로 말이다. 전국 방방곡곡에 학원이 성행하는 것도 아이들에게 지식만 주입하면 된다는 생각이 만연해 있기 때문이다. 그러다 보니 아이들이 학교에서는 잠을 자고 공부는 학원에서 하는 기현상이 벌어지고 있다. 학교에서 가르쳐 주는 학문의 기초, 꿈의 기초, 사회생활의 기초는 전혀 배우지 못하고 공부하는 기계로 전락한 것이다.

그렇다면 과연 무엇이 문제인가? 학벌을 서열화하는 사회, 입시 위주의 교육, 시시각각 변하는 입시 정책 등이 가장 큰 문제일 것이다. 또한 아이의 성장을 기다리지 못하고 당장 성과를 내기 위해 공부하라고 몰아붙이는 부모의 책임도 크다.

이제는 다른 아이들이 하는 것을 무턱대고 따라 하지 말자. 우리 아이만 뒤처지는 것 같아 불안하다면 아이의 얼굴을 보라. 아마도 해맑게 웃은 적이 별로 없을 것이다. 아이가 행복하기를 바란다면 웃으면서 공부할 수 있게 도와주자. 그러려면 당장 성적이 오르지 않더라도 조급해하지 말고 아이의 나이에 맞는 교육을 해야 한다. 아이가 학습에 대해 흥미를 가지고 능동적인 자세로 임한다면 그보다 좋은 공부는 없을 것이다.

평생 공부하는 자세로 임해야 성공한다

필자의 경험담을 소개하자면, 필자는 학창 시절 공부를 꽤 잘하는 편이었는데 고등학교 1학년 때부터 갑자기 성적이 떨어졌다.

그래서 학원도 다니고 과외도 받았지만 성적은 계속 내려갔다. 다른 데 정신이 팔리거나 사춘기 몸살을 앓은 것도 아닌데 노력에 비해 성과가 저조했다. 그러던 어느 날 불현듯 공부를 해야겠다는 생각이 들었다. 그 전에는 부모와 선생님이 강요해 수동적으로 공부했는데 어느 날 문득 생각해 보니 성적이 떨어지는 것이 창피했다. 그래서 모든 학원과 과외를 끊고 그 시간에 학교에서 혼자 공부했다. 이후 성적이 상당히 향상되었다. 결국 공부 효과를 보려면 아이 스스로 공부할 준비가 되고 결심이 서야 한다. 따라서 아이의 준비 상태가 매우 중요하다. 아이가 준비만 잘하면 공부든 다른 특기든 충분히 실력 발휘를 할 수 있다.

현대에 들어오면서 많이 줄어들기는 했지만 지금도 여전히 학벌이 사람의 장래를 좌지우지하는 경우가 많다. 어쩌면 그동안 학력을 위조해 온 사람들이 많은 것도 그 때문일 것이다. 하지만 시간이 지날수록 그런 문제는 줄어들 것이다. 이제 학벌이 모든 것을 말해 주던 시대는 지났다. 예전에는 취직을 할 때 명문대 출신이면 무조건 합격했지만 지금은 토익, 토플 실력은 기본이고 제2외국어, 심지어는 인터넷 동영상(UCC)을 이용한 자기 홍보 등 실전에 필요한 능력을 학벌보다 더 중요시한다. 그리고 그러한 변화의 물결은 상상을 초월할 정도로 빠르게 우리 사회에 번지고 있다.

따라서 앞으로는 단순히 암기를 잘해서 좋은 점수를 받은 사람보다는 창의적이고 유연한 사고를 가진 사람이 성공하는 시대가 올 것이다. 또 직업에 대한 고정관념도 깨진 지 오래다. 예를 들어 고소득을 보장해 주는 직장보다 안정적인 직장을 선호하는 시대가 되다 보니 예전에는 인기가 없었던 공무원이 지금은 최고의 직업으로 꼽히고 있다. 부와 명예를 동시에 거머쥘 수 있다는 이유만으로 특정 직업을 선호하던 시대가 가고 자신의 적성과 재능을 살려 성공하는 시대가 오고 있는 것이다.

동양철학에서는 그와 관련해 다음과 같이 말하고 있다. 사람의 재능은 여러 가지이므로 특정한 일을 해야만 도를 깨우치는 것이 아니라 자신의 재능에 맞는 일을 오랫동안 하다 보면 모든 직업이나 재능에서 도를 얻을 수 있다는 것이다. 이 이야기를 등산에 비유하자면 산을 오르는 방법은 여러 가지지만 모두 정상에 오를 수 있다는 뜻이다. 요즘 방영하는 TV 프로그램 중에 〈생활의 달인〉이라는 프로그램이 있다. 그 프로그램을 보면 어떤 직업을 갖든 달인의 경지에 이를 수 있다는 것을 알 수 있다. 그러니 우리가 흔히 생각하는 특정 직업을 가져야만 사회적으로 인정받을 수 있다는 생각은 버려야 한다. 일에 대한 행복한 성취감은 직업의 명성에 딸려 오는 것이 아니라 직업을 통해 자신의 재능과 실력을 마음껏 발휘할 때 맛볼 수 있는 것이다.

어떤 직업을 갖든 이제는 평생 공부하는 자세로 임해야 성공할 수 있다. 그러므로 학습에 대한 흥미를 유지하는 일이 그 어느 때보다 중요해졌다. 그 일은 가장 가까이에 있는 부모가 도와주어야 한다. 그러려면 아이의 말과 행동을 부모의 눈으로 바라보지 마라. 아이의 입장에서 바라보면서 아이에게 맞는 교육을 하자. 그것이야말로 아이를 잘 키울 수 있는 지름길이다.

동양철학서 중에 대학이라는 책이 있다. 거기에는 "기차(其次)는 치곡(致曲)이니 유능유성(曲能有誠)이니 성칙형(誠則形)하고 형칙저(形則著)하고 저칙명(著則明)하고 명칙동(明則動)하고 동칙변(動則變)하고 변칙화(變則化)하니 유천하지성(唯天下至誠)이야 위능화(爲能化)니라."는 말이 있다. 이것은 "그 다음은 한쪽으로 지극히 함이니, 한쪽으로 지극히 하면 능히 성실할 수 있다. 성실하면 드러나고, 드러나면 더욱 드러나고, 더욱 드러나면 밝아지고, 밝아지면 감동시키고, 감동시키면 변하고, 변하면 化(화)하니, 오직 천하에 지극히 성실한 분이어야 능히 化할 수 있다."라는 뜻이다.(대학, 중용 집주, 전통문화연구회, P97)

다시 말하면 원래 현인(賢人-현명한 사람)은 도(道)를 깨우칠 수 있는데 그 밑의 일반 사람들은 도를 깨우치기가 쉽지 않다는 것이다. 왜냐하면 현인들은 재주가 한쪽에 치우치지 않고 골고루 가지고 있기 때문이다. 그러나 일반 사람들은 재주를 다 가지고 있지 못하기 때문에 그만큼 도를 깨우치기 힘들다는 것이다. 그러나 그 치우친 재주 속에서 열심히 노력하고 또 노력하면 도를 깨우칠 수 있다는 것이다.

여기서 말하는 것처럼 일반 사람들은 몇 가지 재주밖에 없지만 열심히 노력하면 성과를 얻을 수 있다. 즉 모든 사람들이 같은 직업을 가져야 행복한 것이 아니라 본인의 재능 속에서 열심히 노력하면 결국에는 성공한다는 것이다.

앞에서 설명한 대로 요즘 부모들은 무엇보다 학습에 대한 집중도를 중요시하기 때문에 아이들이 조금만 딴청을 해도 ADHD와 같은 증상을 의심하며 한의원이나 병원을 찾는 경우가 많다. 게다가 스스로 처방해 아이의 집중력을 높이는 약을 지어 달라고 한다. 물론 한의원에는 아이의 집중력과 머리가 좋아지게 하는 '총명탕'이라는 약이 있기는 하지만 실상 이 약으로 치료해야 할 만큼 증세가 심각한 아이는 많지 않다. 특히 ADHD라고 판정할 만한 아이는 더더욱 없다. 통계적으로 ADHD로 판정받는 아이는 전체의 5% 정도에 불과하고, 실제로는 이보다 더 적다고 말하는 사람도 있다.

ADHD는 주의력 결핍 과잉행동장애를 말하며 운동 과잉, 집중력 결핍, 충동성의 3가지 증상을 수반하는 특징이 있다. ADHD인 아이는 몹시 산만하고 부산하게 행동하기 때문에 놀이방이나 유치원, 학교에서 선생님의 지적을 받기 일쑤다. 그런 행동은 앞으로 아이가 정상적인 인간관계를 맺는 데 부정적인 영향을 끼칠 가능성이 높고, 또한 자신을 보호하기 위한 거짓말이나 충동적인 행동으로 발전할 수도 있다. ADHD인 아이는 대체로 지능이 정상 범위이지만 학업성적이 저조하고 친구 관계도 좋지 못해 나중에 비행 청소년이 될 수도 있으며, 감정을 조절하지 못하는 충동성으로 말미암아 범죄 행위를 할 수도 있으므로 적극적으로 치료해야 한다.

현재 ADHD인 아이는 취학 전 아동과 초등학생을 모두 통틀어 3~5% 정도다. 양방에서는 이때 놀이치료나 약물치료법을 활용하는 반면 한방에서는 다음과 같이 분류해 치료 방법을 달리한다.

1. 양성음허(陽盛陰虛)-양기가 가득하고 음기가 부족한 경우

몸에 양기가 많아서 문제가 발생하는 경우로 ADHD인 아이 대부분이 여기에 속한다. 이런 아이의 특징은 움직임이 많고, 몸통에 비해 손발이 길다. 그리고 식욕이 좋아서 잘 먹는 편이지만 먹은 만큼 살이 오르지 않는다. 또 잠이 없는 편이어서 낮잠을 자지 않고 밤에도 늦게 자고 일찍 일어난다. 게다가 피부가 검은 편이라 아이가 더 말라 보인다. 땀도 많이 흘린다. 이 경우는 양기가 많은 것 외에는 별다른 문제가 없는데 주위에서 양기를 발산하지 못하게 하기 때문에 한시도 가만있지 못하는 것이다.

2. 칠정불안(七情不安)-정신적으로 불안한 경우

심리적인 불안감을 떨치기 위해 부산하게 움직이고 잘 집중하지 못하는 아이가 여기에 속한다. 이런 아이들은 성격이 예민해서 어릴 때부터 쉽게 잠을 이루지 못하고 계속 칭얼거리는 특징을 보인다. 또 밤에도 잠을 자지 않고 울기만 하거나 자다가도 옆에서 무슨 소리가 들리면 금방 깨어난다. 이런 아이는 아주 민감해서 주위 환경에 약간의 변화가 있거나 자신의 심리에 변화가 생기면 스스로를 제어하지 못하고 즉각 반응하기 때문에 더욱 산만해 보이는 것이다. 이때 아이는 눈동자를 한곳에 고정하지 못할 뿐 아니라 상대를 똑바로 쳐다보지도 못하고, 얼굴이 쉽게 붉어지고, 자다가도 쉽게 깨어난다. 특히 자신이 감당하기 힘든 문제 상황이 발생하면 곧바로 심하게 떼를 쓰거나 큰 소리로 엉엉 울기도 하고, 발끈해서 화를 내기도 한다. 또 사소한 일로 짜증을 내는 경우

가 많고, 특히 동생이 생기면 소변을 가리지 못하거나 밤에 자꾸
보채는 등 퇴행성 행동을 보이는 경우가 많다.

3. 음허화동(陰虛火動)―음기가 부족하여 화기가 위로 치솟는 경우

화(火)기가 많아서 불필요한 움직임과 급한 행동을 자주 보이는
경우를 말한다. 이 경우가 앞의 '양성음허'와 다른 점은 음기가
절대적으로 부족하기 때문에 일종의 질병이나 다름없다는 것이
다. 그래서 피부가 심하게 건조하고 거칠어질 뿐만 아니라 각질이
잘 일어나게 된다. 또한 대변이 딱딱해지고 특히 잠잘 때 땀이 많
이 나며 낮에는 피곤해하다가 밤에는 활기를 찾는 이상 징후를
보인다. 더구나 피부가 검은 데다 윤기까지 없기 때문에 앞의 '양
성음허'와 구별할 수 있다.

4. 기허(氣虛)―기가 약한 경우

원기가 약해 집중력이 떨어지는 경우다. 이 경우는 신경이 예민
하거나 열이 많아서가 아니라 체력이 약하기 때문에 짜증을 내는
것이다. 어떤 일에 집중하려면 상당한 체력을 필요로 한다. 그래
서 밤늦게 공부하다 보면 어느 순간 체력이 떨어져 공부도 안 될
뿐 아니라 짜증이 나서 집중을 못하는 것이다. 이 경우는 체력이
약하고 밥을 잘 안 먹는 아이에게서 자주 발생한다. 특히 여자 아
이에게 많이 나타난다.

이런 아이는 피부가 희면서 통통하고, 목소리가 작고 가늘며, 잘
위축되고, 잠이 많아 쉽게 늘어지고, 아침에 일어나기 힘들어하는
특징을 보인다. 또한 움직임이 적은데도 집중을 잘 못하고, 짜증
이 나도 심하게 드러내지 못하는 경우가 많다.

5. 양명(陽明)-한의학적으로 양명경이라는 경락이 강한 경우

지나칠 정도로 넘쳐 나는 에너지를 조절하지 못하고 남을 의식하지 않고 행동하는 아이가 여기에 속한다. 이런 아이는 몸에 열이 많아 더운 것을 싫어하고, 입술이 두툼하고, 과식을 하고, 허기를 참지 못한다. 아울러 살이 쉽게 찌고, 배가 나온 편이며, 많이 먹어도 소화를 잘 시키고, 무서운 것이 없고, 움직이거나 식사할 때 땀을 많이 흘리고, 더위를 참기 힘들어 코피를 자주 흘리고, 대변을 시원하게 보지 못하는 특징을 나타낸다. 이 경우는 '양성음허'인 경우보다 몸에 열이 더 많기 때문에 한시도 가만있지 못하는데 대부분 뚱뚱한 아이들이 여기에 해당된다.

이처럼 한의학은 한 가지 질병에서 여러 가지 원인을 찾아낸다. 물론 이러한 경우에도 집중력이 부족하다는 이유 하나 때문에 아이를 치료하는 것이 아니다. 대부분의 아이들은 정상이기에 특별히 치료를 요하지 않지만 아이의 몸에 이상이 생겨 집중력이 떨어진 경우에는 그 원인을 치료하면 자연히 집중력이 좋아지는 것이다. 원인을 치료하면 집중력도, 학습 능력도 저절로 향상된다

일반적으로 한의원에서 쓰는 총명탕도 그 원인을 제거해 주는 약이지, 집중력 자체만을 향상시켜 주는 약이 아니다. 우리 두뇌는 상당히 예민하다. 그래서 몸에 조금만 이상이 생겨도 제대로 작동하지 못한다. 따라서 그 문제를 해결해 주면 아이의 집중력이나 머리는 저절로 좋아지게 된다.

필자가 여기서 ADHD에 대한 잘못된 인식을 바로잡고, 좀 더 구체적으로 다룬 것은 부모들의 극성 때문이다. 요즘 들어 아이의 집중력이나 학습 능력을 높이기 위해 약을 지어 달라는 부모가

유난히 많다. 심지어는 중·고등학생이 자진해 원하기도 한다. 그러나 대부분은 치료할 필요가 없다.

앞에서 살펴보았듯이 요즘 학생들의 집중력이 떨어지는 건 잘못된 생활 습관으로 피로가 쌓이고 신체가 약해졌기 때문이다. 그럼에도 여기에 병명을 붙여 약물이나 약재로 아이의 집중력을 높이려고 하는 건 부모의 지나친 욕심이다.

정말 치료가 필요한 아이는 이 세상에 그리 많지 않다. 우리 아이들은 공부하는 기계가 아니다. 아이가 공부에 잘 집중하지 못하고 학습 효과가 떨어지면 아직 공부할 준비가 안 된 건 아닌지, 학습 방법이 잘못되지는 않았는지, 정신적·육체적으로 피로가 누적돼 힘들지는 않은지를 먼저 살펴보라. 문제의 원인을 찾아 해소해 주면 집중력도 학습 능력도 덩달아 좋아진다.

29
단것은 머리를 나쁘게 만든다

일본에서는 지나친 당분 섭취로 발생하는 포도당 대사의 이상을 단순히 신체적인 문제로만 보지 않고 정신적인 문제와도 연결시킨다. 포도당 대사 이상은 혈당을 조절하는 인슐린 호르몬뿐 아니라 뇌 기능에도 영향을 미치므로 정신적인 기능과도 관련이 있다는 것이다.

우선 뇌는 포도당만을 에너지원으로 사용한다. 크기로 보나 무게로 보나 뇌가 인체에서 차지하는 비중은 적지만 산소와 포도당의 사용량은 상당하다. 더욱이 뇌세포는 죽으면 재생되지 않는다. 그래서 우리 인체는 뇌가 활성화되고 좋아하는 일은 어떤 희생을 감수하더라도 가장 먼저 하는 경향이 있다. 많은 사람들이 술, 담배, 마약을 쉽게 끊지 못하는 이유가 여기에 있다.

이런 물질들은 인체에 들어오면 좋지 않은 영향을 미친다. 뇌는 인체에 좋지 않은 물질이 들어오는 것을 막기 위해 BBB라는 뇌혈류장벽으로 싸여 있는데 이 장벽을 통과하는 것이 알코올, 담배, 마약 성분이다. 이것들은 뇌의 입장에서는 좋아하는 물질이기 때문에 한번 접하면 계속 섭취하기를 원하게 된다. 그래서 인간이 술이나 담배, 마약 따위를 강제로 끊으면 뇌가 인체를 괴롭히게 되는데 그것이 바로 금단현상이다. 이처럼 우리 인체에서 뇌의 역할은 절대적이다.

뇌는 가장 청정한 포도당만을 에너지원으로 사용하므로 인체에 포도당이 없으면 빨리 섭취하라는 신호를 보낸다. 인체가 스트레스를 받으면 자꾸 단것이 당기는 것도 그 때문이다. 예전에는 뇌도 포도당이 들어오는 일정한 속도에 잘 적응했을 텐데 지금은 적응하기 힘들 만큼 빠른 속도로 많은 양이 들어오다 보니 인슐린이 과다 분비돼 일시적으로 저혈당에 빠지는 경우가 많다. 그로 인해 뇌로 가는 포도당의 양이 부족해지면 여러 가지 이상 증세가 나타난다.

우선 신체가 저혈당이라고 착각하고 자꾸 단것을 먹으려고 한다. 이러한 욕구를 제대로 충족시켜 주지 않으면 정신적으로 초조하고 불안하고 우울해진다. 이것이 일시적인 현상이라면 인체에도 별다른 문제가 생기지 않겠지만 이런 일이 지속되면 인간의 몸은 주기적으로 저혈당에 빠지고 그 때마다 불안, 초조, 우울한 증세가 나타나게 된다. 또 이러한 상태가 오랫동안 유지되면 폭력적으로 변해서 학교 폭력, 왕따, 사회 폭력, 자살 등 심각한 사회병리현상을 초래하게 된다.

외국에서 식습관과 이러한 사회병리현상의 연관성을 조사한 결과, 폭력적이고 불안하고 초조한 사람들은 대체로 단것을 많이 먹는다고 한다. 단것 하면 일반적으로 사탕이나 초콜릿을 떠올리는데 실제로는 훨씬 많은 음식이 여기에 속한다.

우선 콜라, 사이다, 팬돌이, 곰돌이 같은 탄산음료는 대표적인 단 음식으로 꼽힌다. 탄산음료에는 상당히 많은 액상과당이 들어가 있다. 액상과당은 한마디로 말해서 액체 설탕과 비슷한 것인데 단맛이 매우 강하고 탄산음료에 잘 녹기 때문에 많이 사용한다. 그래서 콜라 한 잔을 마셔도 상당량의 포도당을 섭취하게 되므로, 탄산음료를 즐겨 마시는 사람 중에 인체에 여러 가지 문제가 발생하는 경우가 많은 것이다. 탄산음료는 비만의 직접적인 원인이기도 하다. 비만이 가장 심한 미국에는 학교에 탄산음료 자판기가 많이 설치되어 있다. 왜냐하면 이런 업자들이 학교에 기부금을 내기 때문이다. 탄산음료는 한번 입맛을 들이면 계속 마시고 싶어지므로 미국의 탄산음료 회사들이 아주 어릴 때부터 아이들의 입맛을 길들이기 위해 학교에 많은 기부금을 내면서까지 자판기를 설치하는 것이다. 물론 우리나라는 아직 그 정도는 아니지만 안심할 만한 상황도 아니므로 부모들이 이런 일이 발생하지 않도록 촉각을 곤두세워야 한다.

또 요구르트도 상당히 많은 당분을 함유한 식품이다. 요구르트 한 병에는 우리 인체가 필요로 하는 하루치 당분이 들어 있다. 즉 이걸 마시면 밥을 먹지 않아도 하루 동안 쓸 당분을 충분히 섭취할 수 있다는 얘기다. 따라서 식사를 마치고 나서 요구르트를 후식으로 먹을 경우에는 당분을 지나치게 많이 섭취한 셈이므로 포도당 대사 이상을 비롯해 많은 문제를 야기할 수 있다.

가공 주스나 우유도 마찬가지다. 얼마 전에 한 TV 프로그램을 보니 시중에서 판매하는 검은콩 우유에 탄산음료와 비슷한 양의 당분이 들어 있다고 한다. 우유에 검은콩을 넣으니 사람들이 먹지 않아 당분을 많이 넣었다는 것이다.

이처럼 우리 주위에는 상당히 많은 당분 함유 식품이 있다. 자연 식품이 아닌 가공식품에는 모두 당분이 들어 있다고 봐야 한다. 그럼 어떻게 해야 당분 과잉 섭취로 인한 문제를 해소할 수 있을까?

당분 섭취 줄이면 난폭한 행동이 줄어든다

먼저 앞에서 밝힌 "폭력적이고 불안하고 초조한 사람들은 대체로 단것을 많이 먹는다."는 외국의 조사 결과를 역이용하면 학교 문제, 사회문제, 청소년문제의 원인과 해결책을 음식에서 찾을 수 있다. 외국 문헌에 따르면 교도소의 죄수들이나 폭력적인 사람들의 당분 섭취량을 줄였더니 난폭한 행동이 줄어들었다고 한다. 또한 그들은 포도당이 부족한 저혈당 상태일 때 그런 행동을 보인다고 한다. 그래서 그때 혈당을 재면 저혈당이 나오므로 일부 의료진은 오히려 단것을 먹으라고 처방하더라는 것이다.

일반적으로 당뇨 환자들은 저혈당 상태에 대비해 항상 단것을 가지고 다닌다. 일각에서는 그로 인해 당뇨가 더욱 악화된다고 보기도 한다. 물론 이것이 완전한 답은 아니지만 전혀 일리가 없다고도 할 수 없다. 특히 학교문제나 사회문제가 심각한 일본에서 그 같은 연구 결과가 나왔으므로 신빙성이 있다고 봐야 한다. 따라서 아이가 지나치게 예민하거나 까다로운 경우, 또는 너무 산만하거나 폭력적인 경우에는 단것을 많이 섭취하는지 살펴볼 필요가 있다.

어릴 때부터 자연식품의 단맛에 길들여지게 하라

당분을 과잉 섭취해 생기는 충치, 비만 같은 문제를 막기 위해 나온 것이 자일리톨 같은 대체 식품이나 인공감미료다. 그런데 필자는 자일리톨 같은 식품이 얼마나 효과가 있을까 싶다. 자일리톨 나무를 직접 먹는다면 모르겠지만 그것을 농축, 가공하였다면 당분의 폐해는 계속 생길 것이라는 얘기다. 따라서 가장 좋은 방법은 가공식품을 일절 먹지 않는 것이다.

설탕에 대한 폐해가 심각하다 보니 인공감미료를 사용하는 경우가 많은데 이것도 문제를 일으킬 수 있다. 인공감미료를 먹으면 인간의 뇌는 당분이 많이 들어오고 있다고 착각한다. 그래서 몸 안의 당분 수준을 낮추는데 실제로는 당분이 들어오지 않으니 인체는 저혈당 상태에 빠지게 되고, 그러면 뇌가 다시 당분 섭취를 요구하는 악순환이 반복될 수밖에 없다.

그동안 아이들을 상담할 때마다 군것질을 절대 하지 말라고 당부했더니 대체로 집에서는 이 말을 잘 지킨다고 한다. 그런데 문제는 친척 집에 가서나 친구들과 놀면서 군것질을 하는 경우다. 이럴 때 아이들은 부모가 민망할 정도로 폭식을 하기도 한다. 이처럼 당분을 섭취하고자 하는 욕구는 이성을 마비시킬 정도로 강하다. 따라서 인공감미료로 대신하면 당장은 신체에 미치는 당분의 폐해가 덜할 수도 있지만 궁극적인 문제가 해결되지는 않는다.

그러므로 가장 좋은 방법은 어릴 때부터 자연식품의 단맛에 익숙해지게 하는 것이다. 그러려면 아주 어릴 때부터 가공식품을 배제하고 자연식품으로만 음식을 만들어 주어야 한다. 또 군것질도 삼가게 해야 한다. 그래야 자연식품의 단맛을 느끼고 좋아하게 된다. 처음에는 아이가 맛이 없다고 싫어하겠지만 부모가 일관성을 가지고 계속 자연식품 위주로 식탁을 꾸미면 아이의 입맛도 바뀌게 된다. 다시 한 번 강조하건대 아이에게 절대 단것을 먹이지 마라. 그렇지 않으면 포도당 대사 이상으로 아이의 머리가 나빠질 수도 있다.

아이들의 건강은 유리병과 같다

　어른들은 대체로 정기적으로 건강검진을 받거나 건강관리에 신경을 쓰는데 아이들의 경우는 그렇지 않은 것 같다. 아이가 감기나 알레르기, 축농증, 비염 같은 특정한 병증을 갖고 있지 않은 경우에는 병원에 가는 일도 드문데, 실은 아이의 건강 상태를 더 자주 점검해야 한다.

　아이들은 몸에 양기가 많고 에너지가 넘치므로 웬만해서는 질병에 걸리지 않지만 대신 일단 질병에 걸리면 증상이 빨리 악화되기도 하고 쉽게 치료되기도 한다. 한의학에는 그래서 "남자 열 명을 치료하는 것보다 여자 한 명을 치료하는 것이 더 어렵고, 또 여자 열 명을 치료하는 것보다 소아 한 명을 다스리기가 더 어렵다."는 말이 있다. 왜냐하면 소아는 증세를 물을 수도 없고 맥을 진찰할 수도 없으니 더욱 치료하기가 어려운 것이다.

　물론 이는 아이들이 자신의 몸 상태를 말로 표현하지 못하기 때문에 치료하기 힘들다는 뜻도 되겠지만, 다른 측면에서 보면 그만큼 아이들의 증상은 수시로 변하기 때문에 그때마다 적절히 대처하지 못하면 치료하기 힘들다는 의미일 것이다.

　아이들의 건강은 유리병과 같다고 생각하면 된다. 유리병은 아무리 잘 간수하더라도 조금만 충격을 가하면 금방 깨진다. 그래서 더욱 세심한 관리가 필요한 것처럼 아이들도 마찬가지다. 그러면 아이 건강을 어떻게 관리해야 좋을까?

　아이가 건강하기를 바란다면 무엇보다 잘 먹고, 잘 자고, 잘 놀고, 잔병치레를 안 하게 해 주는 것이 중요하다. 그러나 아이의 건강 상태가 어떤지는 부모가 알 수 없으므로 정기적으로 한의원의 도움을 받는 것이 좋다.

　그동안 상담한 많은 부모들도 한의원은 일 년에 한두 번 보약을 지으러 가는 곳 정도로 생각하는 경우가 많았다. 그러나 이런 이유라면 굳이 한의원을 찾지 않아도 된다. 일 년에 한두 번 보약을 먹여야 하는 아이라면 건강 상태가 양호한 편이므로 보약을 굳이 먹지 않아도 큰 문제가 발생하지는 않는다.

　한의원을 방문할 때는 보약을 짓는 것이 아니라 아이의 건강 상태를 제대로 파악하는 일이 선행되어야 한다. 또 약을 짓지 않더라도 일 년에 한두 번 정도는 한의원을 방문해 신장, 체중, 건강 상태 등을 점검해야 아이가 건강을 유지할 수 있다. 그러므로 약을 지을 때만 한의원을 찾지 말고 아이와 자신의 건강 상담을 위해 부담 없이 자주 방문할 필요가 있다. 만일 아이가 성장 장애, 학습 장애, 식욕부진, 알레르기 질환 등 여러 질병을 가지고 있다면 일 년에 한두 번이 아니라 상황에 맞게 계속적인 치료를 해야 한다.

　필자가 치료한 아이 중에 태어나서 줄곧 감기를 달고 산 7살짜리 남자 아이가 있다. 그 아이에게 하루도 쉬지 않고 한약을 먹게 하지 않았음에도 6개월에 한 번씩 건강을 체크하면서 꾸준히 치료한 결과 지금은 몇 달에 한 번 꼴로 감기에 걸릴 정도까지 건강이 많이 좋아졌다. 그리고 건강이 회복되면서 성장 발육 상태까지 좋아져 부모도 몹시 흡족해하고 있다. 그 아이는 지금까지 정기적으로 한의원을 찾아와 건강 상태를 체크하고 있다. 그래서 필자는 치료로 끝내지 않고 아이의 질병 예방과 건강 증진을 위해 정기적으로 계속 상담해 온 경우가 많다. 한약을 지어야 한다는 부담감을 떨치고 한의원을 자주 찾으면 아이의 발육 상태와 학습 태도가 좋아질 뿐 아니라 유리병 같은 아이의 건강도 잘 유지할 수 있다.

 한의학은 다른 어떤 학문보다 예방의학이 발달돼 있다. 그리고 그 누구보다 예방의학의 도움과 정기적인 건강 점검이 필요한 사람이 아이들이다. 아이들은 체력이나 면역력이 어른보다 많이 약해서 질병에 걸리기도 쉽고 증세가 악화되기도 쉽기 때문이다. 그러니 이제부터는 아이가 계속 건강을 유지하고 질병이 생기기 전에 치료할 수 있도록 정기적으로 한의원을 찾자.

30
엄마들이여,
집으로 돌아가라

현재 우리나라는 다른 어떤 나라보다 빠르게 초고령화 사회로 접어들고 있다. 이대로 간다면 얼마 안 있어서 젊은 사람보다 노년층이 많아지고 인구는 줄어들게 될 것이다. 정부에서도 이러한 문제를 완화하기 위해 많은 정책을 내놓고 있다. 특히 초고령화 사회의 가장 큰 문제는 노동력의 부족이므로 그 해결책으로 여성의 사회 진출을 독려하고 있다. 그래야 부족한 노동력을 메울 수 있기 때문이다. 물론 여권이 예전보다 많이 신장됐기에 그럴 수도 있지만 여성의 사회 진출이 절박한 상황이므로 직장 내 성차별, 용모 차별 등에 대해 국가가 나서서 시정하고 있는 것이다.

그러나 사회 진출을 꾀하는 여성들을 받아 줄 안정된 직장은 별로 없기에 일용직이나 비정규직으로 일하는 경우가 대부분이다. 취직을 못한 고학력자들도 여기에 편승하고 있다. 그런데 일용직이나 비정규직은 고용이 불안정한데다 생활에 필요한 임금조차 제대로 받기가 힘들다. 게다가 요즘은 너 나 할 것 없이 조기교육과 유학에 열을 올리다 보니 사교육비가 엄청나게 들어간다.

이처럼 수입은 많지 않은데 써야 할 데가 많으니 가장 괴로운 건 부모일 수밖에 없다. 자신을 위해 쓰는 건 아까워하면서도 아이를 위해서는 무엇이든 해 주는 게 부모이다 보니 점점 더 경제적으로 쪼들리는 것이다. 상황이 이렇다 보니 맞벌이 부부는 점점 늘어나고 육아문제는 예전보다 더욱 심각해지고 있다. 그래서 요즘은 공공기관은 물론 민간 기업에서도 탁아 시설을 마련하거나 보육비를 지원하는 등 사원 복지에 힘쓰고 있다. 하지만 그럼에도 불구하고 공공 보육시설은 여전히 부족하다. 최근 한 신문은 이와 관련, "현재 인천공항에 많은 맞벌이 부부가 근무하고 있는데 보육시설이 턱없이 부족해 심한 불편을 겪고 있다."고 소개하면서 "아이를 낳으라고만 할 것이 아니라 일하면서도 아이를 키울 수 있는 시설을 만들어 주어야 한다."고 꼬집었다.

그런데 필자는 이러한 방법이 출발부터 잘못되었다고 생각한다. 이러한 시각은 모두 부모들의 입장에서 살펴본 것이다. 아이들 개개인을 제대로 된 인격체로 본다면 이런 정책이 나올 수도 없고, 나와서도 안 된다. 앞에서 설명했듯이 아이들에게 부모는 신과 같은 존재이다. 의식주를 해결해 주고, 사랑을 주고, 무슨 일이 있을 때마다 슈퍼맨처럼 척척 해결해 주는 그런 존재인 것이다.

따라서 아이들이 올바르게 양육되기 위해서는 부모와 함께 지내야 한다. 아빠와 엄마 둘 다 집에 있을 수는 없으므로 적어도 한 명은 남아서 아이를 돌봐야 한다. 그래야 아이가 안심하고 안정된 상황에서 성장할 수 있다. 모든 학습이나 인간관계의 기본인 부모의 사랑을 듬뿍 받아야 더 좋은 방향으로 성장해 나갈 수 있는 것이다.

그런데 이토록 중요한 시기에 낯선 사람들과 대부분의 시간을 보낸다면 아이는 굉장히 힘들 것이다. 어릴 때는 이성적인 사고가 불가능하기 때문에 아이는 부모가 자신의 눈앞에서 사라지면 영영 떠나는 것으로 생각한다. 부모가 지금은 사라졌다가 시간이 지나면 다시 돌아온다고 생각하는 것이 아니라 자신에게서 영원히 사라진다고 여긴다. 그래서 어린아이들은 부모가 안 보이면 심하게 우는 것이고, 이런 일이 계속 반복되면 분리 장애가 생기기도 한다.

더욱이 그 나이에는 다른 사람의 입장에서 생각하거나 배려할 줄도 모르기 때문에 부모는 무슨 일이 있어도 곁에 있어야 한다고 생각하고, 그래야 안심을 한다. 그런데 부모가 모두 아침에 사라졌다가 저녁에 나타난다고 생각해 보아라. 부모 입장에서는 몇 시간 떨어져 있다가 아이 곁으로 왔으므로 그저 미안하고 안쓰러운 생각만 들겠지만 아이 입장에서는 부모가 단지 몇 시간 후에 나타난 것이 아니라 것이 영원히 사라졌다가 갑자기 나타난 것으로 생각된다. 엄마, 아빠의 입장을 바꿔 부모님이 영원히 사라지셨다가 다시 나타나기를 반복한다고 생각해보라. 그 스트레스는 아마도 엄청날 것이다.

따라서 아이 곁에는 부모 중 한 명이 반드시 있어야 한다. 부모를 대신해 친척이나 조부모나 외조부모가 키워 주는 경우에는 남에게 맡기는 것보다야 낫지만 그래도 아이들에게는 부모가 가장 중요하다. 아이 입장에서는 공공 보육시설이나 직장 보육시설에서 노는 것보다 엄마나 아빠와 함께 집에서 노는 것이 가장 좋다. 직장 보육시설에 아이를 맡기고 잠깐씩 보러 가면 그래도 나을 것이라고 생각하는 것은 그저 완전히 남의 손에 맡기지는 않았다는 자기만족일 뿐이다.

육아와 살림은 남자보다 여자에게 재능이 있다

요즘 일부 어린이집이나 보육시설에서는 카메라를 설치해 놓고 부모가 직장에서 인터넷으로 아이가 지내는 모습을 보는 서비스가 성행하고 있다. 이렇게 하면 어린이집이나 보육시설에서 아이에게 위해를 가하거나 보육을 게을리 하는 것을 예방하는 효과는 있을 것이다. 그러나 이것도 역시 부모의 자기만족일 뿐이다. 아이 입장에서는 전혀 변화가 없는데 그저 부모 자신만 만족하는 것일 뿐이다.

아이는 부모와 살을 맞대고 지내야 한다. 그저 같이 먹고 자고 놀기만 해도 부모와 자식 간에는 특별한 애정이 생기는 법이다. 동양철학에서는 남자는 양으로 보고 여자는 음으로 본다. 양은 봄, 여름과 같은 기운으로 에너지를 밖으로 발산하고 활동적으로 분출하면서 새로운 것을 만들어 내는 역할을 한다. 그리고 음은 가을,

겨울과 같은 기운으로 에너지를 수렴하고 정적으로 내포하면서 새로운 것을 만들어 내기보다는 원래 있던 것에서 결실을 맺고 씨앗을 보호하는 역할을 한다. 그래서 남자는 아무리 잘 벌어도 총각 때는 쓰기 바쁘고 결혼해야 돈을 모을 수 있다는 말을 하는 것이고, 아이를 키우고 집안을 건사하는 일은 남자보다 여자가 더 잘할 수밖에 없는 것이다.

이렇게 말하면 일부 페미니스트들은 남성 우월주의에 보수주의라고 몰아세우는데 그것은 여성 스스로 자기비하를 하는 것이나 다름없다. 이런 시각의 바탕에는 집에서 살림하는 것은 하찮은 일이고 밖에서 일하는 것은 대단한 일이라는 생각이 깔려 있기 때문이다. 필자는 바깥일보다 집에서 살림하고 아이를 키우는 일이 더 대단하고 중요한 일이라고 생각한다. 왜냐하면 가정을 꾸리는 일만큼 기꺼이, 온전히 자신을 희생하는 일은 없기 때문이다.

요즘은 '골드미스'라고 해서 결혼하지 않고 자신의 일을 해 나가는 사람을 굉장히 능력 있는 사람으로 보는 경향이 있다. 그런데 그들 모두가 결혼할 생각이 없는 건 아니다. 그저 좋은 짝을 못 만났거나 사랑보다 일을 더 중요시해서, 또 다른 사람의 결혼 생활이 힘들어 보이거나 결혼 생활을 잘할 자신이 없어서 안 하는 것이다. 결혼을 안 하고 자기 일에 매진하는 건 능력이 있어서가 아니라 없어서 그러는 것이고, 엄밀히 말하면 결혼을 안 하는 게 아니라 못 하는 것이다.

이런 사람을 보면 어린아이 같다. 어린아이는 자기생각밖에 하지 못한다. 다른 사람을 배려할 줄도, 다른 사람을 위해 양보할 줄도 모른다. 또 아이들과 이야기를 나누다 보면 서로 자기 이야기를 하려고 목청을 높인다. 자신을 드러내고 싶어 하는 건 아이들의 본성이기 때문이다. 사실 남을 배려하는 마음으로 자기 것을 양보하고 희생하는 일은 어느 정도 나이를 먹어야 가능하다.

이처럼 결혼을 못하는 사람은 다른 사람을 보이지 않게 돕고, 가족 간의 관계를 친밀하고 돈독해지도록 조율하고, 자신의 모든 것을 바치는 절대적인 사랑으로 자식을 뒷바라지하는 능력이 부족하다. 단지 자신의 꿈이나 일에만 매달려 있는, 어떻게 보면 가정을 꾸려 가는 사람보다 능력이 부족하거나 덜 성숙한 사람일 수 있다. 그러므로 이런 사람은 가족을 위해 한 평생을 헌신하며 살아 온 어머니의 모습을 안타까워할 것이 아니라 자신의 무능력함을 오히려 안타까워해야 한다. 물론 우리의 부모 세대가 겪었던 가부장적인 가족 문화와 결혼 문화에 문제가 없었다는 뜻은 결코 아니다. 하지만 그렇다고 해서 남편과 아이들을 정성껏 뒷바라지하며 아내이자 어머니로서의 책임과 의무를 다한 어머니의 삶을 안타까워하는 것은 오히려 적반하장이라는 생각이 든다.

육아가 사회생활보다 더 힘들다

현대사회는 밖에서 하는 일은 능력이 있어야 가능하고, 집에서 하는 일은 능력이 없어도 가능하다고 여기는 경향이 있는데 이는 잘못된 생각이다. 바깥일과 집안일은 일의 성격이 다를 뿐 경중을 따질 수 없을 정도로 둘 다 중요하다. 더욱이 바깥일은 퇴근 시간까지만 하면 되지만, 집안일은 잠들기 전까지 해야 하므로 노동 강도나 정신적인 스트레스가 더하다. 또 바깥일을 통해서는 자아실현이 가능하지만 집안일은 힘들인 만큼 보람이나 성과를 얻기도 힘들다고 이야기하는 사람들이 많다.

하지만 지금 사회생활을 하는 남자들 중에 정말로 자아실현을 위해 일하는 사람이 몇이나 되겠는가? 사회생활 초반에는 그랬을 수도 있지만 시간이 지나면 목표나 방향을 잃고 그저 가족의 생계를 위해 일하는 경우가 대부분이다. 하물며 남자도 그러할진대 여자가 사회생활을 통해 자아실현이나 자기만족을 할 수 있을까? 아마도 대다수가 그러지 못할 것이다. 심하게 말하면 집안일에는 도저히 자신이 없으니까 다른 사람들에게 능력 있어 보이기 위해 사회생활을 하는 것일 수도 있다.

지금까지 사회생활을 해 온 많은 사람들 중에 특별한 성과물이나 업적을 남기고 떠나는 사람이 몇이나 되겠는가? 대부분은 그저 그렇게 살다 죽음을 맞을 것이고 지난날을 돌아봤을 때 특별한 성과를 올린 사람도 별로 없을 것이다. 하지만 육아를 통해서 정말 훌륭한 자식을 키워 내는 주부들은 무엇과도 바꿀 수 없는 특별한 성과를 올리는 것이다. 물론 사회생활을 하는 사람들을 무시하거나 비난하려는 뜻은 전혀 없다. 다만 사회생활이 중요하듯 집에서 살림하고 아이들을 건강하고 올곧게 키워 내는 일 또한 사회와 국가 발전을 위해 대단히 중요하다는 것을 말하고 싶을 뿐이다.

가족을 위해 자신을 온전히 희생한 어머니들 중에는 나이 들어 자아정체성을 잃어버리거나 허무해하는 이들이 많은데 그건 가족들이 그분들의 삶을 진심으로 존경하고 감사해하지 않기 때문일 것이다. 만일 한평생 가족만을 위해 사신 어머니가 지나온 삶을 후회하거나 허탈해한다면 이제라도 존경과 감사의 마음을 전하라. 어머니의 허전하고 지친 심신을 달래는 데는 이보다 좋은 보약이 없을 것이다.

우리 사회의 기본은 가정이다. 그래서 가정이 제 역할을 다하지 못하면 사회와 국가가 바로 설 수 없다. 지금도 가정에서 출산을 기피해 사회가 휘청거리고 있지 않은가? 가정은 단순히 심정적으로나 구조적으로가 아니라 민족과 국가의 근간이 되는 후손 양성의 본거지라는 점에서 정치사회학적으로 가장 중요한 기본 단위다. 그러므로 가정을 잘 꾸리고 아이들을 바르고 훌륭하게 키워 나가는 것은 이 세상 어떤 일보다 힘들고도 위대한 일이다. 예로부터 자식 농사는 백년지대계라고 하지 않던가.

이처럼 막중하기에 이 일은 아무나 할 수 없다. 사회생활은 기초만 닦으면 누구나 할 수 있지만 집안 살림과 육아는 테크닉만 익힌다고 되는 것이 아니라 가족에 대한 사랑과 배려, 양보, 희생이 뒷받침되어야 하므로 웬만한 능력으로는 할 수 없는 고난이도의 일이다.

그런데 나이가 들면 누가 가르쳐 주지 않아도 결혼을 하고 아이를 낳아 키운다. 따로 전문적인 교육을 받지 않더라도 잘 낳고 잘 키운다. 왜냐하면 그것이 자연의 이치이기 때문이다. 인간이 하는 일 중에 가장 중요한 것은 자손을 낳는 일이다. 진화론적, 유전학적, 사회적, 윤리적으로 볼 때 후손을 낳아 인류의 대를 이어 가는 것만큼 중요하고 뜻 깊은 일은 없다. 그렇기 때문에 인간은 그 방법을 배우지 않더라도 할 수 있는 것이다.

그리고 이 일은 남자보다 여자가 잘한다. 물론 남편이 집안일이나 육아를 더 잘하는 경우도 있지만 대체적인 성향을 보면 남자보다 여자가 집안일과 육아에 더 소질이 있다. 그래서 결혼 생활을 하다 보면 남편까지 자식처럼 키운다는 말을 하는 것이다. 만일 엄마들에게 "집안 살림과 자식 키우는 일을 남편에게 맡길 수 있겠느냐."고 물으면 아마 대부분은 그럴 수 없다고 말할 것이다. 따라서 부모 중 한 사람이 아이 곁에 있어야 한다면 엄마가 남아야 한다. 엄마들이여! 빨리 집으로 돌아가라.

웬만큼 벌지 않으면 맞벌이가 오히려 손해다

가장 진보적인 정당인 민주노동당에서도 직장 보육시설과 육아비 보조 등에 많은 정책을 할애하고 있는데 이것은 옳지 않다. 잔인하게 얘기해서 밖에서 사회생활을 하는 엄마들은 경제적인 소득이라도 생기지만 살림하는 엄마들은 아무 혜택도 얻지 못하고 있다. 정작 경제적인 보조가 필요한 사람은 집에서 살림하고 아이를 키우는 엄마들이다. 이왕 보조를 해줄 거면 경제적으로 더 어려운 사람에게 해 주는 것이 바람직하지 않은가?

이렇게 이야기하면 경제적으로 힘들기 때문에 맞벌이를 한다는 사람도 있을 것이다. 그런데 요즘 같은 상황에서는 사회생활을 하는 엄마가 상당히 많이 벌지 않고서는 오히려 손해인 경우가 많다. 맞벌이를 하면 아이를 맡기기 위해 어린이집이나 보육시설에 비용을 지불해야 한다. 부모님한테 맡기더라도 이래저래 비용이 드는 건 마찬가지다. 게다가 사회생활을 하려면 식대에 교통비, 품위 유지비 등 적지 않은 돈이 든다. 이 모두를 합치면 아마도 한 달에 어림잡아서 100만원 이상은 들 것이다. 다시 말해 100만원 이상을 벌지 못한다면 손익을 따졌을 때 오히려 마이너스일 뿐 아니라 엄마가 직접 키우지 않으니 아이에게도 좋지 않다. 문제는 우리나라 여성 근로자의 임금이 이보다 낮은 경우가 많다는 사실이다. 따라서 경제적인 관점에서 보더라도 사회생활을 하는 것이 집안일을 하는 것보다 손해다. 그렇다고 100만 원 이상을 버는 엄마들만 맞벌이를 하라는 얘기는 아니다. 그런 경우에는 스스로 경제적인 소득에 더 무게를 두고 선택한 것이니, 사회에서 따로 보조까지 해줄 필요는 없다는 것이다.

교육적인 측면에서 보면 다른 사람보다는 엄마가 직접 키우는 것이 아이에게는 훨씬 좋다. 앞에서 아이를 가질 때 부모의 건강 상태와 마음가짐, 태교할 때 부모의 마음가짐과 환경, 엄마의 생활습관 등을 어떻게 해야 하는지 살펴보았다. 그런데 엄마가 직장 생활을 하면 그 어느 것도 제대로 할 수 없다. 특히 아이가 수정될 때는 물론이거니와 태아일 때도 안 좋은 환경에 노출된다. 물론 환경이 좋지 않아도 아이의 신체에는 별다른 영향이 없어 보일 수도 있다. 그러나 아이는 모체의 육체적 정신적 상태와 환경에 많은 영향을 받는다.

만일 엄마가 스트레스를 받고 안 좋은 감정을 가질 수밖에 없는 상황이라면 어떤 아이가 태어나겠는가? 이런 아이에게 아무리 돈을 들여 좋은 교육을 시키더라도 태아 때부터 잘 키운 아이보다는 못할 것이다. 게다가 아이들은 지속적으로 성장해야 하므로 식사와 간식 등을 통해 많은 영양분을 섭취해야 하는데 사회생활을 하는 엄마들은 집에서 아이를 키우는 엄마들처럼 직접 음식을 만들어 먹일 여유가 없어 인스턴트식품이나 패스트푸드로 대신하는 경우가 많다.

또 아이들은 면역력이 약해서 사람들이 많이 모이는 장소에 가면 호흡기 질환이나 각종 질병에 걸리기 쉬운데 엄마가 사회생활을 하면 아이를 이런 장소에 맡길 수밖에 없기 때문에 잔병치레를 하게 된다. 그리고 보육시설에 아무리 유능한 보육교사가 있더라도 아이가 많으면 모두에게 골고루 잘해 주기는 힘들 것이다. 그래서 엄마가 아이 옆에 있어 주는 일은 교육학적으로나 의료적으로도 매우 중요하다.

아이와 함께 있는 시간을 최대한 늘려라

선진국에서는 집중근로제, 선택근로제, 육아휴가, 출산휴가 등을 통해 아이와 함께 지내는 시간을 늘려 가고 있다. 특히 영국에서는 아이가 17세가 될 때까지는 근무시간을 조절해 아이와의 시간을 효율적으로 쓸 수 있도록 배려하고 있다. 물론 이것도 완전한 대안은 아니다. 이러한 제도를 만든 가장 큰 목적은 인구를 늘리기 위해서이지, 아이를 위한 것이 아니기 때문이다. 이 제도는 부모가 일을 하고 싶어도 아이 키우는 문제가 걸리니 노동시간을 조절해 일도 하고 아이도 키울 수 있게 하려는 것이다. 즉 일과 육아를 아우른 방안이라고 볼 수 있다.

그러나 부모 입장에서는 일하는 시간과 아이를 돌보는 시간을 구분해 실행하는 것이 가능할지 몰라도 아이 입장에서는 부모 중 한 사람을 항상 옆에 두고 싶어 하므로 그러한 집중근로제나 선택 근로제로 충분치 않다. 그렇다고 아이가 원하는 대로 부모 중 한 사람이 육아를 전담하기에는 현실적인 어려움이 있으므로 선진국 에서는 차선책으로 노동을 통해 경제적인 문제를 해결함과 동시에 일하는 시간이 줄어든 만큼 육아에 더욱 힘쓸 수 있도록 제도적인 보완 장치를 마련해 주고 있는 것이다.

이처럼 선진국에서는 아이와 함께 지내는 것이 얼마나 중요한지 알기에 부모들이 먼 길을 돌아 다시 가정으로 돌아오고 있다. 그렇다면 우리가 굳이 선진국과 같은 시행착오를 겪으며 시간을 낭비할 필요가 있을까? 차라리 지금부터 선진국의 제도를 이용하거나 더 앞서 나가는 것이 아이들이 조금이라도 더 먼저, 더 많이 행복하게 자라도록 도와주는 길일 것이다.

우리나라 부모들이 맞벌이를 하는 가장 큰 이유는 아빠 혼자 벌어서는 먹고살기 힘들기 때문이거나 사교육비를 벌기 위해서다. 물론 웬만큼 벌지 못하면 경제적으로 오히려 손해를 볼 수도 있지만 그렇다고 일손을 놓으면 더욱 막막한 것이 사실이다. 따라서 아빠 혼자 벌어도 온 가족이 살아갈 수 있는 세상, 사교육을 받지 않아도 아이가 잘 클 수 있는 세상을 만드는 데 힘을 쏟아야 한다.

이 얘기가 너무 이상적이고 추상적으로 들릴 수도 있지만 이 세상에는 아무런 사교육을 받지 않고 부모 중 한 사람만 벌어도 생활에 지장이 없는 나라가 이미 존재한다. 즉 불가능하지 않다는 얘기다. 우리는 엄마들이 사회로 진출하지 않더라도 집에서 즐겁고 편안한 마음으로 아이를 키울 수 있는 세상을 만들어 나가야 한다. 이것이야말로 다가오는 초고령화 시대가 야기할 문제들을 막아 낼 수 있는 지름길이다.

아이를 많이 낳는 가정에 아무리 장려금과 혜택을 적극 지원해 준다고 해도 요즘 젊은 부부들은 출산을 기피하려는 경향이 강하다. 왜냐하면 육아를 사회생활과 병행해야 하는 데다 엄청난 비용을 들여 사교육까지 시켜야 하기 때문이다.

우리나라가 지금 안고 있는 가장 큰 문제는 사회생활을 하는 여성이 살림과 육아까지 1인 3역을 떠맡고 있는 것이다. 그래서 아이를 아예 낳지 않거나 낳더라도 한 명 이상은 낳지 않으려고 하는 것이다. 한데 만일 아이를 낳고 키우는 데만 전념할 수 있다면, 그리고 사교육을 시키지 않아도 아이를 잘 키울 수 있다면 우리나라 여성들은 전 세계 어느 나라에도 뒤지지 않을 정도의 모성애를 지녔으므로 아이를 많이 낳을 것이고, 초고령화 같은 사회적인 문제도 근본적으로 해결될 것이다.

아빠는 살림과 육아를 도와라

여기에는 남자들의 도움이 꼭 필요하다. 남자들 중에는 사회생활은 능력 있는 사람이 하는 것이고 살림은 능력 없는 여자가 하는 것이라고 생각하는 이들이 의외로 많다. 이것이 바로 남성 우월주의다. 뉘앙스는 좀 다르지만 페미니스트와 남성 우월주의자가 같은 생각을 하고 있다니 아이러니할 뿐이다. 어쨌든 남자들은 집에 들어오면 밖에서 힘들게 일을 했기 때문에 피곤하다며 손 하나 까딱 안 하려고 하는 경향이 있다. 그런데 여자들도 하루 종일 남자들 못지않게 힘든 일을 하고 있으므로 피곤하기는 마찬가지다. 따라서 남자들이 퇴근할 때 여자들도 퇴근하고, 남자들이 공휴일에 쉴 때 여자들도 쉬어야 하는데 대부분의 남자들은 퇴근하면 아내에게 뭐든 시키려고만 하고 여자들이 하는 집안일을 무시한다. 이러한 태도는 잘못된 것이므로 시정되어야 한다.

이렇게 이야기하면 남편보다 뛰어난 재능을 가졌더라도 여자라는 이유만으로 집안일을 하는 건 사회적인 손실이 아니냐고 반박하는 이들이 있는데 그 말도 맞다. 그래서 집안일과 육아는 부부가 서로 상의해서 역할 분담을 해야 한다. 만약에 아내보다 남편이 집안일에 소질이 있거나 아내가 사회생활에 더 잘 맞을 경우에는 각자 잘하는 것을 하면 된다.

성인이 되어 가정을 꾸리고 아이를 낳으면 그때부터는 아이 위주로 생각해야 한다. 어른은 스트레스나 환경 변화에 비교적 잘 적응하지만 아이들은 그렇지 못하기 때문이다. 그런데 일부 어른들은 부모의 삶이 아이로 인해 억압되거나 희생되어서는 안 된다는 생각을 가지고 있다. 그렇다면 거꾸로 아이의 삶은 부모로 인해 억압되거나 희생돼도 괜찮은가? 적어도 부모라면 아무리 자신의 능력이 출중하더라도 아이를 위해서는 포기할 줄도 알아야 한다. 아이를 낳아만 놓고 사랑과 정성을 들여 키우지 않는다면, 그래서 아이가 자신의 삶을 불행하게 여긴다면, 일로 성공하고 부귀영화를 누린들 무슨 의미가 있겠는가?

엄마들이여, 직장을 버리고 집으로 돌아가라! 그리고 아빠들은 엄마들이 집에서 충분히 아이를 키울 수 있는 사회가 되도록 노력하라. 아이들은 그 무엇과도 바꿀 수 없는 가장 소중한 보물이요, 신의 선물이다. 아이를 키우는, 신이 주신 축복은 때를 놓치면 다시 얻을 수 없다는 사실을 명심하라.

엄마들이 알고 싶어 하는 육아 궁금증 Q&A

1. 한약은 일 년에 한두 번만 먹이는 것인가요?

한약 중에 보약을 말씀하시는 것 같습니다. 일반적인 치료약은 횟수에 관계없이 증상이 완치될 때까지 먹이시면 됩니다. 예를 들어 감기약은 감기 증상이 사라질때까지 계속 먹이는 것입니다.

그런데 보약에는 두 가지가 있습니다. 면역계, 호흡계, 소화계 등 인체의 어느 한 부분이 약해서 질병이 발생했을 때 이 부분을 보충하는 의미의 보약은 주기적으로 복용해야 합니다. 예를 들어서 면역계가 약한 아이는 보통 2개월에 한 번씩 한약을 복용하는 경우도 있습니다.

그러나 몸은 튼튼한데 더욱 건강해지기 위해서 사용하는 한약은 일 년에 한두 번 정도 복용하시면 됩니다. 보통 이 경우를 보고 한약은 일 년에 한두 번 정도 복용하는 것으로 생각하시는 것 같습니다.

2. 어렸을 때 보약을 먹으면 커서 살이 찌나요?

그럴 수도 있고 아닐 수도 있습니다. 아이가 너무 마른 경우에는 한약을 사용하여 체중을 증가시키는 경우도 있습니다. 그러나 보통의 경우는 한약만으로는 체중이 증가하지 않습니다. 그런데 아이가 소화기의 기능이 약해서 밥을 잘 안 먹었던 경우는 다릅니다. 이런 아이는 한약을 통해서 소화기의 기능이 강해지면 당연히 식욕이 다시 정상을 되찾을 것입니다. 이때 아이가 잘 먹는다고 저녁에 많이 먹이거나 군것질을 많이 시키거나 자기 전에 음식을 많이 먹이면 체중이 증가하게 되어 있습니다. 이러한 습관은 한약과 별개로 체중을 증가시킬 수 있습니다. 이런 생활 습관이 병행되지 않는 한 한약만 가지고 비만이 되는 경우는 거의 없습니다.

3. 녹용을 많이 먹으면 바보가 되나요?

그렇지 않습니다. 이것은 잘못된 소문이 회자되고 있는 것입니다. 주위에서 이런 소문은 많이 듣지만 실제로는 이런 아이를 보지 못하는 것은 이것이 잘못된 소문이기 때문입니다. 그리고 한의사들은 아이의 증상과 체질에 맞게 적절한 양을 처방합니다. 이렇게 처방하는 경우에는 더욱 안전합니다. 녹용을 많이 생산하는 나라 중에 뉴질랜드가 있습니다. 뉴질랜드의 연구 결과 오히려 기억력 등 뇌 기능이 향상되었다는 보고가 있습니다. 아이들의 뇌를 발달시키고 학습 능력을 증진시키며 성장을 향상시키는 데에 녹용보다 더 좋은 약은 없습니다.

4. 한약으로도 감기 치료가 되나요?

아주 잘 됩니다. 한의학에서는 아이의 면역력을 도와서 감기를 치료합니다. 양약처럼 증상을 억제시키는 것이 아니라 아이의 생리대사를 도와줌으로써 오히려 빨리 감기 치료가 될 수 있도록 치료를 합니다. 따라서 아이의 건강에 해가 되지 않는 자연치료 요법이 바로 한의학에서 하는 감기 치료입니다. 하지만 그렇다고 해서 한의사의 처방을 사용하지 않고 무분별하게 한약을 사용하는 경우에는 증상을 악화시킬 수 있습니다.

5. 정말 아이를 크게 하는 약이 있나요?

있습니다. 아이들은 잘 먹고, 잘 자고, 잘 놀고, 잔병치레를 안하고, 스트레스를 안 받으면 잘 큽니다. 만약에 아이가 이 중에 문제가 있는 부분이 있다면 한의사의 처방에 따라 이 부분을 조절해 주면 아이의 건강이 향상되는 것과 동시에 성장을 이루는 경우를 많이 볼 수 있습니다.

그런데 생활 습관도 좋고 크게 잔병치레도 안 하는데 성장이 더딘 경우가 있습니다. 물론 유전적인 이유 때문에 키가 잘 안 크는 경우도 있지만 아이 자체가 성장력이 약하기 때문에 그럴 수도 있습니다. 따라서 이 부분을 보충해 주면 충분히 성장을 이룰 수 있습니다. 한의학에서는 신장(양의학에서는 이야기하는 kidney하고는 다릅니다.)이 골수와 뼈를 관장한다고 생각합니다. 따라서 신장의 능력이 약한 경우 성장과 발달이 뒤처질 수 있습니다. 따라서 이 부분을 보강하면 잘 크게 할 수 있습니다.

6. 침을 많이 맞으면 기운이 빠진다는데 사실인가요?

맞습니다. 침은 기본적으로 기혈을 순환시키기 때문에 기가 약해지는 경우가 있습니다. 반대로 뜸은 기본적으로 기혈을 보강하는 치료 방법입니다. 그래서 침 치료 후에 심한 운동을 하거나 장시간의 목욕을 하지 못하게 하는 것입니다. 심한 경우에는 침 몸살이라고 하여 침 치료 후 기운이 많이 빠지거나 치료받은 부위가 더 아프거나 심지어는 감기 몸살처럼 온몸이 아플 수 있습니다. 그러나 인체에 해가 되지는 않고 시간이 지나면 좋아집니다. 만약에 침을 맞고 이런 증상이 나타난다면 그때는 적절한 휴식을 취하신 후 다시 치료를 받으시면 됩니다.

7. 한약을 먹을때 무를 잘못 먹으면 흰머리기 난다고 하는데 사실인가요?

그렇지 않습니다. 젊은 나이에 흰머리가 나는 것은 스트레스나 유전적인 이유 때문입니다. 따라서 한약을 먹고 무를 먹는다고 해서 흰머리가 나지는 않습니다. 그런데 한약재 중에는 무와 같이 섭취하면 약효가 나타나지 않는 한약재가 있습니다. 그런데 이 한약재가 한약 처방 중에는 굉장히 많이 사용됩니다. 그래서 이 한약재가 들어 있는 한약을 먹고 무를 먹으면 약효를 보지 못합니다. 그래서 무를 못 먹게 하는 것입니다. 그런데 대부분 이것을 지키지 못하는 경우가 많습니다. 그래서 선현들이 무를 먹으면 흰머리가 난다고 겁을 줬던 것입니다.

그런데 현대인들 대부분이 어렸을 때 한약을 먹은 경우가 있고 이때 한두 번 무를 먹은 경우가 대부분일 것입니다. 그런데 나중에 스트레스나 유전적인 이유 때문에 흰머리가 나는 경우 이것을 예전에 한약 먹으면서 무를 먹었기 때문에 그런 것으로 오해를 하는 것입니다.

한약을 먹을 때 무를 먹으면 약효는 떨어질 수 있지만 흰머리가 나지는 않습니다.

8. 머리가 좋아지는 한약을 먹으면 정말로 머리가 좋아지나요?

우리 인체에서 뇌가 차지하는 비중은 10%가 안 되지만 전체 에너지 대사량 중 15% 이상을 소모하고 있습니다. 이처럼 뇌의 활성도는 인체의 건강 상태와 밀접한 관련이 있습니다. 따라서 인체의 어느 한 부분이라도 약해지면 뇌도 영향을 받아 뇌의 활성도가 떨어지는 것입니다. 따라서 우선 인체의 건강을 향상시키면 뇌의 활성도는 증가할 것입니다.

그리고 앞에서도 말했듯이 한의학에서는 골수와 뇌를 주관하는 부분을 신장이라고 봅니다. 그래서 이 신장을 통하여 골수와 뇌를 튼튼히 함으로써 뇌의 활성도를 증가시켜 학습 능력을 향상시킬 수 있습니다.

9. 아이가 식욕이 없어서 한약을 많이 먹었는데 효과가 없어요.

이런 이야기를 하시는 부모님들이 의외로 많습니다. 그런데 원래 소화기의 기능이 약하거나 몸이 약해서 식욕이 없는 아이들은 한약을 통하여 식욕을 충분히 증진시킬 수 있습니다. 그러나 식습관이 안 좋거나 편식을 하는 아이들은 한약을 먹었을 때 효과가 없는 것처럼 느껴질 수 있습니다. 왜냐하면 한약을 사용해도 식습관이 교정되거나 편식이 좋아지지는 않기 때문입니다. 예를 들어 과일만 많이 먹는 아이의 경우, 한약을 통하여 소화기의 기능을 향상시켜도 겉으로는 과일 먹는 양이 늘어날 뿐, 다른 음식을 먹지는 않기 때문에 부모님의 입장에서는 효과가 없는 것처럼 느껴지는 것입니다. 이런 경우는 행동 수정 요법을 같이 사용하지 않으면 아이의 식습관이 개선되지 않습니다.

10. 한약을 먹으면 간이 나빠지나요?

전문가의 진단을 받지 않고 환자 스스로 한약을 너무 과잉 복용하면 그럴 수도 있습니다. 주위에서 보면 어떤 한약재가 어떤 병에 좋다고 하면 전문가의 상담도 받지 않고 그 한약재를 물처럼 끓여서 장기간에 걸쳐 과잉 복용하는 경우를 볼 수 있습니다. 이 경우 몸에 이상이 생겨서 병원에 가면 어떤 걸 먹었는지 물어봅니다. 그때 대부분의 환자들은 한약을 먹었다고 말합니다. 이런 내용이 와전된 것입니다. 물론 이런 경우라도 양약보다는 간에 미치는 영향이 훨씬 적습니다. 예를 들면 양약에서는 무좀약을 사용할 때 간에 이상이 있으면 사용을 하지 못합니다. 이처럼 한약보다는 양약이 간에 미치는 영향은 더 큽니다. 물론 한약에도 간에 영향을 미치는 약재는 있습니다. 그러나 그 약재는 그렇게 많이 사용하지 않습니다. 그리고 그 약재를 사용하더라도 일정한 기간만을 사용하고 장기간 사용하지는 않습니다. 따라서 한의사의 전문적인 상담을 받고 사용한다면 한약을 먹고 간이 나빠지지는 않습니다.

11. 임신 초기에 한약을 먹으면 아이한테 유해할 수 있다는데 사실인가요?

임신 초기에는 한약뿐 아니라 먹는 음식도 아이에게 영향을 미칠 수 있습니다. 따라서 한의학에서도 임신 초기에는 한약을 잘 사용하지 않고 임신 중에는 사용하면 안 되는 금기약이 따로 있습니다. 그러나 입덧이 너무 심하거나 하혈이 있는 등 특수한 경우에는 한약을 사용해야 합니다. 이때도 아이에 유해하지 않도록 조절해서 사용합니다.

도라지를 예로 들면 우리가 임신 중에도 도라지를 음식으로는 잘 먹습니다. 그런데 이것은 또한 감기를 낫게 하는 한약으로도 사용됩니다. 이처럼 한약 중에는 우리가 음식으로 먹는 것이 많기 때문에 임신 중에 한약을 먹어도 아이에게 크게 유해하지는 않지만 한의사의 전문적인 상담이 꼭 필요합니다.

12. 왜 돌이 지나야 한약을 먹게 하나요?

보통 아이들이 돌이 지나면 보약을 먹이러 한의원에 오시는 부모님들이 많습니다. 그런데 이것은 아이가 건강한 상황에서, 더 건강하게 하기 위해서 먹이는 보약의 경우에 해당할 뿐입니다. 아이가 감기에 자주 걸리거나 밤에 안 자는 등 여러 가지 증상이 있다면 그 전에라도 한약을 먹여야 합니다. 어떤 부모님들께서는 혹시 한약이 신생아에게 유해하지 않을까 걱정하는 분들이 계십니다.

그런데 감기약을 예로 들면 양약보다는 한약이 더 독성이 없고 자연적인 치료 방법인 것은 누구나 잘 알고 있습니다. 그런데 신생아들이 감기에 들면 부모님들께서는 주저없이 양약을 먹이십니다. 그렇다면 한약을 먹여도 아이에게 유해하지는 않습니다.

그런데 한약은 공장에서 화학적으로 만들어 내는 양약과 다르게 자연 물질에서 추출하는 것이기 때문에 아이가 먹어야 하는 용량이 너무 많은 경우가 있습니다. 이 용량을 줄이는 데는 한계가 있습니다. 그래서 요즘은 아이가 먹기 편하도록 증류 한약이 나와서 주스나 우유 등에 타 먹이는 것입니다. 아이가 한약을 충분히 먹을 수만 있다면 돌 전에도 한약을 사용할 수 있습니다.

13. 아기 낳을 때 한약을 먹으면 순산할 수 있나요?

아기를 낳을 때 한약을 먹으면 자연분만에 도움이 됩니다. 출산 전부터 불수산 같은 약을 먹으면 아이를 낳을 때 많은 도움이 됩니다. 그리고 출산 직전에 단녹용탕을 먹는 것도 큰 도움이 됩니다.

14. 밥 잘 먹게 하는 한약이 있나요?

아이들이 밥을 잘 먹지 않는 이유는 여러 가지가 있지만 대부분 소화기의 기능이 약한 경우가 많기 때문에 소화기의 기능을 향상시키는 약을 쓰는 경우가 많습니다. 그러나 감기에 자주 걸리는 등 면역계가 약한 경우, 아이가 매우 말라서 진액이 부족한 경우, 변비가 있는 경우, 양기가 약한 경우 등 다른 이유도 많이 있습니다. 따라서 여기에 맞추어서 한약을 사용하면 좋은 효과를 보실 수 있을 것입니다. 그러나 식습관에 문제가 있거나 편식을 하는 경우에는 행동 수정 요법을 같이 사용해야 좋은 효과를 보실 수 있습니다.

15. 아이가 땀을 많이 흘리는데 허약해서 그런 건가요?

그렇지 않은 경우도 있습니다. 아이들이 땀을 많이 흘리면 아이가 허약한 줄 알고 한의원에 오시는 경우가 많습니다. 그러나 아이들은 성장기에 있기 때문에 원래 땀이 많고 특히 밤에 땀을 많이 흘립니다. 따라서 아이가 큰 이상이 없는 경우에는 굳이 치료하실 필요가 없습니다.

그러나 감기에 자주 걸리거나 밤에 유독 땀을 많이 흘리는 경우, 그리고 체중이 너무 적게 나가면서 땀을 많이 흘리는 경우, 땀을 흘리면 많이 피곤해하는 경우 등은 치료를 받으셔야 합니다. 이때는 치료 후에 땀이 줄어들 것입니다.

16. 아이가 동생을 자꾸 때려요, 왜 그럴까요?

동생에게 사랑을 빼앗겼다고 생각해 동생을 때리는 경우도 있지만 그렇지 않을 때도 있습니다. 아이들은 무관심보다는 나쁜 관심일지언정 관심을 얻기를 원합니다. 형이나 누나가 동생을 일부러 괴롭히려고 때리는지 아니면 나름대로 동생을 보살피다가 힘 조절이 안 돼서 때리는 것처럼 보이는지는 부모가 보면 알 수 있습니다. 이때 부모님이 두 경우 모두 큰아이를 야단치면서 작은아이 곁에 못 오게 하고 작은아이만을 감싸고 돌면 아이는 나쁜 관심이라도 얻기 위해서 이런 행동을 하게 됩니다. 동생에게 위해를 가하는 경우는 제재를 해야 하지만 그렇지 않은 경우에는 오히려 동생을 돌보는 것에 대해 칭찬을 해 주고 힘 조절이 안되어서 때리게 되는 경우에는 혼을 내서는 안 되고 돌보는 방법을 가르치시면 좋아질 것입니다.

17. 아이의 체질을 감별해서 거기에 맞춰서 음식을 가려 먹여야 하나요?

요즘 사상의학에 대한 관심이 많아지다 보니 이런 질문을 하시는 경우가 많습니다. 그런데 음식을 가려 먹일 필요는 없습니다. 어차피 아이가 너무 어릴 때는 체질 감별이 제대로 되지 않는 경우가 많습니다. 더군다나 아이들은 성장기에 있습니다. 따라서 제철 음식을 골고루 많이 먹이는 게 좋습니다. 그런데 자꾸 두드러기가 나거나 감기에 자주 걸리는 경우, 구토나 설사를 자주 하는 등 특별한 이상이 있다면 어떤 음식이 맞지 않아서 그럴수도 있습니다. 그때는 한의사 선생님의 진단에 따라 체질을 감별하고, 체질이 감별될 수 있다면 일시적으로 음식을 조절해서 먹일 수는 있습니다.

18. 너무 아이가 산만한 것 같아요.

요즘 아이가 산만해서 걱정하시는 부모님들이 많이 있습니다. 그런데 아이에게 공부를 시킬 때 집중을 못하는 것을 보고 산만하다고 생각하시는 부모님들도 있습니다. 그래서 어떤 경우에는 주의력 결핍 과잉행동장애(ADHD)에 사용하는 약을 공부 잘하는 약이라고 먹이는 경우도 있습니다.

하지만 아이들은 기본적으로 산만할 수밖에 없습니다. 오히려 얌전하고 조용한 아이가 이상할 수 있습니다. 아이들은 양기가 충만하기 때문에 한시도 가만히 못 있고 관심사도 계속 변하기 때문에 성인들처럼 한 곳에 집중하는 것은 어렵습니다. 따라서 부모님들이 걱정하는 아이들 대부분이 정상인 경우가 많습니다. 이런 아이들의 기본 성정을 모르고 무조건 앉혀 놓고 공부만 시키려고 하니까 아이가 힘들어하고, 학습에 흥미가 떨어져 더욱 집중을 못하는 것입니다. 게다가 놀이나 운동 등을 통하여 충분히 양기를 발산하지 않으면 더욱 산만해집니다.

혹시 우리 아이가 산만하다고 생각되면 아이가 스트레스를 받고 있지는 않은지, 충분히 놀이나 운동을 하고 있는지, 부모님들이 너무 무리한 것을 요구하고 있지는 않은지 살펴보세요.

혹시 아이가 체중이 많이 나가고 열이 많으면서 산만하거나, 너무 마르고 성격이 예민하면서 산만하다면 아이가 열이 너무 많고 스트레스를 받기 때문에 산만한 것일 수 있습니다. 이 경우는 적절한 한의학적 치료를 받으면 좋아질 수 있습니다.

19. 한약은 꼭 하루에 세 번 먹어야 하나요?

대부분의 한약은 특수한 상황을 제외하고는 하루에 세 번 먹는 경우가 많습니다. 그런데 화학합성물인 양약보다 자연 추출물인 한약의 복용량이 많다 보니까 이것을 먹이기 위해서 엄마와 아이가 전쟁을 벌이는 경우을 많이 볼 수 있습니다. 물론 한약을 하루에 세 번 먹이는 경우가 가장 효과가 좋지만 아이가 너무 안 먹으려고 할때는 하루에 먹어야 할 양을 3번 이상, 더 자주 나눠서 먹이세요. 특히 꿀을 약간 타거나 주스등에 타서 먹이면 수월하게 먹일 수 있습니다.

20. 아이가 너무 약을 안 먹을때는 어떻게 하지요?

아무래도 자연 추출물인 한약의 경우에 복용량이 너무 많아서 아이들이 먹기 힘들어하는 경우가 있습니다. 그래서 요즘에는 증류 한약을 사용하거나 여러 가지 향을 첨가해서 아이들이 먹기 편하게 만들기도 합니다. 아이가 한약을 먹기 힘들어하면 증류 한약이나 일반한약을 꿀이나 포도 주스 등에 타서 먹여 보세요. 그리고 아이의 상태에 따라서는 물약 대신 환약(알약)으로 먹이는 것도 있으니 한의사 선생님과 상의해 보시는 게 좋습니다.

21. 아이가 밤에 안 자요.

아이가 밤에 안 자는 것을 야제증이라고 합니다. 서양의학에서는 아이가 수면 습관이 잘못 들었기 때문에 이런 증상이 나타난다고 표현합니다. 그러나 한의학에서는 그렇지 않습니다. 우선 낯선 사람을 보거나 무서운 것을 보면 그것 때문에 한동안 잠을 안 자는 경우가 있습니다. 이 경우는 한약이나 침술 등으로 적절히 치료해 주면 곧 좋아집니다.

그리고 소화기에 문제가 있어도 잠을 자지 않습니다. 밤에는 기혈이 제대로 순환되지 못하기 때문에 소화기에 문제가 있으면 불편해서 잠을 잘 자지 못합니다. 성인들이 소화기에 문제가 있으면 잠을 설치는 것과 같은 이치로 보시면 됩니다. 이때는 아이의 얼굴이나 몸이 파래지고 울음소리도 크지 않으며 몸을 웅크리고 우는 경우가 많습니다. 때로는 토하기도 합니다.

마지막으로 아이가 예민하고 열이 많은 경우에 발생합니다. 낮에는 움직임이나 근육을 통하여 열이 발산될 수 있기 때문에 잠을 잘 수 있지만 밤에는 그렇지 못하기 때문에 잠을 이루지 못하는 것입니다. 이런 아이는 얼굴이나 몸이 붉어지고 울음소리도 매우 크며, 몸을 젖히면서 우는 경우가 있습니다.

이러한 야제증은 소화기의 기능을 향상시키거나 열을 제거함으로써 치료할 수 있습니다.

마지막으로 밤중수유 때문에 우는 경우가 있습니다. 이때는 아이가 우유 등을 먹기 위해 습관적으로 깨는 것입니다. 이때는 우유 등을 주지 않고 울어도 내버려 두면 어느 정도 지난 후에 좋아집니다.

그런데 어느 것이 원인인지 일반인들은 판단하기가 힘들므로 한의사 선생님들의 도움을 받는 것이 좋습니다.

22. 아이가 변비가 심해요, 어떻게 하나요?

대부분 분유를 먹는 아이들이 변비가 생깁니다. 이때는 물을 많이 먹이세요. 그리고 아이가 돌이 지나 밥을 먹는 경우에는 물이나 야채 섭취량이 부족해서 변비가 되는 경우가 많습니다. 심한 경우에는 복통을 호소하기도 합니다. 이때는 물이나 야채를 많이 먹이세요. 요즘 아이들은 의외로 물을 많이 먹지 않습니다. 그리고 물 대신 우유나 주스, 요구르트, 탄산음료 등을 먹이는 경우가 있는데 반드시 물을 먹이셔야 합니다.

그런데 아이들 중에는 이런 생활 습관은 괜찮은데 너무 열이 많아 변비가 생길 수도 있습니다. 이것은 한약 치료를 통해 열을 조절해 주면 좋아질 수 있습니다.

그리고 아이가 너무 말라서 몸에 진액이 부족해서 변비가 생길 수 있는데 이때는 진액을 보충해 주는 치료를 하면 변비가 좋아질 수 있습니다.

23. 알레르기는 어떻게 치료하나요?

알레르기에는 아토피, 비염, 천식, 결막염 등이 있습니다. 그리고 알레르기가 있는 아이들은 축농증에 자주 걸립니다. 이런 아이들은 대부분 면역계에 이상이 생겼기 때문에 일반 감기보다 안 낫고 잘 재발합니다. 한의원에 오셔서 알레르기 질환이 완치될 수 있는지 물어보시는 분들이 많은데 완치될 수는 있습니다. 하지만 완치되기가 쉽지 않을뿐더러 완치 후에도 생활 습관에 문제가 발생하면 다시 재발하기가 쉽기 때문에 완치되지 않는 것처럼 보일 뿐입니다.

알레르기 질환에서 가장 중요한 것은 식품첨가물을 먹이지 않는 것입니다. 사탕, 초콜릿, 아이스크림, 콜라, 사이다, 팬돌이, 곰탱이, 곰돌이, 초롱이 등의 탄산음료, 과자, 라면, 햄버거, 피자, 치킨, 조미료 등에 들어 있는 식품첨가물에 의해서 알레르기가 발생한다는 역학조사 결과도 있습니다. 그리고 물을 많이 먹이는 게 좋습니다.

마지막으로 한의사 분들 중에는 감기 등을 치료할 때 잘못 치료하면 이런 증상이 나타난다고 주장하시는 분들도 계십니다. 감기 등이 발생하면서 발열 등의 증상이 나타나는 것은 이것을 통해서 인체의 노폐물을 체외로 배출하고자 하는 것인데 항생제와 해열 진통제를 사용함으로써 이러한 노폐물과 열이 밖으로 배출되지 못하므로 자꾸 알레르기 증상이 생긴다는 것입니다. 이 부분도 참고할 만합니다.

그리고 음식에 알레르기가 있는 아이들이 있습니다. 특히 등푸른 생선, 게, 새우, 육류, 계란, 우유, 유제품, 드물게는 콩 등에 알레르기가 있는 아이들이 있습니다. 이처럼 음식에 알레르기가 있는 경우에는 음식도 적절히 조절해 주셔야 합니다.

24. 아이가 편식이 심해요.

아이가 소화기가 약해서 음식 자체를 잘 먹지 않는 경우는 소화기의 기능을 항상시키면 치료될 수가 있습니다.

그 이외에 편식이 심한 경우는 몇 가지로 나누어 볼 수 있습니다. 첫 번째는 아이가 냄새나 시각적인 요소, 씹히는 느낌, 촉감 등이 싫어서 안 먹는 경우가 있습니다. 그리고 너무 맵거나 해서 안 먹는 경우도 있습니다. 이때는 음식 조리 방법 등을 통해서 이 부분을 개선해 주면 됩니다.

두 번째는 우유와 같은 특정 음식만 좋아해서 그것만 많이 먹어 문제가 되는 경우와 특정 음식을 싫어하는 경우가 있습니다. 마지막으로 아이가 씹기 싫어서 고기나 야채 같은 것을 거부하는 경우가 있습니다. 이 때에는 한약 치료와 함께 행동 수정 요법을 사용해야만 좋아질 수 있습니다.

25. 아이가 음식을 물고 있어요.

아이가 음식을 물고 있는 경우는 대부분 먹기 싫어서입니다. 이때 억지로 먹이는 방법도 있지만 어느 정도 나이가 들면 그것조차 먹으려 하지 않을 것입니다. 그리고 계속 물고 있게 하면 치아만 망가지고 식습관은 더욱 안 좋아질 것입니다.

따라서 아이가 음식을 물고 있을 때는 뱉게 하시고 밥상을 치우는 것이 좋습니다. 그리고 아이가 먹고 싶어 할 때 몇 번이고 다시 차려 주세요. 왜냐하면 아이가 음식을 물고 있다는 것은 먹기 싫다는 표현이기 때문입니다. 이런 식으로 해서 아이에게 음식은 본인이 배고플 때, 억지로가 아니라, 스스로 즐겁게 먹는 것이라는 인식을 심어 주어야 스스로 먹을 것입니다. 그 대신 아이가 장난치기 위해서 치운 후에 바로 차려 달라고 할 때는 음식을 주지 마세요. 이때 식욕부진을 개선할 수 있는 한약 치료와 행동 수정 요법을 받으시면 좋은 효과를 보실 수 있을 것입니다.

26. TV나 컴퓨터를 하면서 음식을 먹는데 괜찮은가요?

좋지 않습니다. 한의학의 예방의학에서는 밥을 먹을 때 싸우거나 논쟁하거나 다른 것을 보거나 하는 것을 금하고 있습니다. 음식에 대해서 감사하고 음식에 대해서 집중해야만 충분히 소화시킬 수 있기 때문입니다. 만약에 논쟁을 하거나 다른 것을 보면서 감정의 변화가 생기는 경우에는 감정에 따라서 기의 흐름에 장애가 생기기 때문에 소화 장애나 복통이 나타날 수 있습니다. 예를 들어서 화가 나는 경우는 기가 역상하여 소화 장애가 생길 수 있고 생각이 많아지는 경우에는 기가 울결되어 복통이 발생할 수 있습니다. 따라서 음식을 먹을 때는 음식에 대해서 감사하고 집중하면서 먹어야 합니다. 따라서 TV, 컴퓨터는 당연히 안 됩니다. 아이들 중에는 이걸 보면서 먹어야 많이 먹는 경우가 있는데 나중에 소화기나 다른 장기에 이상이 생길 수 있습니다.

27. 아이가 너무 말랐어요. 괜찮은가요?

아이들은 한의학적으로 양기가 풍부하기 때문에 체중이 잘 증가하지 않습니다. 신생아일 경우는 체중이 너무 적은 경우 발달 장애등을 의심할 수 있지만 그렇지 않은 경우에는 체중을 그렇게 중요하게 생각하지 않습니다. 그리고 아이가 키가 큰 경우에는 정상적인 체중이라도 더욱 말라보일 수 있습니다.

그 대신 아이가 피부가 검고 윤기가 없으면서 성장통을 호소하고, 식은땀을 많이 흘리면서 체중이 많이 미달하는 경우에는 인체에 진액이 부족해서 그런 것으로, 성장이나 학습에 영향을 줄 수도 있으므로 적절한 한의학적인 치료를 받으셔야 합니다.

28. 아이가 군것질을 너무 좋아해요. 어떻게 하나요?

아이들은 기본적으로 군것질이나 고기를 좋아합니다. 왜냐하면 야채나 채소 등을 소화해서 기혈을 얻기보다는 고기나 이미 가공된 음식을 통하여 기혈을 얻기가 더 편하기 때문입니다. 그리고 아이가 어렸을 때부터 이런 습관을 가지고 있다면 습관화되어 더욱 고치기 힘이 듭니다.

군것질은 무조건 시키지 마세요. 어떤 책에는 과자를 담배보다 나쁜 음식으로 묘사하고 있습니다. 성인들 중에서도 스트레스 해소의 수단으로 흡연을 하는 경우가 있습니다. 하지만 차라리 스트레스를 받을지언정 금연을 하라고 권장합니다. 아이들의 군것질도 마찬가지입니다. 몸에도 좋지 않은 식품은 비록 아이들이 스트레스를 받더라도 먹지 못하게 해서야 합니다. 먼저 부모님이 모범을 보이세요. 부모님의 단호함만 있으면 충분히 끊을 수 있습니다. 한의학적으로 단것을 너무 많이 먹으면 오히려 소화기에 이상이 생길 수 있습니다. 소화기에까지 이상을 일으키는 군것질, 우리 집에서는 없애 버리세요.

29. 아이가 감기를 달고 살아요.

아이들은 나이에 따라서 감기에 걸리는 횟수가 다릅니다. 그런데 아이가 또래 아이들보다 감기에 자주 걸리고 걸렸을 때 일주일 이내에 치료가 안 된다면 그때는 면역이 약한 것입니다. 이때는 2달에 한 번씩 면역강화 치료를 받으시는 것이 좋습니다. 2달에 한 번씩 꼭 한약을 쓰는 것이 아니라 2달에 한 번씩 아이의 면역 상태를 체크하여 한약 치료 여부를 결정합니다. 큰 문제가 없다면 한 번 한약을 쓰고 계속 쓰지 않을 수도 있습니다. 이런 식으로 6개월에서 1년 정도 아이의 상태를 체크하여 감기 걸리는 횟수와 감기 걸려 있는 기간이 정상이 된다면 그때는 더 이상 아이를 치료할 필요가 없습니다. 감기는 치료도 중요하지만 주기적인 관리도 중요합니다.

그리고 한의학에서는 한사라고 하여 차가운 기운에 의해서 감기에 걸리는 것으로 봅니다. 물론 다른 원인도 있지만 가장 크게 감기에 영향을 주는 것은 차가운 기운입니다. 그래서 예전에는 겨울이나 환절기에만 감기에 걸렸습니다. 그런데 요새는 에어컨과 냉장고 때문에 아이들이 여름에도 감기를 달고 사는 경우가 많습니다. 아이가 감기에 걸렸을때는 차가운 공기와 찬물에는 접촉하지 않도록 해 주세요.

30. 아이가 침을 맞을 수 있나요?

아이들을 치료하다 보면 잘 맞는 아이들은 5세만 되어도 침을 잘 맞습니다. 5세 이하의 아이들에게는 성인들이 맞는 침을 사용하지 않습니다. 아이가 너무 놀라거나 체한 경우, 소화기가 너무 약한 경우 등에 손가락이나 발가락에서 피를 빼는 사혈 요법, 피내침, 이침 요법, 소아침 요법, 레이저침 요법 등 다양한 방법으로 치료를 하기 때문에 증상에 따라서는 아이도 침을 맞을 수 있습니다.

31. 아이가 자꾸 토해요.

아이가 토하는 경우는 두 가지입니다. 첫 번째로 체하거나 소화기에 문제가 있는 경우에 토합니다. 이때는 아이가 멀미를 자주 하거나 두통이 있는 경우, 아니면 본인이 좋아하는 것을 먹어도 토하는 경우가 많습니다.

그런데 두 번째로 먹기 싫은 것을 토해 내는 경우가 있습니다. 다시 말해서 먹기 싫다는 의사 표현을 토하는 것으로 하는 것입니다. 이 경우는 토하는 경우도 있지만 헛구역질만 하는 경우도 많습니다. 그리고 이 때는 자기가 좋아하는 것을 먹을 때는 토하지 않습니다. 이 경우는 식습관에 문제가 있으므로 그 부분을 치료해 주어야 합니다.

32. 아이가 밤에 오줌을 싸요.

아이가 밤에 오줌을 싸는 이유는 1차성과 2차성 두 가지로 나눌 수 있습니다. 1차성 야뇨는 어렸을 때부터 오줌을 싸는 경우이고 2차성은 오줌을 가리다가 심리적인 이유 때문에 다시 야뇨가 생기는 것입니다. 대부분 동생이 생길 때 많이 발생합니다. 이 부분은 심리적인 부분을 치료하여 큰아이가 사랑을 덜 받는다는 느낌을 없애 주어야만 치료가 됩니다.

그리고 아이가 예민해서 야뇨가 있거나 소변을 가릴 의식이 아직 부족하여 야뇨가 발생하는 경우입니다. 예민해서 야뇨가 있는 경우는 낮에도 소변을 자주 보는 경우가 많고 소변을 가릴 의식이 부족한 경우는 자기암시 요법과 칭찬 요법 등을 통하여 치료할 수 있습니다.

그리고 이 모든 것의 기본이 되는 것이 신장과 방광의 기운이 약한 것입니다. 따라서 신장과 방광의 기능을 향상시키는 한의학적 치료를 같이 받아야 더 좋은 효과를 보실 수 있습니다. 그리고 야뇨는 보통 5세 정도까지는 너무 심하지 않으면 그냥 지켜봐도 됩니다. 하지만 너무 자주 야뇨가 발생하는 경우에는 그 전부터도 치료를 해야 합니다.

33. 아이들이 잘못하면 매를 들어도 되나요?

한의원을 하면서 가장 많이 듣는 질문입니다. 아이가 매를 맞게 되면 두려움 때문에 일시적으로는 행동이 수정될 수 있지만 나중에는 더욱 강도 높은 자극으로만 효과를 볼 수 있습니다. 한의학적으로 너무 놀라거나 매 등으로 인해서 공포가 심한 경우에는 기가 울결되어 아무 생각이 안 나게 되고 인체가 제대로 작동하지 않습니다. 이것을 보통 기가 막힌다고 하는 것입니다. 따라서 아이에게 매 등을 통해서 공포감을 주는 경우에는 아이가 놀라기만 할 뿐 행동상의 변화를 만들어 내지는 못합니다.

따라서 아이가 잘못하는 경우에는 아이의 눈을 쳐다보면서 10초 이내에 짧고 낮으면서 단호한 목소리로 혼을 내세요. 그것만 해도 충분합니다. 특히 처음 잘못했을 때가 중요합니다. 아이들은 백지와 같이 순수하기 때문에 처음 잘못했을 때 단호한 모습을 보이시면 나쁜 습관을 더 이상 보이지는 않을 것입니다.